高职高专"十二五"规划教材

上海"十二五"重点图书出版规划项目

连锁店开发与设计

曹 静 主编

汪 明 副主编

图书在版编目(CIP)数据

连锁店开发与设计 / 曹静主编. —上海：立信会计出版社，2012.2

高职高专"十二五"规划教材. 连锁经营管理系列

ISBN 978-7-5429-3283-9

Ⅰ. ①连… Ⅱ. ①曹… Ⅲ. ①连锁商店—商业经营—高等职业教育—教材 ②连锁商店—建筑设计—高等职业教育—教材 Ⅳ. ①F717.6 ②TU247.2

中国版本图书馆 CIP 数据核字(2012)第 021437 号

策划编辑　　赵志梅
责任编辑　　陈青丽
封面设计　　周崇文

连锁店开发与设计

出版发行	立信会计出版社			
地　　址	上海市中山西路 2230 号	邮政编码	200235	
电　　话	(021)64411389	传　　真	(021)64411325	
网　　址	www.lixinaph.com	电子邮箱	lixinaph2019@126.com	
网上书店	http://lixin.jd.com	http://lxkjcbs.tmall.com		
经　　销	各地新华书店			
印　　刷	常熟市梅李印刷有限公司			
开　　本	787 毫米×960 毫米	1/16		
印　　张	16.25	插　　页	1	
字　　数	297 千字			
版　　次	2012 年 2 月第 1 版			
印　　次	2019 年 8 月第 2 次			
印　　数	3101—5200			
书　　号	ISBN 978-7-5429-3283-9/F			
定　　价	28.00 元			

如有印订差错，请与本社联系调换

"连锁经营管理"专业系列教材编委会

主 任 冯伟国

副主任 乔 刚 曹 静

编 委（以姓氏笔画为序）

王胜桥 冯国珍 刘 斌 池丽华

汪 明 沈荣耀 易艳红 周 勇

郑 蓓 赵文竹 徐慧群 曹 静

序
<<< Preface

"连锁经营管理"专业是20世纪90年代我国内地商业营运模式发生重大变革,并在上海市首先出现"连锁经营"模式的背景下,由上海商学院于1998年率先创设的,旨在培养商业管理高技能人才的高等教育专业。2001年,该专业获批为上海市第一批高职高专教育教学改革试点专业,当年10月,经上海市教委报教育部批准为全国第二批高职高专改革试点专业。该专业在建设过程中,首创实质性"产学研"全面结合模式,联手行业专家首创全国连锁企业的行业标准,首创培养"连锁经营"高技能人才的主干课程教材系列,教学成果被全国有关高校广为应用,继荣获2005年高等教育上海市教学成果一等奖之后,又荣获2005年高等教育国家级教学成果二等奖。

随着连锁业态在我国各行各业的广为呈现,其内涵越来越清晰,模式越来越丰富,管理手段越来越先进和高效,有关研究也越来越深入。因此,高等教育必须对社会经济的发展予以及时反映,也应当在研究的基础上预判其发展趋势并通过教育教学和对企业实践的指导做出正确引领。

本教材系列由《连锁经营管理原理》、《连锁店营运管理》、《连锁企业商品管理》、《连锁店开发与设计》、《连锁企业物流与配送管理》、《特许经营原理与实务》、《连锁企业信息管理》和《连锁企业人力资源管理》组成,由上海市人力资源和社会保障局组建的上海商贸类专业理事会秘书长曹静老师领衔的专业教学团队具体开发和提升,其编写具有以下特点:

1. 基于校企合作、双证融通,彰显出鲜明的高等职业教育属性。上海是全国商业发达城市,志在打造国际贸易中心。根据近年的市场调研,在上海商业从业人员中,大专以上文化程度者尚不足20%;目前大专层次的毕业生首次就业对应的职场岗位一般是店长助理、店长或营运助理、部门主管;其对应的职业资格等级证书可以是上海市人力资源与社会保障局颁发的"营业员"(三级),也可以是该局颁发的"营销师"(三级)。为此,根据社会企业对高职毕业生的人才培养规格要求,我们先期做了三项"提升"工作。首先是在集团常务副理事长、上海商学院副院长冯伟国教授主持下完成了《各级各类职业教育协调发展研究》[①],作为上海市教委委托的《上海市中长期教育改革和发展规划纲要(2010—2020)》重点子课题,明确了职教、普职渗透、双证融通、校企合作、集团化办学、中高职贯通等关键词的内涵,对"协调发展"有了思想理念上的"提升"。其次是在集团理事长、原上海商学院院长方名山研究员的主持下,联手百联集团有限公司等行业专家完成了上海市人力资源与社会保障局委托的"营业员(五级)和营业员(食品)(四、三级)职业提升项目";"营业员(日用百货、五金建材、家用电器)(四、三级)"职业开发项目;"营销师(三、二、一级)职业开发项目"和"营销师(国际商务)(四、三级)职业提升项目",在完善和健全商贸类职业资格等级证书内涵上实现了"提升"。然后在上述基础上,完成了有关专业教学方案[②]以及核心课程标准的"提升"。进而得以基于校企合作、双证融通,组编体现培养高素质、高技

---

① 2011年荣获上海市第十届教育科学研究二等奖。
② 2011年荣获上海市第十届教育科学研究三等奖。

能人才需要的适用教材。

2. 吸纳了我国近年来连锁经营发展的最新理念和典型案例。连锁经营管理自 20 世纪 90 年代在我国内地出现以来,获得了突飞猛进的发展,特别是近 10 年来,各种零售业态和新型的连锁业种不断涌现,连锁经营管理的侧重点和发展趋势也有了新的变化。行业的迅速发展要求教材也必须不断地进行更新。本教材系列在原有教材第一版和第二版的基础上,进行了较大的调整,将近年来连锁经营发展的最新理念、趋势和典型案例融入其中,联合行业、企业专家,共同进行教材提纲的讨论和教材内容的编写,既兼顾教材必须具备的基础知识和原理内容,又具有一定的操作实战内容。

3. 体现了下衔中职、上接本科的职业教育协调发展的思想,是对国家和上海市中长期教育改革和发展规划纲要精神的贯彻和创新实践。由上海商贸职业教育集团牵头,集聚 20 多家校企单位、百余名专家学者研制和论证完成了包括"连锁经营管理"专业在内、体现"中高职教育有效衔接"思想的 8 个商贸大类专业教学方案,对各阶段人才培养规格、对应的职场岗位(群)、对应政府主导的职业资格等级证书(含等级)以及课程体系作了具体规划。同时通过对应用型本科的办学定位和人才培养规格研究和实践,勾勒出本科人才乃至未来向专业硕士人才提升的教育教学发展空间。目前,通过依法自主招生,已经在中职与高职教育的有效衔接、专科层次向应用型本科有效提升等方面开始了实质性的改革实践,本系列教材是这种改革探索的继续,也是这种改革探索的成果固化和推进的必要保证。

课程建设是专业建设的重要内容之一,是专业建设改革的核心,是教学研究的重要平台;教材建设是课程教改的重要内容之一,但由于教材编写总有一定的滞后性,同时教师在使用教材过程中也会有不同的把握和处理,因而对教材的认识也应当有较正确的尺度,即:它既是教材,又是学材;既是教学的依据,又是教学中举一反三的起点;既有既往经验成果的积聚意义,又有未来发展的局限性。而且,在主编负责制的教材编写过程中也难免会有不足和疏漏之处,这些都将在教学实践中逐步完善,同时也希望使用者批评指正。

上海商贸职业教育集团秘书长
上海商学院高等技术学院院长　乔　刚

2011年9月

前 言
<<< Foreword

对于连锁企业来说,门店的选址是重中之重,零售业经营中反复强调的 Place, Place and Place,正是说明了店铺开发对于连锁企业经营的重要性。优良的选址对于企业的后续经营往往可以起到事半功倍的效果。连锁经营在我国发展的二十多年中,许多企业逐渐认识到选址除了需要经验外,还有许多共同的规律可循,并可进一步从量化的角度来考察。本教材力图从一个全新的角度将其予以归纳、总结,并对连锁店的内外环境设计提出一些可资借鉴的经验和技巧,希望能够对本专业的学生及从事连锁店开发与设计的专业人士有所启迪。

目前市场上店铺开发与设计的教材主要分为两种:一种是由企业或咨询公司的操作人员编写的,侧重于操作实务和实战,而对于开发和设计理论的分析较少;另一种是由高等院校的教师编写的,往往偏重于理论分析,有深度但是实务性普遍不足。本教材由从事连锁店开发与设计教学的高校教师和企业一线操作人员共同编写,既有理论分析,又有实务操作,从而实现校企的紧密合作,共同开发教材和课程,克服以往教材的不足。

本教材由曹静负责大纲设计和统稿。其中第一章、第二章、第三章、第四章、第六章、第七章和第八章由曹静编写,第五章和第九章由沃尔玛华东百货有限公司的汪明经理编写。在教材编写过程中,我们查阅了大量相关的国内外文献及资料,包括网上资料,由于许多资料的作者不详,无法一一注明,在此表示谢意,恳请有关作者予以谅解。

在本教材编写过程中,得到了乔刚教授、周勇教授、王胜桥教授、冯国珍副教授、沈荣耀老师等的大力支持,沃尔玛华东百货有限公司为本教材提供了大量一手资料,在此一并表示感谢。

由于连锁店开发与设计的理论和实践发展变化迅速,目前许多方面有待于进一步探索,加之时间仓促以及受编者学术水平所限,教材中不足和疏漏之处在所难免,敬请广大读者批评指正。我们的联系方式是 caojingsh@yahoo.com.cn。

编 者

2012 年 2 月

目录
<<< Contents

第一章 连锁企业店铺开发战略 …… 1
    学习目标 …… 1
    引导案例 …… 1
    第一节 连锁企业经营战略概述 …… 1
    第二节 连锁企业开店战略 …… 6
    第三节 连锁企业开店计划 …… 12
    本章小结 …… 18
    思考题 …… 19
    实践应用 …… 19

第二章 商圈调查 …… 21
    学习目标 …… 21
    引导案例 …… 21
    第一节 商圈概述 …… 22
    第二节 商圈调查及设定 …… 26
    第三节 店址选择与 GIS …… 45
    本章小结 …… 53
    思考题 …… 54
    实践应用 …… 54

第三章 不同零售形式的规划 …… 56
    学习目标 …… 56

引导案例 ·· 56

第一节　百货商场 ·· 57

第二节　专卖店 ··· 62

第三节　购物中心 ·· 67

第四节　商业街 ··· 76

本章小结 ·· 84

思考题 ··· 85

实践应用 ·· 85

第四章　店铺投资分析 ·· 87

学习目标 ·· 87

引导案例 ·· 87

第一节　连锁店投资项目 ·· 87

第二节　连锁店投资评估 ·· 92

第三节　大型商铺投资分析 ·· 105

本章小结 ·· 115

思考题 ··· 115

实践应用 ·· 116

第五章　店铺租赁与招商管理 ·· 117

学习目标 ·· 117

引导案例 ·· 117

第一节　店铺租赁 ··· 118

第二节　招商管理 ··· 123

本章小结 ·· 130

思考题 ··· 130

实践应用 ·· 130

第六章　店铺开业 ·· 132

学习目标 ·· 132

引导案例 …………………………………………………………… 132
第一节　店铺开业计划的制订 …………………………………… 133
第二节　店铺开业计划的协调与实施 …………………………… 139
第三节　开业活动的营销策划 …………………………………… 145
本章小结 …………………………………………………………… 151
思考题 ……………………………………………………………… 152
实践应用 …………………………………………………………… 152

第七章　店铺外观设计 …………………………………………… 154

学习目标 …………………………………………………………… 154
引导案例 …………………………………………………………… 154
第一节　店名和店标设计 ………………………………………… 155
第二节　出入口设计 ……………………………………………… 165
第三节　招牌与橱窗设计 ………………………………………… 168
第四节　停车场与楼梯设计 ……………………………………… 174
本章小结 …………………………………………………………… 178
思考题 ……………………………………………………………… 179
实践应用 …………………………………………………………… 179

第八章　店内布局与环境设计 …………………………………… 182

学习目标 …………………………………………………………… 182
引导案例 …………………………………………………………… 182
第一节　店内布局设计 …………………………………………… 183
第二节　店内环境设计 …………………………………………… 198
本章小结 …………………………………………………………… 212
思考题 ……………………………………………………………… 213
实践应用 …………………………………………………………… 213

第九章　连锁店设施与设备 ……………………………………… 215

学习目标 …………………………………………………………… 215

引导案例 ·· 215
第一节　连锁店常用设备概述 ································ 215
第二节　连锁店陈列、仓储设备和生产加工设备 ················ 217
第三节　标识、待客和防损、收货设备 ························ 221
第四节　节能减排、消杀、卫生和消防设备 ···················· 226
本章小结 ·· 228
思考题 ·· 229
实践应用 ·· 229

附录1　超市购物环境(GB/T 23650—2009) ················· 232

附录2　城市商业网点条例(征求意见稿) ···················· 239

参考文献 ·· 243

第一章 连锁企业店铺开发战略

> 学习目标
> 1. 掌握连锁企业经营战略的概念；
> 2. 了解连锁企业经营战略的特征和内容；
> 3. 了解连锁企业制定经营战略的过程；
> 4. 掌握连锁企业的开店战略；
> 5. 了解连锁企业分店开发的要素；
> 6. 了解连锁企业分店发展速度与模式。

【引导案例】

7-Eleven 的选址战略

在目标城市和区域不断开设新的分店是所有连锁经营企业的一般做法。7-Eleven连锁店在美国的分布,1994年以前并不集中,力量相对分散,从物流决策的角度说,点多线长,物流成本高,缺少规模优势。所以1994～1997年间,公司关闭了几家分布孤立的分店,收缩战线的长度,减少物流配送成本,形成了较高的分布密度。现在,公司主要在连锁店已经拥有较高分布密度的地区建立新店。

7-Eleven 的区位战略是,在目标区域开设新的分店,形成和提高分布密度,将仓储和运输等按照物流要求进行整合,企业从中受益匪浅。7-Eleven公司的选址战略对我国的连锁企业有重要的启示作用。

第一节 连锁企业经营战略概述

一、连锁企业经营战略的概念

连锁企业经营战略是连锁企业从全局出发制定的经营行动的总谋划、总方针和总体部署。经营战略是要解决企业的未来经营的方向问题,而不是对经营环境短期波动做出的反应,更不是解决企业日常的事务问题。

连锁企业经营战略是连锁企业各项经营活动计划综合平衡形成的全局的、整体的规划,而不是连锁企业单项活动计划,也不是单项经营活动的长期计划;它必须是实事求是,切实可行的,而不是表达美好的动机或最佳意愿的,更不是主观臆断;它必须得到广大员工的认可和理解,才会取得广泛的群众基础,统一全体员工的思想和行动,其贯彻执行才能顺利。

连锁企业经营战略通常包括两个大的方面:竞争战略和事业范围选择战略。

竞争战略是在市场上,连锁企业与竞争对手竞争的基本方针。它的目的是使连锁企业的经营活动能在所有竞争者中技高一筹,使连锁企业在竞争中占据有利的位置。竞争战略是连锁企业经营基础性的、根本性的选择。连锁企业事业范围一经选定,接下来的问题就是在选定的事业范围内的经营方针,即竞争战略。

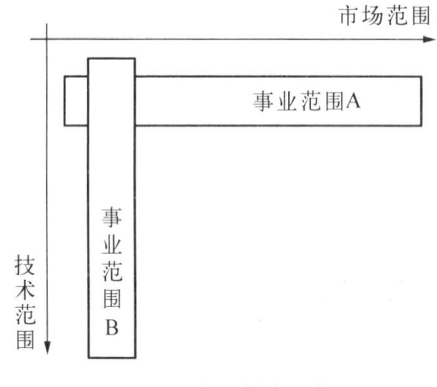

图1-1 企业的事业范围

但连锁企业的经营活动并不局限于一个市场或一种事业,事业范围选择本身也是企业的一种战略。事业范围选择战略,也称作多种经营战略。

事业范围选择,需要综合考虑市场和技术两方面,如图1-1所示,横轴表示市场范围,纵轴表示技术范围,两方面统一的部分,就是企业的事业范围。

扩大连锁企业市场范围,一方面是扩大市场的地理范围;另一方面是指向新的顾客层发展。而扩大技术范围,对商业企业而言,往往是指进入新的行业或采用与以往不同的经营形式。当连锁企业的战略选择同时包含了市场范围扩大和技术范围扩大时,就是多种经营战略。

二、连锁企业经营战略的特征

连锁企业经营战略具有以下特征:

(1) 全局性。连锁企业经营战略解决的是有关企业发展的综合的、总体的和全局的基本方针、总体部署问题,它要从连锁企业的全局出发,确定连锁企业在未来较长时期内的发展目标、发展重点、发展阶段、发展措施等重大经营决策。

(2) 长期性。连锁企业经营战略是为了解决企业未来长远发展的总目标和规划,对连锁企业具有较长时间的指导意义。它虽然对连锁企业的短期计划、短期行为起着制约和决定作用,但绝不类同于短期计划。短期计划当然也不能代替经营战略,经营战略是要在科学预测的基础上,开拓未来的前景。

（3）稳定性。经营战略抉择,意味着战略实施过程的开始。经营战略的实施过程是一系列经营活动有机的组合过程,战略的变化将会引起企业经营活动一系列的变化。因此,经营战略一经确定,即须保持相对稳定,不得随意更改。否则势必引起连锁企业内部各项工作的混乱和资源的浪费。当然,经营战略也不能绝对不变,当环境和条件发生重大变化时,经营战略也要适时调整。但这种调整必须保持战略的连续性和递进性。

（4）风险性。在现代社会经济活动中,竞争愈加激烈,环境复杂多变,能否适应竞争和环境的变化,是关系到企业生存和发展的大问题。经营战略的失误,往往会导致连锁企业的重大损失、甚至倒闭,因而风险极大。

三、连锁企业经营战略的内容

通常来讲,连锁企业战略包括以下部分：市场细分、目标市场、SWOT 分析、市场定位、竞争优势、营销要素组合、目标成果和战略行动。

1. 市场细分

市场细分是连锁企业根据消费者在需求上的差异,把整体消费者划分为若干个在需求上大体相近的消费者群,形成不同的细分市场。

市场细分的对象是消费者,就是说,消费者在购买商品时,由于地区、生活习惯、职业等的不同,购买动机、欲望、需求都有所不同,于是就有了不同的消费者群。根据消费者需求不同把整个市场划分成若干小市场,连锁企业根据小市场的特点选择不同的零售业态,进行不同的营销要素组合。细分市场可以根据消费者所处的地区、收入水平、职业等来划分。

2. 目标市场

在运用一系列的细分标志将整个市场划分为若干个不同的细分市场后,连锁企业下一步就面临着对目标市场的选择。目标市场是连锁企业营销活动的核心。

连锁企业的目标市场就是连锁企业经营活动所要满足的特定的消费者群,也就是要确定为哪一类消费者提供商品或服务。如超市的目标市场主要是家庭妇女,便利店的目标市场主要是中、青年白领。

3. SWOT 分析

SWOT 分析方法是连锁企业进行战略规划时常用的战略分析方法。S (Strengthen)即连锁企业优势,W(Weakness)即连锁企业劣势,O(Opportunity)即机会,T(Threat)即威胁。

SWOT 分析是分析连锁企业内部条件与目标市场环境的过程。内部条件分析的目的是要明确本连锁企业与竞争有关的优势和劣势;目标市场环境分析的目的是要明确与本连锁企业竞争相关的机会和威胁。结合内部条件和外部环境,连锁企业进行准确的市场定位,并选择合适的策略。

4. 市场定位

连锁企业一旦选定目标市场,就要在目标市场上进行市场定位。市场定位是连锁企业战略计划中的一个重要组成部分,它关系到连锁企业如何与众不同,与竞争者相比如何突出。

市场定位是一个连锁企业在市场上的位置,也就是说要为目标市场提供什么样的商品或服务。这种位置区别于竞争对手,并取决于消费者或用户对连锁企业特征属性的认识程度。连锁企业的市场定位一般有领导者定位、补缺者定位、追随者定位等几种策略。

5. 竞争优势

连锁企业明确自身的市场定位后,要考虑自己的产品或服务要在什么基础上取得超过竞争者的优势,是成本领先还是差别化战略。具体来讲,是先进的配送技术,是经营规模上的优势,是商品品质和种类上的优势,还是商品或服务特色上的优势等,这就是所谓的竞争优势,也就是相对于竞争者的优势。事实上,制定战略的唯一目的是使连锁企业尽可能有效地占有比竞争者更持久的优势。

6. 营销要素组合

连锁企业进行市场定位后,要采取与市场定位相适应的营销组合。市场定位是营销组合的基础,营销组合体现商业企业的市场地位。连锁企业是一种出售商品或提供服务的组织,其营销组合要素与一般的生产企业有所不同。连锁企业营销组合的要素主要有:商业业态、商店选址、商店面积、商品种类、商品价格、广告与促销、购物环境等。

7. 目标成果

确定连锁企业应该做什么、如何做,是由计划和实施方案为指导的。但战略结构中还有一项重要内容,就是最终应该达到何种效果。目标成果是短期目标及控制手段设计的依据,能使战略实施臻于完善。

8. 战略行动

通常来讲,连锁企业现有地位及其所谋求的在目标市场上的竞争优势之间总有差距,同时连锁企业拥有的人力、物力、资本等资源也是有限的,因此连锁企业要详细考虑战略行动的推进步骤,考虑如何消除差距,同时还要对战略行动的时间做出合理的安排。

四、连锁企业制定经营战略的过程

连锁企业制定经营战略,是一个根据经营环境状况和未来的变化趋势,考虑如何更好地利用内部现有的实力以及潜在的资源和能力优势,制定出能够满足目标市场需要,完成企业既定目标的过程。因此,连锁企业在制定经营战略时,必须要有系统观念,把企业看成是一个开放系统,不仅要考虑系统与系统环境的"动态平衡",而且要研究系统内部各子系统的协调平衡;必须要有权变观念,对连锁企业的经营环境和内部条件从发展、变化的角度看待、分析,并以企业经营环境和内部条件作为制定经营战略的依据;必须具有科学观念,运用现代科学方法和科学手段制定经营战略,使经营战略符合客观经济规律的要求,切合实际;必须以现代零售企业经营观念为指导,使经营战略体现现代企业的经营观念。

制定连锁企业经营战略的过程大致包括以下几个步骤:

(1) 明确连锁企业的使命。对单个连锁企业来讲,其使命目标是具体的,它的使命要通过自己具体的经营任务去实现。连锁企业的使命可具体化为一个连锁企业的经营任务,企业的经营任务是相对稳定的,一般不随时间或商品的变化而变化,因此,它可以为整个经营战略提供方向和指导。

(2) 研究经营环境和经营能力。在明确了连锁企业的经营任务之后,就需要进行经营环境和经营能力的分析,分析其现状和未来趋势,以便为进一步确定连锁企业的战略目标收集各种有关的经营信息,为确定经营战略提供必要的资料和依据。避免可能的威胁,寻找机会,发挥能力优势,克服劣势。

(3) 确定战略目标。连锁企业的经营战略目标是把零售企业的经营任务、经营环境和经营能力结合起来,将连锁企业的经营任务具体化为一系列的经营目标。

(4) 确定战略方针。连锁企业的经营战略方针以连锁企业的经营战略思想、经营环境和经营能力、经营目标为依据,使连锁企业的经营战略思想具体化为指导企业战略行动的纲领。

(5) 确定战略行动。当连锁企业的使命、战略目标、战略方针确定以后,就要考虑如何来实现这些目标,使企业由小到大、由弱到强,不断成长发展。

战略行动的确定,要依靠企业全体成员的共同努力。首先,要进行广泛讨论,让企业各级各类人员畅所欲言,提出自己的见解,使战略行动方案具有群众性、民主性;其次,由连锁企业的智囊团,必要时外请一些专家,运用现代科学方法进行系统综合,提出可行的战略行动方案,经过科学论证。最后,由连锁企业领导集团抉择,确定企业的战略行动。

(6) 经营战略的总结。评价与修正经营战略是主观思维活动的产物,它在实施中或多或少总会与客观现实产生分歧。因此,在经营战略的实施过程中,连锁企业必须要对经营战略进行总结、评价,并加以修正。企业要密切掌握外部环境和内部条件变化的动向,及时地修正战略中不适应的部分,使经营战略始终保持适宜性,保证经营战略对企业经营活动的指导作用。

第二节 连锁企业开店战略

一、连锁企业经营发展的特点

发展和扩张的基础是充分的技术开发、战略体系开发和经营资源准备。为发展的战略准备是事业顺利成长、走向成功的基本保障。从发展角度来看,连锁经营的发展与一般的企业发展有很大不同,与单店经营的零售企业相比也有一些不同的特点。这些特点主要有以下几方面。

1. 立足于消费者、使用者立场的大众化发展方针

在经营管理全过程中,处理所有问题,都站在消费者、使用者立场上,以为70%以上的消费者服务为宗旨。商品流转全过程围绕消费者、使用者需求高度组织化。欧美国家20世纪20年代开始的连锁经营发展,就是围绕消费者、使用者立场的一场商业经营、流通方式革命。

消费者立场、使用者立场、大众化发展,使得连锁发展有了长期、稳定、坚实的市场消费基础,有了稳固的立足点。

2. 发展新型业态

实现消费者立场、使用者立场、大众化发展的有力武器是新型业态。即按照消费者使用的量和频率以及用途分工形成的,类似于大型综合超市(General Merchandise Store)、食品超级市场(Super Market)、便利店(Convenience Store)、折扣商店(Discount Store)、家居用品中心(Home Center)、专业商店(Specialty Store)、会员俱乐部(Membership Wholesale Club)、大型仓储超级市场(Super Warehouse Store)等新型业态。这些新型业态,一改传统零售商业经营面貌,针对消费使用过程的特点,最大限度地便利消费者购买和使用,使零售商业经营提高到一个新的阶段,具有很强的生命力。具备多店铺、大规模开发的条件,成为发展连锁经营的强大武器。

需要注意的是,业态要根据顾客来店频率和购买使用目的,综合考虑整个商场安排和所有商品安排。重要的不是不同的业态服务于不同的收入阶层,因为差不多所有收入水平区段的人都能利用各种业态。其中,越是经营大众品、实用品,价格带越低,越能在小商圈范围内生存,因为顾客来店频率高;同时,由于小商圈能够生存、发展分店,多店化经营就比其他类型来得容易,就能产生连锁大规模经营的优势和利益。反之,价格带如果比较宽,价位水平会相应地提高。由于无法做到针对特定购买需求,势必面对多种购买动机,经营多用途、多目的商品,商圈人口变

大,平日和节假日客流量大起大落,单位品种销售量下降,发展分店优势丧失,像目前许多百货店就是如此。

3. 以科学化、标准化经营技术为基础的大工业生产发展方式

连锁发展的另一特点是以科学化、标准化经营为基础的大工业生产发展方式。即所谓 4S 主义:按照自己企业的业态和定位明确企业经营的服务目标的差别化(Specialization);在科学分析、高度分工基础上,使经营管理过程中每一环节、每一项工作都调整到简单明了、简便易行,即使是非熟练劳动者也能轻松胜任的程度,即简单化(Simplification);针对经营管理过程中每一项工作不断探索和发现最佳方式方法,予以规范化,按照规范实施各项工作的标准化(Standardization);在限定的范围内追求经营管理和企业发展的专业化(Segmentation)。

开发和完善标准化经营管理技术,实现经营管理全过程的高效化、科学化,以大机器工业生产方式积极开拓进取,发展分店,向地域空间拓展,是连锁经营实现高速度、高效益发展的法宝之一。

4. 多分店扩张,空间上展开的规模化发展方式

有了上述几方面基础,连锁经营发展就具备了广阔的市场消费基础,进一步的手段应是多分店扩张、空间上展开的规模化发展方式。与零售业的特点有关,受地区消费容量、客流水平制约,传统的零售业态如百货店一家店规模扩张余地非常有限,多分店扩张,空间上展开,能有效地解决企业规模经营和消费分散两者之间的矛盾。

现实生活中容易出现的错误是,企业往往把力量集中在如何扩大销售额,如何扩大营业面积方面,期望销售额随营业面积等比例增长。实际上,受商圈人口、交通条件、人的购物疲劳极限等因素影响,单独店铺规模有一个合理界限。到一定规模后,另开一个同样的店铺比在原店铺基础上扩大规模,经济上要合算得多。

5. 对生产、流通过程的强有力支配

实现规模化发展还有一个手段是对生产、流通过程的强有力支配。作为一种多店铺、快速扩张的企业发展类型,需要有适宜、稳固、可靠的货源和采购配送保障。依靠传统的生产流通格局无法做到这一点,连锁企业必须参与和支配从商品设计开发到最终提供给消费者的所有商品经营活动。把有关的经营商品结构开发、售价、分类、保管、运输、售货现场设计、布局、商品陈列、店内广告、促销、支付方法、服务等经营过程的各环节都纳入自己的经营系统,一定程度上支配和控制生产、流通诸环节,是企业成功的必需。

发展战略的实施,有赖于各项战略准备工作。战略准备一类是各有关方面战略体系的开发和完善程度;另一类是经营资源的聚集,特别是人才和资本准备。

二、连锁企业开店策略

连锁经营企业为实现企业长期发展的目标,必须在对内外环境分析的基础上对连锁企业发展的关键——分店开发进行较长期的基本设计,这就是分店开发战略。它是连锁企业为谋求长期发展而进行的统筹规划,连锁店的经营管理者必须具有长远的眼光,从大局着想。

1. 区域集中的布局策略

区域集中战略是指连锁企业集中资源于某一特定地区内开店。这样,企业可以将有限的广告等其他宣传活动投入到该区域内,节省广告费用,提高知名度。从而使本企业的店铺在该区内站稳脚跟,并逐步占据更大的市场份额,直到稳定地占有该市场,获得地区范围内的竞争优势。

连锁企业物流成本的控制主要是配送中心营运成本的控制,按照我国一些运转较正常的连锁超市公司的情况来看,配送中心的成本一般要占整个连锁超市公司销售额的4%,而占连锁公司总部的成本费用竟达90%以上。所以对配送中心的成本控制是连锁企业成本控制的重中之重。各店铺集中在一个区域内发展,可以根据需要在该区域内设置配送分中心,在合理的时间组织配送,减少机会性损失,从而提高配送效率,降低成本。

店铺集中在一个区域内,总部便于管理,可以节省人力、物力、财力,总部人员可以在同样的时间内,增加巡回的次数,使巡回效率提高,对每一个店铺的指导时间增加,便于对各店铺的管理。总部工作人员集中在一个区域内,工作跨度合理,便于各店铺之间调剂余缺。例如,如果某一店铺缺少店长或收银员,由于各店铺之间相对距离比较近,可以迅速地从附近店铺中调剂;某一店铺出现暂时缺货,则可以在很短的时间内从邻近店铺调配。由此可见,店铺集中在一个区域内,可以有效优化总部的管理成本。

另外,店铺集中在一个区域内,保持本企业在该区域内的绝对竞争优势,可以使其他的竞争店在本地区难以进入,即使进入,也难以获得成功。

区域集中的布局策略还必须考虑超级市场各种模式的店铺规模的特点,考虑其商圈辐射的远近,考虑其店铺之间合理的距离跨度与衔接等。如大型综合超市可能在一个区域内只布一家店,而便利店可能要布近百家店。

2. 有效物流线延伸范围内的推进策略

所谓有效物流线,是指配送车辆以60~80千米/小时的速度,在一个工作日内(12小时/24小时)可以返回配送中心的距离。连锁企业的店铺在有效物流向延伸范围内布局,对配送中心来说,可以合理规划运输路线,统一运送,集中供货,在削减车辆数的情况下,也能做到按时配送,从而降低物流成本。对店铺来说,可以使订货到送货的成本缩短,做到昨天订货今天收货,提高送货的频率,防止缺货,提高商品的新鲜度,有效压缩库存。

在有效物流线延伸范围内布店,总部督导人员可以随配送车辆在一个工作日内返回,使得管理人员的活动范围更加趋于合理,对每一个店铺的指导时间增加,提高了工作效率。同时,在沿线布店既可以节约运输成本,又可以及时组织所缺货物的供给,并利于相邻店铺相互调剂、平衡余缺。

另外,在有效物流线延伸范围内布店,企业可以集中在该区内投入广告宣传,分摊在每一个店铺上的费用很少,效用却最大,从而获得整体优势,降低总部成本。

3. 弱竞争市场的先布局策略

连锁企业应优先将店铺开设在商业网点相对不足的地区,或竞争力比较弱的区域,以满足当地居民的"购买饥渴",避免过度竞争,即弱竞争市场先布局。同时,将店铺开设在偏远地区,也不失为一个良策。因为那里的网点相对不足,竞争很小,甚至没有,企业很容易在该区抢先占据优势,防止竞争者的加入。例如,山东威海的一家超市公司就是先在附近的一个渔村设店,再向城市发展,那个渔村的渔民由于各种渔业收入,相当富有,而该地区远离城市,附近又几乎没有什么商业网点,渔民购物十分不方便。因而该公司抢先选择在该地区开设网点,而没有在竞争相对激烈的威海市开连锁店。

一般来说,连锁超市公司开设店铺的跨度不可太大。一方面,跨度太大,企业的物流配送跟不上,难以满足各店铺的配送要求;另一方面,由于不同地区的市场差异性太大,企业难以根据不同市场的要求选择适销对路的产品,满足消费者的需要。企业应根据自己的情况,在某一区域推出自己最具吸引力的营业项目,以集团的优势在该地区保持商圈高占有率、高销售额的同时,逐步向其他地区扩展。随着企业的发展,电脑信息系统的逐步完善,人流、物流等方面设施的成熟,企业才有可能进入其他的市场。这防范要特别注意抵御租金低、无超市等优惠"陷阱"式的诱惑。

4. 预设店抢先型排他性布局策略

预设店抢先型排他性布局,是指连锁企业先发制人,对有较大发展前途的地区,先入为主,以抑制其他公司的进入。这实际上是对未来行为的一种提前。对于这些地区,企业以后一定会进入,而由于各种竞争关系,未来的进入成本必然高于目前。如果现在就进入该区域,竞争对手少,市场竞争相对较弱,企业可以以较少的投入就在该地区获得绝对竞争优势。因此,企业应尽可能在该地区布连锁店铺,这样不仅可以防止竞争者的加入,而且也有利于企业的配送等各项成本的降低。随着该地区经济的发展,企业将获得更大的利润。

总的来说,分店开发一般有两种基本战略:一是地区头号大店战略,即在一个商业地段开设该地区最大的店铺,实现小商圈高市场占有率;二是集中成片开发战略,即在一个区域密集开店,在该地区形成绝对优势,由面上展开。前一种战略,往往为较大规模的店铺所采用。通常是把一个商业中心或购物中心当作该中心的核心店铺定位。大型百货、综合超市、家居中心等规模较大的业态多采取这种战略。此类业态需要较大商圈范围,具有不宜在一地密集开设店铺的特点。店铺规模较小的业态,如果经营的是大众日常生活用品,适合于采用第二种战略。因为集中成片开发,企业可以形成在该地区的绝对优势,提高配送效率。如果在大范围内像撒芝麻一样均匀开店,单独店铺力量有限,容易被竞争企业挤垮,物流配送、信息传递、管理上都会带来一系列困难。大店可以自成气候,小店只能依靠群体的力量。有时也可以两种战略综合起来使用。

低成本也是连锁企业开发新店时经常采用的策略。连锁店之所以能够兴起,必然有其优胜之处,能够实现低成本就是其一。这里的低成本是指在分店开发中努力紧缩开支降低营业成本。美国的赛夫威公司被称作超级市场中的巨人,是一个在世界范围内以经营食品为主的连锁集团。近些年来,美国能源费用持续上涨,电费每年平均上涨15%,而经营各种易腐食品的超级市场单冷藏一项就要占50%的能源费用。基于这种情况,赛夫威公司从1982年起就开始在新开分店中依靠计算机辅助来管理和控制能源的使用。由于出售食品的敞开式冷藏柜耗能源较多,新开分店安装有玻璃门的冷藏柜也成了降低能耗的措施。对于照明设计,赛夫威公司除了降低灯泡瓦数及电子控制光源外,还采用商店屋顶开天窗的办法。不仅节省了电费,还可以使陈列商品处于自然光中而更受顾客青睐。

专栏1-1

联华超市的六大拓展战略

21世纪的中国超市,面临买方市场、全球经济一体化、知识经济的三大挑战。面对挑战,联华超市制定发展规划,初步形成了一些未来发展战略。

1. 通过规模优先的推展战略,进一步巩固和扩大规模优势,实施战略联盟策略

在资金稀缺和地方保护阻力的制约下,要实现快速超常规的发展目标,必须联合各地企业,充分发挥优势互补的组合效应,克服公司单独闯市场、抢市场时势单力薄、力不从心的缺陷,迅速抢占市场。在过去的几年里,联华超市寻求和海内外的大型超市公司建立战略联盟关系,共同开发市场。加强对合资公司的支持体系建设,实施低毛利争份额的营销策略,通过扩大的市场份额,获得充分的规模效应。

"顾客第一,唯一的第一"是联华超市的经营理念,最近又提出"顾客成本"的新思路。有人抱怨顾客不如以前忠诚。我们要创造"交易"忠诚,"交易"忠诚意味着

我们必须使每个商品或每项服务都完美,使顾客放心地购买我们的商品。要达到此目的,关键在于不断地为顾客创造价值,要让顾客价值实现最大化。这就需要提高商品质量和服务质量,降低商品价格。

2. 通过差异化竞争战略,塑造具有鲜明的个性化企业形象

这主要体现在以下几个方面:"服务的个性化"——全面提高顾客满意度(CS),不断开发新品种,适应多层次顾客的消费需求;"经销产品的差异化"——生鲜产品必须在全市最有竞争力,品种更丰富,新鲜度更高,营养结构更合理,口味更好;"定牌产品的差异化"——加大科技投入,使自己生产的定牌产品具有"同样的品质,不同的价格",或者"不同的品质,不一样的价格"。

3. 通过技术领先的提升战略,降低企业经营成本,提高企业营运效率

在广泛应用信息技术、自动化技术、保鲜技术以及安全防范技术等现代科学技术的同时,大大提高其效率,降低流通成本,满足消费者需求。公司用3年时间在采购、配送、信息和营销等领域,全面提高相应的技术手段和技术水平,运用先进的管理技术降低经营成本。

4. 通过多渠道的增利战略,发挥资源优势,创造新的利润来源

拟采取两大策略:一是全国采购的建网策略,要力争形成一个全国采购网络,提高采购技术和采购能力,变坐商为行商。支付方式从约期付款的代销形式变为部分代销、大部分产地采购、买断经营。二是合理配置的物流增值策略,3年内围绕低成本、快周转的原则,设计和建立成本导向的物流中心、生鲜加工配送中心。

5. 通过工商联手的双赢战略,优势互补,共同开拓市场

联华提出,零售商与供应商之间的关系应是一种互相合作、互为制衡、共生共荣的伙伴关系。在未来几年里,公司准备发展多个与联华超市建立战略合作伙伴体系的生产厂家,使之成为联华生产定牌产品的生产基地、生产车间。实现资产关系分离基础上产供销的一体化,力争成为多个知名品牌的国内总代理、全国总代理甚至独家代理,用联华的销售网络为优质企业提供长期服务。联华提出高效应顾客回应(E/R)理念,通过与供应商的紧密合作,提高供应链的效率,增加消费者对高品质产品的选择,让消费者少付出金钱、时间、精力和风险而获得更好的品质,更新的创意,更多的信息,更加方便的商品。与此同时,供应商和零售商也从中双双获利,共同成为市场的赢家。E/R将传统的针锋相对的谈判对手导入一个利益联合体,将厂家对价格的高度注意引向消费者动态的研究上,及时改进产品与服务,双双获取高效率的回报。

6. 通过多元资本运作战略,拓宽投融资渠道,探索稳健的扩张方式

在今后的发展中,公司将充分利用自己的品牌和信誉优势,拓展新的投融资渠道,利用企业外资金、运用并购、合资控股等多种方式,互惠互利,分担风险,确保企

业稳步快速发展。在推广特许连锁的同时,不失时机地利用自身的资金优势,或通过财务杠杆加强融资,采用正规(直营)连锁加快扩张。企业可在竞争分析的基础上,收购兼并部分中小型连锁企业,这样一方面可以减轻竞争压力,另一方面也可以使自身实力得到进一步加强。

第三节 连锁企业开店计划

一、连锁企业分店开发的要素

不断开发出具有全新个性的分店,是连锁经营企业实现长期发展的关键。每年都有大量的新店铺开张,但是也有相当多不必要的店铺关门,这大多要归咎于新店开发时的不谨慎。由此可见分店开发是一项很复杂的工作。分店开发业务应该至少包括两个主要方面:一是选址开发业务;二是店铺开发业务。

有关选址开发业务,就是从分店店址选定到制定出店计划这一过程。详细说来,就是根据企业的分店开发方针,对具体的分店开发选址候选地做选定、调查、分析等工作,并在确定好店址的基础上做好开发计划,还要准备好相关的物料设施。选址开发业务主要以店址选择为中心,其业务流程是:

分店开发方针──→位置选定──→商圈调查──→开店计划──→物料保证

有关店铺开发业务,就是根据上述分店开发计划以及物料等情况做出具体的计划(包括店内布局、内外装修、收费设施、设备等),向工商行政部门申报设立,然后进行分店的基本建设施工,直到最后独具个性的分店建成开张。店铺开发业务侧重于店址选定后报批、施工等具体工作,其流程是:

开店计划──→店铺设计──→申请报批──→施工──→开业

连锁企业的分店开发包括很多繁琐、细致的工作,但基本上可归结为上述两个方面的业务,并且这两个方面在业务流程上相互连接。

二、连锁企业开店计划操作程序

一个企业必定有其基本经营方针及长、短期经营计划,一家连锁店的经营亦不例外,尤其是大规模的连锁店,在开店之前更需要有一套完善的计划。开店计划的操作程序可分为:

(1) 基础调查的阶段。内容包括"市场调查"及"店铺选址调查",其结果虽然不是提供作为设店可能性的直接判断,但可作为具体计划立案时有关投资内容的建议。

（2）制定基本计划的阶段。内容包括"经营位置"及"建设计划"两大重点,同时两方面要注意相互的关联性,并且对于投资的内容要具体化,以严密、客观的立场,提供决策之用。

（3）设店意向决定的阶段。根据基础调查及基本计划的结果,由决策者决定设店与否的阶段。在作决策之时,除了对个别计划的内容加以判断外,更要针对全面经营可能产生的影响详细加以检讨,各项客观情报也应作为决策时的参考。

（4）制定具体计划的阶段。根据决策所决定的项目,为达到一定的实施水准,而将基本计划作更具体的立案,其内容对于基本设计、施工设计、建设费估算以及经营有关各项业务的具体计划,均应配合基本方针、基本目标等作详尽的规划。

（5）计划实施的阶段。在实施之际对于工作的进度要随时加以研究,力求与计划充分的配合,讲求实施的成效。

（6）开店阶段。整体开店业务的完成阶段,其重点在于开店时各项行政管理业务准备,以配合开店之需。

整体开店计划作业的程序如图1-2。

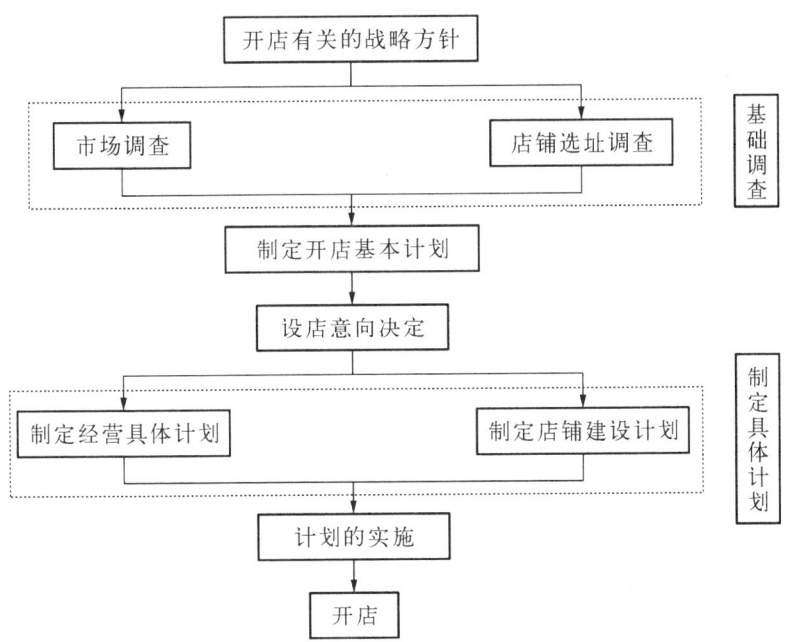

图1-2　整体开店计划作业的程序

专栏 1-2

美国克罗格公司开店选址策略

在美国,一家超级市场的投资要超过 25 万美元,年销售额超过 500 万美元,利润在 7.5~10 万美元之间。如果店址选择不当,不仅无利可图,巨额投资也会付诸东流。克罗格公司在开店时不是片面追求开店数量而是追求成功率和效益,科学地进行店址分析,以减少不必要的失误。具体的方法措施有:

(1) 地区办公室提出建店设想。克罗格公司在一定的区域内设有一个地区办公室,该办公室负责本区内的商店规划,并向公司总部的综合办公室提出详细规划资料。

(2) 综合办公室进行审核评价。该办公室设有地点研究部和租约部,各地区改建或扩建店铺的规划汇总到研究部。地点研究部由一名经济地理学家和两名助手组成,专门负责论证规划的可行性。租约部对租约谈判、租约程序方面提供建议。如果租金价格、租约期限等方面不令人满意,租约部将反对新建店铺的选址规划。

(3) 各部门协商批准规划。地点研究部和租约部按每人一票原则表决。要经过综合办公室下设的不动产部经理和地区经理双重同意,才可立项。

(4) 地点研究部主要负责店址的综合评价。画出详细的消费者分布图,评估市场潜力的大小。克罗格公司的专家认为,如果一个没有规划过的城市商业区,建立一个面积为 1 400 平方米的超级市场,可获得从中心向外 1.6~2.4 千米半径范围内 55%~70% 的销售额。同时,地点研究部必须对竞争对手作详细研究。如果竞争对手的超级市场在某一地区实现了 75%~80% 的市场占有率,打进这一地区是相当困难的,可以考虑放弃此地区而重新选择。

(5) 地点研究部依照超市店铺选择规律对规划进行评估并对所选店址进行投资回报率分析。他们奉行的标准是:对于人口为 5 000~10 000 人的小城镇,超级市场必须提供这个城镇食物销售量的 25%~30%,相应地建立面积为 900~1 400 平方米的超市才会有利可图。对于人口为 4 万人的地区,一般可设 6~7 家超级市场。在大多数情况下,低于 4 万人的城区仅开一家超级市场。

三、分店发展速度与模式

(一) 分店发展模式

表 1-1 是美国一家连锁企业发展得比较理想状态的实例。

表 1-1 分店发展理想模式

每一阶段的合计店铺数	每一阶段的经过年数	从创业开始经过年数	分店一年平均纯增数	经营管理主要课题
1	2	2		
2	1	3	0.6	基础建设
3	2	5		
5	1	6		第一次大众化准备
11	2	8	5.4	第一次系统构筑
30	2	10		
50	2	12		第一次组织转换
80	1	13	17.5	第二次系统构筑
100	1	14		
200	2	16	60	第二次真正大众化
400	3	19		第三次系统构筑
500	2	21		第二次组织转换
600	3	24	50	第四次系统构筑
700	1	25		

二该企业的发展如果以 5 年为一个阶段,每一阶段的出店速度依次为:

$$0.6 \longrightarrow 5.4 \longrightarrow 17.5 \longrightarrow 60 \longrightarrow 50$$

企业扩张呈加速度发展。其中,最初 5 年只有 3 家新店,全力以赴实行标准化,为大发展做准备。既有集中开新店的年代,也有巩固、准备的年代,两者相互交叉。以 5 年为一个周期,转换经营课题,调整经营管理体制。

(二) 阶段性的选择

分店开发阶段性的选择(见表 1-2)是,当第一开发区域开店达到 11 家后,开始进入第二开发区域;第二开发区域达到 11 家时,开始进入第三开发区域;每一个阶段开店到七八家时,做下一开发区域的准备工作。

表 1-2 分店开发的阶段

阶段	第一区域	第二区域	第三区域	合计分店数
1	11			11(构筑基础)
2	21	11		32
3	31(最大收益期)	21(形成优势)	11	63

这样做的实质是,每个阶段都有形成优势的区域,也有正在开发的区域,既保持一定程度的收益,同时也构筑下一阶段的基础。当区域扩展到3个以上时,同时存在新开发的区域、已形成优势的区域和处于收益性最高阶段的区域,企业发展开始步入良性循环轨道。

这样一种发展方式,有助于企业根据进入地区的情况,逐步形成标准化经营管理技术。如果同时在几个区域开店,相当长时期经营实践中不能表现出地区真实情况,企业标准化推进过程就会碰到阻碍,企业发展就会步入危险境地。

(三)适应发展的经营管理强化

店铺数量每到一定规模,都会相应产生一些经营管理方面的新问题。如果不能适时予以调整再建,发展必然出现问题,影响企业的稳定发展和成长。国内外由于扩张过快,相应措施跟不上而导致企业失败的例子并不少见。

表1-3是各发展阶段相应需要强化的职能。

表1-3 不同发展阶段相应需要强化的职能

店数	手　　段	需要强化的职能	动手时机
1~7 小型Ⅰ	发展前景、廉价政策、人才	主要管理人员	3~5店
8~20 小型Ⅱ	商品差别化 数量管理、增资	服务	10~15店
21~40 中型Ⅰ	企业文化建设 采用大学毕业生、财务、教育独立	直线辅助管理人员和助手	20~25店
41~70 中型Ⅱ	作业体系变更 人才、阶层、职能、标准化	创造性直线管理人员	35~45店
71~150 大型Ⅰ	商品开发 干部强化、质量保障、上市	辅助管理人员和职能人员	50~80店
120~300 大型Ⅱ	改造企业形象 人事和体制根本上的变革	作战部门	100~150店

(四)分店发展工作顺序

开店顺序以一地区集中出店形成商圈优势为好,即面扩展而不是点扩展。
大型城市市中心由于地价高、交通不便,应予以回避,在其周边发展较为有利。

1. 出店顺序

在确定了面扩展、形成商势圈优势基本方针后,仍然存在出店顺序问题。因为分店毕竟要一家一家地开,先开哪一家,后开哪一家,存在技巧问题。

如图 1-3 所示,直线形最差,三角形略强,理想类型最好。从占领一个面来看,道理显而易见。

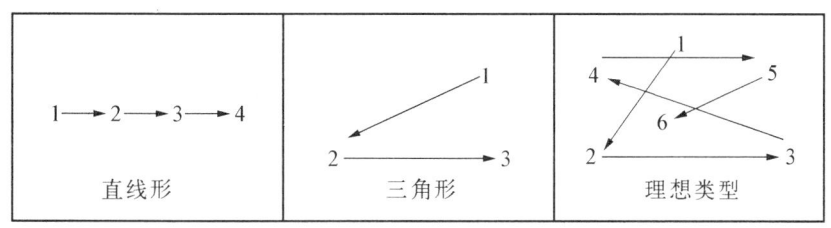

图 1-3　出店顺序

2. 工作顺序

(1) 明确业种、业态。即经营什么、店铺规模多大、营业时间、需要什么样的位置等。

(2) 选择开店区域和范围。哪些区域适于本企业发展？哪些区域有利于形成商圈？选定本企业准备发展事业的范围。有利的区域往往是人口多的地区、收入水平高的地区、不存在竞争强手的地区。

(3) 设置专职分店开发人员和开发部门,有计划、有步骤地推进。靠企业领导直接插手的做法不可能有计划,是发展中应尽量避免的。

3. 新业态是最有力的武器

分店开发部门首先应该做的事情,是明确本企业业态所需选址条件。其中包括：商圈范围必要人口、顾客来店频率、道路交通条件、店铺适宜规模等。

最简单的办法,是到同类店铺去实地考察学习。

选择店址前,要查看地方建设规划,实地考察,逐项检验各方面情况。

4. 建筑设计低造价化

这在投资原则中已经强调。低造价化的好处在于：投资回收快,在小商圈范围内开店容易,分店发展速度快,对变化适应能力强。建筑设计阶段要把各项要求具体落实到设计和施工过程中。需要注意的要点有：

(1) 明确建筑使用目的。

(2) 落实设计者、施工单位、拆迁事宜。

(3) 与使用者达成共识。

(4) 确保适度规模经营所需面积。

(5) 停车场位置。

(6) 预计使用期间等。

（五）适度规模

左右连锁企业竞争能力的主要因素是店址选择、聚集化程度和店铺的适度规模。

零售业的店铺规模，通常指营业面积。所谓适度，是与企业商圈大小、业态类型相适应的最佳规模。要让顾客感觉到品种很丰富，能够满足他们购物的需要。这里重要的是顾客"感觉到"的东西，而不是别的尺度。

具体地说，适度规模就是能够同时满足下述条件的营业面积：① 经营顾客来店目的范围内（TPOS）的所有品种，按销售量正比例充分陈列；② 推销性品种每个陈列架放置一到两个，按照最显眼、最夺目的方式陈列；③ 宣传品种控制在商品数量的10%以内陈列；④ 销售量很小的，1天（或1周、1月）达不到必要销售量的品种不经营。

实际上，适度规模是按品种、商品线考虑的最佳经营规模。根本的东西仍然是：

商圈范围内服务对象的需求──→顾客的 TPOS ──→应该经营的商品种类──→每一种类内的品种和数量──→所需陈列面积──→适度规模

之所以需要满足适度规模要求，如此强调适度规模，这是因为：

（1）规模不当会使营运费用增大。要么是一定量的投入没有带来相应的收益，要么是白白丧失了盈利的机会。

（2）劳动生产率，特别是人均劳动生产率无法提高，劳动条件无法改善。

（3）顾客到店里来找不到需要的品种，或者不需要的品种太多，反而不便于购买。

（4）供货商的合作性差。店铺销售上不去，经营效率低，供应商自然不愿合作。

（5）商店影响力小，销售额上不去。

（6）很快需要追加投资，投资效益差。即一开始判断失误，规模太小，再追加投资，又造成浪费。

（7）店铺寿命短。规模不当寿命自然短。

（8）无法适应未来时代变化。这是显而易见的。

确定规模时，应依次按商品线、部门、业态顺序考虑，满足适度规模要求。

本 章 小 结

连锁企业经营战略是连锁企业从全局出发制定的经营行动的总谋划、总方针和总体部署。连锁企业经营战略通常包括两个大的方面：竞争战略和事业范围选择战略。连锁企业经营战略具有以下特征：全局性、长期性、稳定性和风险性。连锁企业战略包括以下几个部分：市场细分、目标市场、SWOT分析、市场定位、竞争优势、营销要素组合、目标成果、战略行动。制定连锁企业经营战略的过程大致包括以下几个步骤：明确连锁企业的使命、研究经营环境和经营能力、确定战略目标、确定战略方针、确定战略行动和经营战略的总结。

从发展角度来看，连锁经营的发展与一般的企业发展有很大不同，与单店经营的零售企业相比也有一些不同的特点。这些特点主要有：立足于消费者、使用者立场的大众化发展方针；发展新型业态；以科学化、标准化经营技术为基础的大工业生产发展方式；多分店扩张，空间上展开的规模化发展方式；对生产、流通过程的强有力支配。连锁经营企业为实现企业长期发展的目标，必须在对内外环境分析的基础上，对连锁企业发展的关键——分店开发进行较长期的基本设计，这就是分店开发战略，具体有：区域集中的布局策略、有效物流线延伸范围内的推进策略、弱竞争市场的先布局策略、预设店抢先型排他性布局策略和低成本战略。

分店开发业务应该至少包括两个主要方面：一是选址开发业务；二是店铺开发业务。开店计划的操作程序可分为：基础调查的阶段、制定基本计划的阶段、设店意向决定的阶段、制定具体计划的阶段、计划实施的阶段和开店阶段。

1. 简述连锁企业经营战略的概念。
2. 简述连锁企业经营战略的特征。
3. 简述连锁企业经营发展的特点。
4. 连锁企业的开店战略有哪些？具体解释每一种战略。
5. 简述分店开发业务的内容。

沃尔玛的成功之道——"农村包围城市"战略

沃尔玛的成功秘诀就是低廉价格、尖端科技和优秀的企业文化，而隐藏在这一切背后促使它成功的更为重要的因素便是从农村发展到城市的战略思想。正是走农村包围城市道路，沃尔玛一步一个脚印，从而积蓄力量，发展壮大，走向辉煌。

20世纪40年代初，沃尔顿在潘尼百货公司工作，当时他已注意到在城市开办的早期廉价商店的发展。他凭借自己的敏感预测，类似的商店在农村市场很可能会很不错,因为难以买到商品的消费者往往要付高价,于是他向经理建议,共同在农村开办廉价商店,但遭到了拒绝。常理告诉人们,在人口不到2.5万的小镇开廉价商店是行不通的。经过多年的准备,沃尔顿同他兄弟一道于1962年在阿肯色州的罗杰斯开办了他的第一家沃尔玛廉价商店。

由于沃尔玛在开业初期不断扩张的架势引起了其他竞争者的警觉,并且同行众多而市场有限,其经营并不顺利,曾一度陷入困境。为了走出困境,沃尔顿在两年时间里辗转20万英里的路程,调查了全国范围的市场竞争情况,及时调整了经营策略,打出了"天天低价"的口号,同时决定搞连锁经营,扩张企业规模,逐步将沃尔玛发展成为大型的连锁商业零售企业。在扩张战略的选择上,精明的沃尔顿冷静分析了当时的市场分布情况,他没有像其他企业那样重点在大城市布局,而是避开竞争,走"农村包围城市"的道路。

在具体的扩张策略上,沃尔顿主要采取由里向外,递进发展,即先是以公司总部为轴心,逐步向四周扩散。起初,为了不超过自己的配送范围和能力,沃尔玛一直围绕着公司总部周围一天的车程,即500千米左右的范围内建店。然后,在边缘地区之外,再建一个配送中心,再在该配送中心的有效范围内建立分店。1990年,沃尔玛终于成为美国第一大零售商。但是,沃尔顿似乎并不满足现状,他决定向海外市场进军。1991年,沃尔玛海外的第一家连锁分店在墨西哥城成立。

在此后的数十年间,沃尔玛将业务拓展到包括英国、韩国、巴西、德国、加拿大以及中国等10个国家,旗下的国内外连锁分店已达到5 600多家。1996年,沃尔玛在中国深圳成功开设了亚洲第一家沃尔玛购物广场和山姆会员商店,成为全球最大的私有雇主。这些事实再一次证明,沃尔玛早期"农村包围城市"战略的前瞻性和正确性。

讨论题:

1. 结合所学知识,分析沃尔玛采取的选址战略有哪几种?
2. 沃尔玛采取的"农村包围城市"战略对我国目前的连锁企业是否适用?为什么?

第二章 商圈调查

学习目标

1. 掌握商圈的概念和构成；
2. 掌握影响商圈范围的因素；
3. 了解商圈调查的流程；
4. 了解商圈调查的内容和方法；
5. 掌握零售引力法则和饱和理论；
6. 了解新店销售额预测的方法。

【引导案例】

永安百货的诞生

1917年，郭氏兄弟早就想在繁华富裕的上海滩上打下一块自己的地盘儿。哥俩商量之后就筹集了200万元港币的奖金，开始打入上海滩。他们决定开办一家"永安"公司，经营百货。

这天，哥儿俩来到了上海，打听到在南京路上只剩下现在的南京东路靠近西边一小段了，那里路南、路北两边的地还空着。

"哥哥，怎么办？"郭环问。

"先去看看再说！"郭泉毫不犹豫地答道。

到了那地方一看，果然和了解到的情况一样，路南、路北两块空地。但"永安"建在南边还是北边？兄弟俩经过谋划后决定，派几个人，分别站在马路的南、北两边，统计每边的行人数目，几天之后，下边的人把统计结果报给郭家兄弟，果然有多有少，每天都是南边行人比北边多呀！这样，郭氏兄弟便拍板："永安"建在路南。很快"永安"公司便破土动工。

1918年的大年初一，新落成的"永安"公司开张营业了，果然生意兴隆，门前被热情的顾客围了个水泄不通,在仅仅 20 天的时间里,"永安"公司价值三四十万元的商品几乎被抢购一空,由于选址建立在商圈调查的基础上,"永安"公司后来发展成为旧上海最大的一家私人百货公司。

第一节 商圈概述

一、商圈的概念

一般所谓的商圈,是指从事购买行动的时候,所优先选择到该商店购物的顾客所分布的地区范围。因此,一家商店商圈范围的广狭,与消费者购物时对商品特性的选择比较因素、消费习惯、交通因素等都有关系。

通常来说,商圈是以商店设定地点为圆心,以周围一定距离为半径所划定的范围,然而,这仅能作为原则性的标准。实际上在从事商圈设定时还必须考虑商店的业种、商品特性、交通网分布等诸项。如一般小型的连锁店,其商圈设定的因素可能会考虑商店周围人口分布的密度以及利用徒步多少分钟可能来店的范围。

但是对一家大型连锁店而言,其商圈设定的因素则除了周围的地区之外,对于交通网分布的情形也必须列入考虑,顾客利用各种交通工具即可很容易来店的地区均可列为商圈范围。

当然,若是城市功能非常发达的地区,尤其是繁华的商业集中区,由于商店的集合,无论在营业面积的量方面,或是在商店业种、商品构成的质方面均具有很大的吸引力,商圈的范围自然就更为广阔了。

二、商圈分析的重要性

1. 商圈分析是新设店进行合理选址的前提

新设连锁店在选择店址时,总是力求较大的目标市场,以吸引更多的目标顾客,这首先就需要经营者明确商圈范围,了解商圈内人口的分布状况以及市场、非市场因素的有关资料,在此基础上,进行经营效益的评估,衡量店址的使用价值,按照设计的基本原则,选定适宜的地点,使商圈、店址、经营条件协调融合,创造经营优势。

2. 商圈分析有助于连锁店制定竞争经营策略

在日趋激烈的市场竞争环境中,价格竞争手段仅仅是一方面,同时也是很有限的,连锁店在竞争中为取得优势,已广泛地采取非价格竞争手段,诸如改善连锁店形象,完善售后服务等,这些都需要经营者通过商圈分析,掌握客流来源和客流类型,了解顾客的不同需求特点,采取竞争性的经营策略,投顾客所好,赢得顾客信赖,也即赢得竞争优势。

3. 商圈分析有助于连锁店制定市场开拓战略

一个连锁店经营方针、策略的制定或调整,总要立足于商圈内各种环境因素的现状及其发展趋势。通过商圈分析,可以帮助经营者明确哪些是本店的基本顾客群,哪些是潜在顾客群,力求在保持基本顾客群的同时,着力吸引潜在顾客群,制定市场开拓战略,不断延伸经营触角,扩大商圈范围,提高市场占有率。

4. 商圈分析有助于连锁店加快资金周转

连锁店经营的一大特点是流动资金占用多,要求资金周转速度快。连锁店的经营规模受到商圈规模的制约,商圈规模又会随着经营环境的变化而变化,当商圈规模收缩时,而连锁店的经营规模仍维持原状,就有可能导致企业的一部分流动资金的占压,影响资金周转速度,降低了资金利润率。

三、商圈构成及顾客来源

1. 商圈构成

商圈由核心商圈、次级商圈、边缘商圈三部分组成(见图 2-1)。核心商圈内包含了这一商店顾客总数的 55%～70%。这是最靠近商店的区域,顾客在人口中占的密度最高,每个顾客的平均购货额也最高,这里很少同其他(店内和实际)商圈发生重叠。

次级商圈内包含这家商店顾客的 15%～25%,这是位于核心商圈外围的商圈,顾客较为分散。日用品商店对这一区域的顾客吸引力极小。

边缘商圈内包含其余部分的顾客,他们住得最分散,便利品商店吸引不了边缘区的顾客,只有选购品商店才能吸引他们。

商圈不一定都是同心圆模式,其规模与形状是由各种各样的因素决定的。其中包括商店的类型、规模、竞争者的坐落地点、顾客往返的时间和交通障碍等。

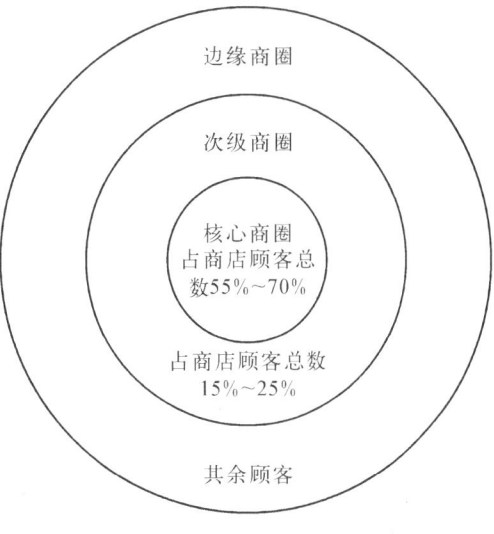

图 2-1 商圈构成图

设在同一商圈的不同商店,对顾客的吸引力也不一样。如果商店供应商品的花色品种很多,推销宣传很广泛,并且建立了良好的商誉,它的商圈就会比竞争力弱的对手大一两倍。另一类商店,称为"寄生店",既没有自己的往来通道,也没有自己的商圈,它依靠的是那些被其他原因吸引到这里来的顾客,如设在旅馆门廊里的雪茄烟摊,设在购物中心的小吃店、快餐店,就是寄生店的实例。

零售商要将一个现有的或计划中的商圈的轮廓描绘出来,应当仔细考察所在区域的特点。

2. 顾客来源

连锁店有其特定的商圈范围,在这一范围中,连锁店服务的对象,即顾客来源可分为三部分:

(1) 居住人口。这是指居住在连锁店附近的常住人口,这部分人口具有一定的地域性,是核心商圈内基本顾客的主要来源。

(2) 工作人口。这是指那些并不居住在连锁店附近而工作地点在连锁店附近的人口,这部分人口中不少利用上下班就近购买商品,他们是次级商圈中基本顾客的主要来源。一般来说,门店附近工作人口越多,商圈规模相对扩张越大,潜在的顾客数量就多,对门店经营有利。

(3) 流动人口。这是指在交通要道,商业繁华地区,公共活动场所过往的人口,这些路过人口是位于这些地区连锁店的主要顾客来源,是构成边缘商圈内顾客的基础,一个地区的流动人口越多,在这一地区经营的门店可以捕获的潜在顾客就越多,同时经营者云集,竞争亦越激烈,这就要求经营者更讲求竞争策略和经营特色。

四、影响商圈范围的因素

据调查,人们在进行经常性购物(购买肉、鱼、蔬菜、水果)时,商圈范围不超过 2 千米;而在购买服装、化妆品、家具、耐用消费品时,范围为 4~5 千米。以超市为例,商圈范围因所处位置、规模大小以及顾客购物出行方式、顾客购买频率的不同而有所不同,以下具体进行分析。

(1) 超市所处位置不同,商圈范围不同。位于城市中的超市商圈要大大小于位于城郊的超市商圈范围(见表 2-1)。

表 2-1 超市位置与商圈范围(半径) 单位:米

超市位置	徒步商圈范围	自行车商圈范围	小汽车商圈范围
城　　市	300~500	700~800	
城　　郊	500	1 500	3 000

(2) 超市规模不同,商圈范围不同。超市规模越大,商圈范围越大,反之则越小(见表2-2)。

表2-2 超市规模与商圈范围

超市规模	面积(平方米)	商 圈 范 围
小型超市	120～399	步行10分钟以内
中型超市	400～2 499	步行10分钟或开车5分钟
大型超市	2 500以上	开车20分钟左右

(3) 顾客购物出行方式不同,超市商圈范围不同。顾客购物出行的方式越现代化、机械化,商圈范围越大,反之越小。此外,地形也是影响商圈范围的重要因素。主要应考虑高低差和河川。

(4) 顾客购物频率不同,超市商圈范围不同。由于收入水平、消费习惯的影响,顾客的购物频率显示出不同的特征,即使对同一商品也会出现购物频率的差异。这种差异会影响超市商圈范围。顾客购物频率越高,商圈范围越小,反之越大。但是,在市郊或小镇,如无其他商业设施,原来半径为500米的商圈可延伸3～4千米以外(见表2-3)。

表2-3 顾客购物频率与商圈范围(半径)　　　　单位:米

超市位置	购物频率	商 圈 范 围	
	每天购买	每周3～4次	每周1次
城　市	300	500	700～800
郊　外	500	700～800	1 500

五、商圈的评价

评价一个商圈所要考虑的主要因素为:

(1) 人口的规模与特点。包括人口规模、年龄分布、平均教育水平、可支配总收入、个人可支配收入、职业分布。

(2) 货源供应的距离远近、方便程度。包括送货费用、送货需用时间、制造厂商与批发商数量、获得供货的可能性与可靠性。

(3) 经济基础。包括占优势的企业、企业多样化程度、经济增长预测、免受经济波动与季节波动影响的可能性、获得信贷的可能性及金融机构情况。

(4) 竞争形势。包括现有竞争者的数目与规模、对所有竞争者的实力和弱点的评估、短期与长期的展望、商店的饱和程度。

第二节　商圈调查及设定

商圈的设定必须在及时掌握充分市场信息的基础上进行,获得这些相关信息的一种重要方法是商圈调查。当前供求矛盾的主要方面,已由"卖方市场"转变为"买方市场",这就使得连锁经营中商品的品种构成和销售情况成为决定企业命运的关键。因为一方面,每一顾客群总会表现出特定的消费特征,门店在既定地区开展经营,经营的商品只有投目标顾客所好,才能吸引潜在的顾客,商圈规模才会延伸扩大;反之,商圈规模会因此逐渐收缩。另一方面,撇开顾客自身的不同,商圈规模大小与商品购买频率成反向比例关系。例如,人们日常生活必需品,购买频率大,往往是就近购买,主要表现为求便心理,所以经营此类商品的连锁店顾客主要来自居住区内的人口,商圈规模就小;耐用消费品,消费周期长,属于偶然性需求商品,购买频次少,经营这类商品的连锁店顾客来源少,相对来说,商圈规模较大。另外,经营特殊性商品的连锁店,其商圈规模可能更大。企业要实现迅速扩张,必须不断开发适应消费需要的商品,扩张分店规模。通过商圈调查,企业可以了解消费者需求的准确情况。

一、商圈调查流程

商圈调查的流程一般可分成为两个阶段,第一个阶段是从宏观上把握商圈的基本情况。主要是从统计年鉴、信息中心、企业本身的某些统计数字与资料中去获取。第二个阶段的调查主要是实施特定地区的市场调查。

（一）宏观上把握商圈的基本情况

为配合设店的决定,要进行各项基本调查,将所得到的资料,加以整理并深入地分析。这一部分资料的内容包括人口结构、消费水平及都市结构等项目,可以反映出都市化进展的状况,而零售业的发展,也可以反映出生活水平与消费水平,尤其是大型的零售业,更与都市的发展有着密切的关系。因此一家零售店的设立,特别是大型的百货店,对于该地区内消费的形态与都市设施的变化及发展过程密切相关,所以对于整个都市计划及设施发展状况,可由三方面加以观察,同时也应在市场调查工作时深入研究：

第一,对于该地区内消费者生活的形态必须深入探讨,因其与都市化的过程有相当的关系。具体的内容可包括人口、家庭户数、家庭成员、收入水平、消费水准等项。

第二,构成消费者活动空间的各项要素,如交通设施、道路网、政府机构、民间各种设施等。

第三,在整个都市机能的组合中,实际反映出消费者行动的消费活动结果,亦即零售业的构造也要予以深入了解,如零售业的销售额业绩、各种零售业态种类、大型店的动向等。

经由此三方面的观察与探讨,则对于整个地区的特性及商圈的消费购买力将会有大概的了解。当然,一家连锁店在设店之前,对于该地区内的各种条件,诸如商圈内的消费购买能力、竞争店的营业状况必须经由调查资料作出分析判断,以作为设店时营业额预测及决定商店规模的参考。进而利用这些资料规划商店整体的经营策略、经营的收益计划、设备资金计划以及经营的价值或缺失等项,作全盘性的比较分析与检讨,以提供作为设店意向的决定之用。

但是在从事此资料的收集、整理、分析与评价时,有两项重点是不容忽视的:其一,除对于此地区内过去及现在的情况要了解之外,有关将来的预测,亦即今后的发展也必须考虑到。其二,在运用调查资料作比较分析时,与其以该商圈的成熟度作判断基准,倒不如以类似的商圈或某一成熟的商圈来做比较,更能作为我们在该地区设店的判断基准。

虽然此市场调查的重点,可能较适用于一般大型连锁店设店时调查之用,但是有关市场调查的重点,对于中小型的连锁店而言,仍是有相当的参考价值,在实施时可依商店的规模与特性,针对实际相关的因素予以斟酌运用,图2-2是市场调查的基本流程图。现就生活结构、都市结构及零售业结构等三方面在市场调查时的重点予以说明。

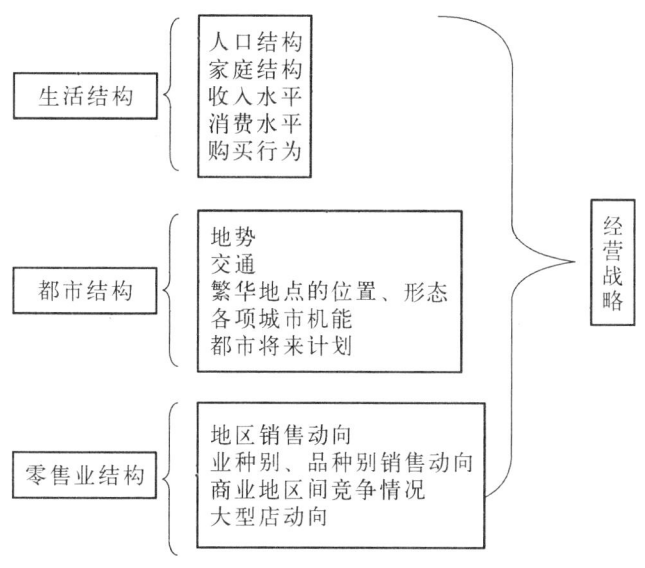

图2-2 市场调查的基本流程图

1. 生活结构

就是收集该地区内消费者生活形态的资料,亦即针对消费者生活的特性,依人口结构、家庭户数构成、收入水平、消费水平、购买行为等方面进行整体的和定量的研究。

(1) 人口结构。除了对于目前人口的结构进行调查之外,有关过去人口集聚、膨胀的速度及将来人口结构的变迁也要加以预测,同时将人口结构依行业、年龄、教育程度等进行分类整理,以便深入分析。

(2) 家庭户数构成。家庭户数构成是人口结构中基本的资料之一,可据此对家庭户数变动的情形及家庭人数、成员状况、人员变化趋势进行了解,进而可以由人员构成的比率,洞悉都市化的发展与生活形态的关系。

(3) 收入水平。经由这方面的资料,可以了解消费的可能性,进而利用前述资料,得知每人或每一家庭的收入水平,并将所得资料与其他都市、其他地域相比较,从而作更进一步的分析。

(4) 消费水平。这方面资料是地区内消费活动的直接指标,也是对零售业者最重要的指标。据此我们可以了解每人或每一家庭的消费情形,并针对消费内容依商品类别划分,得知其商品别的消费支出额。同时也可以知悉商圈内的消费购买力的概况。

(5) 购买行为。对于消费者购买行为的分析,可以由消费者购买商品时的活动范围及购入某商品时经常在何商店购买予以了解,研究消费者购买行为的目的,一是可以得悉消费者购物活动的范围,二是可以知悉消费者选择商品的标准,对于该地区的消费意识作深入研讨。

当然有关上述资料的取得可以经由政府机构发行的刊物或报道,诸如人口统计的资料、家庭收支调查与个人收入分配研究资料等。除此之外,商店本身也可以配合实际业务上的需要进行各种调查,以作为研讨分析之用。

2. 都市结构

通过对地域内实际生活的空间,包括中心地带及周围区域城市结构机能的调查,了解该地域内设施、交通、活动空间等环境的现状以及将来的发展计划。

(1) 地势。对于地域内地形状况调查,尤其有关平地的广阔度及腹地的大小要予以了解,对于气候的特殊性也要深入了解,因为零售店与气候因素有相当的关系。

(2) 交通。一般而言,零售店的位置以位于交通要道比较好,因为交通网密布的地方,往往是人口容易集中或流量特别大的地方,自然是设店的理想地点。所以调查时对于交通路线及车辆往来的班次,载送量等均要作为考虑的重点,有时对于停车空间也要调查。

(3) 繁华地点的位置、形态。在繁华的地段,往往是商店容易集中之处,所以连锁企业选择热闹地段设店是理所当然的,但是地价及租金较高,因此在投资成本提高的情况下,如何充分运用有利条件以及把握可能变动的方向,都是在繁华地段设店需要考虑的要素。

(4) 各项城市机能。一般设店位置若在行政、经济、文化活动等密集的地方,则整个城市机能易于发挥出来,诸如行政管理、经济流通、娱乐服务、商品销售等机能,自然成为人口流量集中的焦点,因此对于流动的人口究竟是以公务人口为主体还是以购物、社交、娱乐的流动人口为主体,均为调查上应予明了的事项。

(5) 城市的将来计划。除了城市结构的现状外,有关将来发展的方向,诸如交通网的开发计划、社区发展计划及商业区的建设计划等,均是设店时在地点因素上所必须考虑的要点。

3. 零售业结构

前述两项调查是针对地区内居民生活状况及生活空间的都市结构情形,本项则是对于此地区内零售业实际情况的调查,此资料不但可以作为设店可能性及经营规模决定的判断依据,更可以作为了解该地区内零售店商业活动的指标及各大小型零售店发展动向的依据。

(1) 地区间销售动向。针对营业面积、从业人数、年营业额等项目做调查,尤其对于营业面积及营业额总量和过去的增长状况作了解,同时针对都市中心地域及周边地域的销售额密度及商圈范围作比较。

(2) 业种别、品种别销售动向。将地区内业种别商店的构成及品种别销售额作统计分析,即可了解商圈内消费者购物的情形,也可作为设店时商品构成的参考。

(3) 商业地区间的竞争情况。即针对各地区间,有关商品构成内容及顾客阶层作比较,以便深入熟悉其间的竞争情形,并据此分析各地区间的特性。

(4) 大型店的动向。因为大型店的动向对于地区内的竞争情况多少有影响,所以无论大小型商店的设立,对于现有大型店的规模、营业额、商品构成、商品设施等资料均须加以调查,以作为设店时的参考。

(二) 实施特定地区的市场调查

这种调查应包括选址环境调查、商业环境调查、市场特性调查和竞争互补效应调查等四个项目。各项目调查内容、应采取的方法和手段以及能够用作参考的各种资料等用表 2-4 作一个较全面的概括。

表 2-4 商业选址特定市场调查

项目调查	内容	方法手段	可供参考的资料
选址环境调查	周边状况、环境的把握,如位置、地形(山川、河流等)、交通状况、基础设施、未来发展等	现场实地调查(实地步行);参照地图、航空照片等有关城市规划、住宅规划等的调查	地图(1:25 000, 1:500 000);航空地图;城市规划设计图
商业环境调查 ① 商业概况 ② 零售业状况	零售额、面积、业种的把握;人口、收入水准、职业等的把握;有关零售业的地区性状况的把握;中心性、吸引性、外延发展等商业街特点、大型店状况等	地区别的各种指数的测定、商业经营者发展潜力等各种指数的测定	商业统计资料;税务统计资料;市、乡、镇统计资料;各地区的商业发展报告;消费动向报告等
市场调查	把握商业规模、范围以及商业容量的测定	消费支出调查,运用类推法及各种数学方法使商圈明确化	家庭消费指标统计资料、现有店的各种数据资料
竞争店、互补店调查	对竞争店、互补店营业力的把握	调查营业面积、营业额、车位、商品配置、最大客流容纳能力等	商业统计年鉴、各种统计年鉴、报纸、杂志、有价证券报告书等

(三) 从市场调查中,筛选出具体的待选地区

(1) 确定必要家庭数(人口)的位置。

① 从交通状况考虑,何处较为有利?

② 何处容易受铁道、山川、河流等自然、社会性因素影响?影响程度怎样?

③ 有望成为生活区或工业区发展地区的前景怎样?

(2) 从商业环境上讲什么地点更为有利?

① 是否竞争店很少,或没有?

② 能不能在营业面积、停车场、商品配置吸引力等方面做到与竞争店差异化?

(3) 未来有较大希望的地区在何处?

人口增长、城市规划等政策方面的规定如何?

(4) 算出粗略匡算的潜在销售额,并大致对商圈作出规定,如核心商圈、次级商圈。计算预计销售额并对基准销售额或目标销售额达成的可能性进行判断。

(四) 对具体的选址做详细调查,并对设施的优势、适应性等进行评价

(1) 各种基础设施是否适宜?

① 所选地点面积是否足够大？距路口的距离、开发的难易程度如何？
② 所选地点有关法规是否已指定了用途？
③ 道路标识是否明了？
④ 道路价值如何？如车道数、交通容量、左转弯的可能性等。
(2) 确认周边环境状况。
① 确认各种公共设施、游乐设施等；
② 未来发展的余地。
(3) 排水状况是否良好？

如对雨水，其他排水、污水的处理情况是否良好？有无公共下水道、或有无供污水排流的水路？

其次，在重点区域调查及确定具体重点区域的基础上，进入交涉的阶段。这里对基础设施的每一基础性必要条件都必须弄清楚，如基础设施的所有者等权利人、地价、租价、可租期限等。租期最好定为5年，最低不得低于3年，租金及其浮动幅度都应在预算之内，签约内容也应尽可能谨慎定夺。

专栏 2-1

一 三 模 型

某咨询公司经过多年的连锁实战研究，提出了连锁复制的选址一三模型，如图所示：

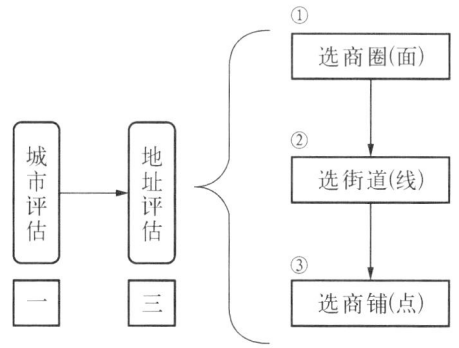

选址一三模型就是一个前提和三个步骤，一个前提就是选择进入城市的前提，即城市评估，三个步骤就是选取具体店铺地址的三步，即地址评估。

1. 城市评估

对于连锁复制选址，首先应当对准备进入的城市或已经进入的城市进行综合评估，收集各种相关数据。具体如下：

城市背景资料：地理位置、人口数量、人口密度、区域划分、城市发展规划、公共交通、竞争对手、政府优惠政策等。

城市经济资料：经济水平、收入水平、房价、物价、所属行业发展状况等。

对相关数据进行分析，分析该城市的经济发展速度，城市规模，是否适合开连锁店。分析进入该城市的投入产出比，需要开多少家店才能基本覆盖；分析预测第一年的营业额及各项费用支出预算，分析预测第二年的增长趋势；分析客流规律及消费潜力；分析交通地理条件；分析竞争激烈度；分析人力成本；分析广告宣传成本；分析人文状况；分析其他影响经营的因素，如政府的工作效率等。在此基础上，形成该城市的评估报告，作为连锁企业进入该城市进行选址的前提依据。

2. 地址评估

（1）选商圈。分析该城市各区域的商圈个数、商圈名称和类型，确定城市核心商圈、次级商圈与辅助商圈。对商圈的成熟度、发展规划、潜力、辐射范围、有无竞争对手等情况进行分析，以便选择符合定位、适合进入的商圈。

（2）选街道。分析对所选商圈的街道个数、名称和类型，对街道条件、人流车流、竞争情况等进行分析。

街道条件：街道长度、街道宽度、店铺数量、人流出入口、街道成熟度

人流车流：人流量、车流量（早、中、晚）

竞争情况：典型竞争门店数

吸引情况：有无与所属行业顾客群产生吸引力的设施或条件

（3）选商铺。选商铺主要分析两方面内容：外部评估和内部评估。

外部评估：人流量、车流量、门店可视范围、门前空地、门前道路宽度、邻铺类型等。

内部评估：面积、建筑结构、招牌长度、门面长度、配套水电条件、租金等。

二、商圈调查内容

1. 商圈潜力情况调查

商圈潜力调查是了解商圈范围内有多少人口、有多大客流量，以确定连锁店的发展前景如何。一个连锁店的生存和发展，依赖于商圈内可供吸收的充足购买力。开设一家连锁店，应深入进行商圈潜力调查，通过调查来深刻理解连锁店所处的市场环境，研究所面对的消费者，从而确定自身的市场定位、经营规模和经营策略。在预估市场潜力方面，目前尚无公认的标准，但可依据在划定的商圈内的户数以及每户每月的食品消费额，计算出该商圈内的食品消费总支出。以超市为例，由于食

品销售额占超市销售总额的80%以上,所以可将商圈内的食品消费总支出的一定比率作为超市的市场占有率,然后再据此推算出超市的营业额、可开发的门店数,再将商圈内的人口增长率作为是否开店的重要参考依据。

2. 商圈人口调查

划定商圈后,首先调查商圈人口总量。可通过户籍管理部门或居委会得到较准确的数字。商圈人口调查的调查内容一般包括:人口数量、户数、平均每户人口数,必要时可分为两级商圈进行调查。在商圈人口调查过程中要注意两点:① 空间障碍因素。河流、沟渠会阻止部分顾客来店,要将这一部分的人口剔除。② 竞争店因素。将竞争店(能对所开超市形成竞争的店)附近的人口剔除。

在商圈人口调查的过程中,要分析有没有人口增加的趋势。在一个人口渐渐增加的新区域开店较易成功,反之则容易失败。另外,除固定商圈内的居民外,流动顾客也是连锁店的重要顾客来源。因此,做好商圈客流量调查不容忽视。

3. 商圈内竞争店调查

在明确制定公司的开店策略前,除必须了解目标市场的现状外,竞争同行的做法也是值得分析的因素之一。一方面可从其中找出本公司的市场切入点,另一方面则可避免做法重复而导致定位模糊。

竞争同行调查与一般的竞争店调查并不相同,它比较注重经营层面,而并非单指某一商圈内的竞争店。如果所开连锁店是地区性商店,则至少应对同一县、市行政区域内的其他连锁店进行调查;如果连锁店是全国性的,则必须扩大范围,针对全国各地区的知名连锁店进行调查。表2-5为某连锁店开业竞争店调查表。

表2-5 某连锁店开业竞争店调查表

调查项目		等级				
		A	B	C	D	E
外观与招牌	1. 同本店相比,时尚性如何?	优	稍优	相同	稍差	差
	2. 门店、外墙如何?	优	稍优	相同	稍差	差
	3. 与邻店的连续性怎样?	优	稍优	相同	稍差	差
	4. 外观、招牌、铺面协调吗?	优	稍优	相同	稍差	差
	5. 招牌的形状、文字、色彩怎样?	优	稍优	相同	稍差	差
	6. 招牌上照明效果怎样?	优	稍优	相同	稍差	差
	7. 招牌是否显眼?	优	稍优	相同	稍差	差

(续表)

调查项目		等级				
		A	B	C	D	E
橱窗与卖场	8. 橱窗如何？	合适	稍优	相同	稍差	差
	9. 橱窗内装饰如何？	合适	稍优	相同	稍差	差
	10. 橱窗能否体现季节感？	优	稍优	相同	稍差	差
	11. 橱窗陈列重点突出吗？	优	稍优	相同	稍差	差
	12. 橱窗内照明如何？	优	稍优	相同	稍差	差
	13. 橱窗、店门玻璃干净吗？	优	稍优	相同	稍差	差
	14. 卖场销售的宣传怎样？	优	稍优	相同	稍差	差
	15. 卖场内卫生情况怎样？	优	稍优	相同	稍差	差
	16. 出入口大小如何？	优	稍优	相同	稍差	差
	17. 卖场内有廉价品吗？	很多	很多	相同	稍少	少
	18. 卖场员工的精神状况如何？	优	稍优	相同	稍差	差
	19. 从出入口能看清店内吗？	能	稍能	相同	稍差	差
	20. 卖场内照明情况怎样？	很好	稍优	相同	稍差	差
	21. 店内照明单调吗？	不	还好	相同	稍单调	差
	22. 地面、顶棚、墙壁、货架的色彩协调吗？	合适	稍优	相同	稍差	差
	23. 店内通道放置商品吗？	不放	放一些	相同	比本店多	没
	24. 店内通道宽度合适吗？	合适	稍比本店合适	相同	比本店稍宽	不
	25. 店内高度合适吗？	合适	稍比本店合适	相同	比本店稍宽	不
	26. 陈列的商品时髦吗？	优	稍优	相同	稍差	差
	27. 商品价格卡齐全吗？	优	稍优	相同	稍差	差
	28. 店内突出销售重点了吗？	优	稍优	相同	稍差	差
	29. 充分利用POP广告了吗？	优	稍优	相同	稍差	差
	30. 陈列商品的量如何？	优	稍优	相同	稍差	差

(续表)

	调查项目	等级				
		A	B	C	D	E
接待顾客	31. 有接待顾客的场所吗?	优	稍优	相同	稍差	差
	32. 主管、职工服务态度如何?	优	稍优	相同	稍差	差
	33. 服务台设置如何?	优	稍优	相同	稍差	差
	34. 广告做得好吗?	优	稍优	相同	稍差	差

注：评价方法是根据表2-5中的项目进行比较。A为4分，B为3分，C为2分，D为1分，E为0分。评价标准是：优为120~140分，良为90~119分，中为60~89分，差为30~59分，劣为29分以下。

商圈调查的技术日新月异，估算营业额的角度不同，结果自然也不同。为避免开店失败的风险，事前不妨多利用不同的调查技术、调查方法去设定商圈，然后汇总各种方法的结果并加以评估比较，以确定最适合、最稳健的开店方法。

三、商圈调查方法

市场调查的一般方法是"5W1H"，即：What to do(调查什么——调查种类的确定)；Who(谁作调查——调查人员的确定)；Whom(调查谁——调查对象的确定)；When(何时调查——调查时间表的确定)；What is done(结果如何——调查统计分析方法及结果)；How(用什么手段——调查手段的确定)。

根据调查时间的不同，市场调查可分为预备调查和现场调查。预备调查是指从政府部门获取资料的调查，包括从政府部门获取人口资料、户数资料、都市规划、建设指定用图等。现场调查一般相当困难，如果事前缺乏计划，即使花费很多时间也很难得到结果，同时也不易下结论。为使现场调查作业能顺利进行，计划之初必须先假定商圈范围，并在范围内收集所需资料。现场调查分为：交通网络调查、顾客调查、竞争店调查。以下具体分析顾客调查和竞争店调查。

(一) 顾客调查的方法

1. 消费者购物倾向调查

● 调查目的：对于居住地消费者有关年龄、职业、收入、商品、购买倾向的把握，以调查可能的商圈范围。

● 调查对象：以学校或各种家庭为对象，或依据居住地点以抽样的方式进行家庭抽样调查。

- 调查方法:邮寄的方式或采用直接访问均可。
- 调查项目:居住地名、家庭构成、户主年龄、职业、工作地点、商品别购物倾向。
- 调查优缺点:居住地购物倾向与设店预定地的评价易于比较,但调查费用较高。

2. 购物动向调查
- 调查目的:设店预定地实际消费购买动向的把握,以调查零售业的商业力。
- 调查对象:设店预定地通行人数的抽样调查,或是百货店主力顾客的调查。
- 调查方法:在调查地点通过的行人,在一定时间采取面谈方式,时间以十分钟以内为佳。
- 调查项目:居住地、年龄、职业、上街目的、使用交通工具、上街频度、商品别购买动向。
- 调查优缺点:调查费用较低,但对于居住地与设店预定地购物依存度较难以明确把握。

除此之外,也可根据对到店光临的顾客情况的调查,确定商圈范围。有关调查表如表2-6所示。

表2-6 到店顾客调查表

调查场所: 年 月 日 时 分

No.	住址	性别		所需时间			交通工具			
		男	女	少于10分钟	10~20分钟	20分钟以上	徒步	自用车	公交车	其他
1										
2										
3										

到店次数			购物理由						备注
每天	一周1~2次	其他	距离近	便宜	质量好	环境	服务	其他	

3. 顾客流量调查

设店预定地日期别、时间别流量的把握,作为确立营业体制的参考。

4. 其他的调查

可以利用各种座谈会的机会,或利用公、私场合进行各项有关资料的收集与调查。

(二) 竞争店调查的方法

1. 竞争店营业场所构成调查
- 调查目的:竞争店楼别构成调查,以作为新店铺楼别构成的参考。
- 调查对象:设店预定地商圈内竞争店的主力销售场所及特征销售场所的调查。
- 调查方法:销售人员与销售促进人员同行,针对营业面积、场所、销售体制的调查,以便共同研讨。

2. 竞争店商品构成调查
- 调查目的:针对前项调查再予以附加商品组成细目的调查,以作为新店铺商品类别构成的参考。
- 调查对象:与前项调查对象店相同,着重于主力商品更深入的调查。
- 调查方法:主力商品方面,由销售人员、采购人员与销售促进人员同行,着重于商品量的调查。

3. 竞争店价格线调查
- 调查目的:对于常备商品的价格线与价值进行调查,以作为新店铺的参考。
- 调查对象:与前项调查对象店相同,对于常备商品,在一定营业额或毛利额以上的商品进行调查。
- 调查方法:采购人员与销售人员共同进行,对于陈列商品的价格、数量进行调查,尤其是年节繁忙期间的调查更为必要。

4. 竞争店出入客数调查
- 调查目的:对于竞争商店出入客数的调查,以作为新店铺营业体制的参考。
- 调查对象:针对竞争店出入15岁以上的男女。
- 调查方法:与顾客通行量调查同时进行,以了解竞争店时间别、日期别的出入店客数,尤其注意特殊日期或各楼别流动量的调查。

以上仅阐述实态调查较主要的问题,仅仅作为参考,各商店在进行调查的时候,可配合业务上的需要予以斟酌运用。

四、地图制作法

商圈设定必须以地图为基础来进行,但制作地图讲究诀窍,以超市为例,采用地图制作法确定商圈的具体步骤如下。

（一）准备基本资料

基本资料包括：各行政区人口数、户数的分布情况；竞争店的位置分布情况；住宅区的位置分布情况；等高线地形；城市规划图。

（二）制作地图

将基本资料绘入地图。具体做法如下。

1. 确定各行政区的人口数、户数分布

（1）如用市区地图制作，应准备 1/10 000（1∶10 000）比例的地图；如用市郊地图或小镇地图制作，则准备 1∶25 000 的地图即可。

（2）以千米为单位，划分行政区，填入人口数、户数。

2. 制作竞争店位置分布图

（1）画出竞争店位置的分布情况。所选范围按以下方法确定：① 面积在 500 平方米以下超市或生鲜商品专营店，以 300 米为半径画圆。② 面积在 500 平方米以上的超市，以 500 米为半径画圆。商业街则从其两端，以 600 米为半径画圆。③ 面积在 1 500 平方米以上的超市，以 1 000 米为半径画圆。

（2）在地图上标出开店预定地，记入竞争店的面积、营业额。

（3）按上述原则确定半径，在地图上画圆。

3. 制作住户分布图

在竞争店位置分布图上标出每条街道及其户数（一定要推测空白地区的户数，这些地区将来可能会成为住宅区），可先确认半径为 500 米的商圈内的户数。

4. 制作住宅地图

（1）调查竞争店的正确位置。

（2）设定商圈后，计算商圈内的住户数。

（3）做完立地调查之后，可以在该图记入专营店的业种、卖场规模。

5. 制作地形图

确认阻碍购物行动的原因，利用颜色浅的色笔做记号，使用 1∶2 500 的地形图确认坡道。

（1）要记入道路上每隔 100 米的标高，以掌握道路坡度情况，因为坡度会影响交通状况，从而影响顾客来店的意愿。

（2）顾客骑自行车或步行购物时，高低起伏不平的道路会阻碍其来店意愿。

6. 城市规划图、道路规划图

（1）标出开店预定地 500 米范围内规划修建并已确定用途的道路。

（2）标上住宅规划区。

通过以上作业所完成的地图,即可了解开店预定地所处的商业环境。

五、顾客问卷调查法

在具体运作中,连锁店主要通过实施来店顾客问卷调查的方法设定商圈。

(1) 设计调查问卷。调查问卷的主要项目有:顾客的住址;顾客的来店频率(次/周、次/月);顾客去大型店购物的频率;顾客去竞争店购物的频率。

(2) 在收集来的问卷中,选取 100～150 份,在地图上将顾客在这些问卷上填写的住址标出来,并将各住址用线连起来,使商圈的范围自然展现。

(3) 确认商圈后,利用住户资料算出户数。

(4) 户数乘以每户每月的生活开支(食品、饮料、日用百货的开支),即为一家连锁店的营业额。

一般在设定商圈时,往往根据城市行政区域的划分,利用行政机关所建立的各种统计资料作为参考。

如果想得到更具体的顾客商圈资料,对于现有的连锁店而言,可以通过自己手头上的送货资料来了解顾客的分布状况,甚至可对来店顾客进行访问调查,以便更深入地了解顾客的商圈分布范围。但对一家尚未设立的连锁店而言,由于缺乏商圈统计的基本资料,因此在设定商圈时可将设店地区顾客的生活形态以及具有关联性的因素作为出发点,并根据每天人口的流动情形,深入探讨该地区的人口集中地、人口流向及流动范围,以此为基本资料来进行商圈设定。

一家大规模的连锁店,其商圈并不像一般小型店铺那样是徒步商圈,可能顾客会利用各种交通工具前来,所以对于设店地区内的工作人群、学习人群以及购物者的流动性均要加以观察,并根据有关的调查资料进行商圈设定。大型连锁店除了有自己独占的商圈外,可能还会有与其他大型店的商圈发生重叠(商圈竞争)的商圈,这时就要考虑可设店地区与竞争地区的商业聚集规模、距离、时间等因素。有关地区之间人口流出量及流入量的资料,也可作为分析商圈重叠现象的参考。

六、零售引力法则

零售引力法则,又称里利法则,它是 1929 年由美国学者威廉·里利提出。里利认为,确定商圈要考虑人口和距离两个变量,商圈规模由于人口的多少和距离商店的远近而不同,商店的吸引力是由最邻近商圈的人口和里程距离共同发挥作用的。据此,里利提出下列公式:

$$D_Y = \frac{d_{XY}}{1+\sqrt{\dfrac{p_X}{p_Y}}}$$

式中 D_Y ——Y 地区商圈的限度;
d_{XY} ——各自独立的 X、Y 地区间的距离;
p_X ——X 地区的人口;
p_Y ——Y 地区的人口。

如图 2-3 所示,各自独立的 A、B、C 和 D 地区的人口和距离,A 地区是最大的,拥有 20 万人口,围绕在它四周的是三个比较小的地区。B 地区有 2 万人口,距离 A 地区 12 千米;C 地区有 4 万人口,距离 A 地区 10 千米;D 地区有 5 万人口,距离 A 地区 3 千米。根据里利法则,可以分别计算出 A 地区能够吸引的,在较小的 B、C 和 D 地区方向居住人口的距离,即 A 地区在这些方向上的商圈限度。

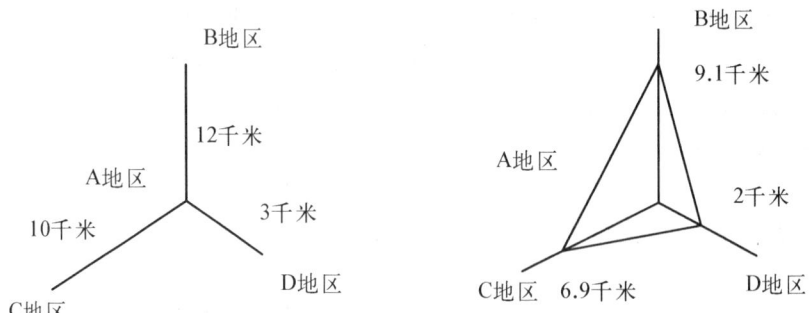

图 2-3 A 地区的大概商圈范围

$$D_A = \frac{d_{AB}}{1+\sqrt{\dfrac{P_B}{P_A}}} = \frac{12}{1+\sqrt{\dfrac{20\,000}{200\,000}}} = 9.1(千米)$$

这表明 A 地区在吸引 B 地区方向顾客的商圈范围为 9.1 千米。

$$D_A = \frac{d_{AC}}{1+\sqrt{\dfrac{P_C}{P_A}}} = \frac{10}{1+\sqrt{\dfrac{40\,000}{200\,000}}} = 6.9(千米)$$

这表明 A 地区在吸引 C 地区方向顾客的商圈范围为 6.9 千米。

$$D_A = \frac{d_{AD}}{1+\sqrt{\dfrac{P_D}{P_A}}} = \frac{3}{1+\sqrt{\dfrac{50\,000}{200\,000}}} = 2(千米)$$

这表明A地区在吸引D地区方向顾客的商圈范围为2千米。

在图中将以上确定的三个点联结起来,就可以得出A地区的大致商圈范围,在此范围内居住的顾客,通常都愿意去A地区购买所需的商品,获得所需的商业性服务。

从图中还可以看出A地区能够吸引的B、C和D地区方向的顾客范围,比B、C和D地区吸引A地区的方向顾客范围要大得多。这主要是因为A地区人口数量多所发挥作用的结果,使得A地区有较大的"磁石般的吸引力",把居住在偏僻地区的人们吸引过来。根据里利法则,从现象上看,A地区有吸引力的是人口。但实际上,是A地区的大量的、各式各样的商品和商业性服务,这些往往是和大的人口中心协调一致的。随着所在地区人口的增长,当地商品供应的数量,花色品种,以及有关的商业性服务,也会相应地有较大的发展,必然吸引着更多的顾客去该地区购买商品,也即该地区商圈规模在扩大。

根据里利法则,如果商业设施的规模越大,会抵消更长的商业出行距离,因而更多的顾客将被吸引到更大的城市或者社区中。由于里利法则的原始数据比较容易取得,运算较为方便,因而目前用途仍非常广泛。

但是里利法则有两个主要的缺陷:① 该模式对于距离因素的考虑仅局限在主要道路而不是所有联系道路上,但是实际情况是许多购物出行可能通过其他联系道路,因而把出行距离改换成出行时间更为合适。② 顾客到某一商店的实际距离与其对距离的感觉不一致,比如到一个缺少服务且拥挤的商场的距离在感觉上往往与实际距离相差不多,但到购物环境更好的商场感觉要远得多。

七、饱和理论

饱和理论是通过计算零售商业市场饱和系数,达到测定特定商圈内某类商品销售的饱和程度,用以帮助新设商店经营者了解某个地区内同行业是过多还是不足。一般来说,位于饱和程度低的地区商店,其成功的概率必然高于高度饱和的地区。

零售商业市场饱和系数(IRS)的计算公式是:

$$IRS = (H) \cdot (RE)/RF$$

式中 IRS——某地区某类商品零售饱和系数;
   H——某地区购买某类商品的潜在顾客人数;
   RE——某地区每一顾客用于购买某类商品的费用支出;
   RF——某地区经营同类商品商店营业总面积。

例如:为一家新设果品商店测定零售商业市场饱和系数,根据资料分析得知,该地区购买果品的潜在顾客人数是 140 000 人，每人每周在果品商店平均购买 8 元，该地区现有果品商店 10 家，营业总面积 17 500 平方米，则据上述公式，该地区零售商业中果品行业的市场饱和系数可计算为：

$$IRS = 140\,000 \times 8/17\,500 = 64$$

64 表明该地区果品商店每周每平方米营业面积销售额的饱和系数。用这个数字与在其他地区测算的数字比较，IRS 越高，表明该市场尚未饱和，成功的可能性越大。

运用 IRS 还可以帮助经营者用行业已知的毛利与业务经营费用的比率，对商店利润进行预测，作出经营效益评估。

从上面的计算公式中也可以看出饱和理论的不足之处，即用来计算 IRS 的准确资料不易获得，同时饱和理论也忽略了原有商店对经营同类商品的新设商店有哪些优势或劣势，所以新设商店为做出正确的决策，既要进行定量分析，也要作定性分析。

在定性分析过程中，应对影响商店商圈大小的各种内外环境因素进行分析，这些因素主要有以下几种：

（1）商店的经营特征。经营同类商品的两个商店即便同处一个地区的同一条街道，其对顾客的吸引力也会有所差异，相应地，商圈规模也不一致。那些经营灵活，商品齐全，服务周到，在顾客中树立了良好形象的商店，商圈规模相对地会较其他同行业商店大。

（2）商店的经营规模。随着商店经营规模的扩大，它的商圈也随之扩大。因为规模越大，供应的商品范围就越宽，花色品种也就越齐全，因此可以吸引顾客的空间范围也就越大。商圈范围虽因经营规模而增大，但并非成比例增加。

（3）商店的商品经营种类。经营传统商品、日用品的商店，商圈较经营技术性强的商品、特殊性（专业）商品的商店要小。

（4）竞争商店的位置。相互竞争的两店之间距离越大，它们各自的商圈也越大。如潜在顾客居于两家同行业商店之间，各自商店分别会吸引一部分潜在顾客，造成客流分散，商圈都会因此而缩小。但有些相互竞争的商店毗邻而设，顾客因有较多的比较选择机会而被吸引过来，则商圈反而会因竞争而扩大。

（5）顾客的流动性。随着顾客流动性的增长，光顾商店的顾客来源会更广泛，边际商圈因此而扩大，商店的整个商圈规模也就会扩大。

（6）交通地理状况。交通地理条件是影响商圈规模的一个主要因素。位于交通便利地区的商店，商圈规模会因此扩大，反之则限制了商圈范围的延伸。自然的和人为的地理障碍，如山脉、河流、铁路以及高速公路，会无情地截断商圈的界限，成为商圈规模扩大的巨大阻碍。

（7）商店的促销手段。商店可以通过广告宣传,开展公关活动,以及广泛的人员推销与营业推广活动不断扩大知名度、影响力,吸引更多的边际商圈顾客慕名光顾,随之商店的商圈规模会骤然扩张。

八、康维斯的"新零售力法则"

第二次世界大战后,康维斯(Paul Converse)提出了"新零售引力法则"。它不像里利法则表示中间地带城市被吸引的比率,而是表示在相互间有明确的竞争关系的两个城市间,其商业经营的比率关系。对于不同种类的商品,顾客的购买行为会有所差异,例如生鲜食品和可储存食品,瑞力法则并未考虑这一因素,而"新零售引力法则"对此有所考虑,其公式为：

$$\frac{B_a}{B_b} = \frac{P_a}{H_b} \cdot \frac{4}{D}$$

式中　B_a——城市 B 的购买力被城市 A 吸引的比率;

　　　B_b——城市 B 购买力的比率;

　　　P_a——城市 A 的人口;

　　　H_b——城市 B 的人口;

　　　D——A,B 两城市间的距离;

　　　4——惯性因素。

这个公式最大的关键在于确立了一个惯性因素值。该法则是由 $\frac{B_a}{B_b} = \frac{P_a}{H_b} \cdot \left(\frac{X}{D}\right)^2$ 来推算 B_a、B_b、H_b、D,再计算出 X(X 为惯性因素值)的值。在实践中,康维斯将伊利诺斯分为四个区来计算,得出"4"这个惯性值。当然,这个值仅适用于伊利诺斯州,故在使用该法则时,应充分注意这个特点。

对于里利和康维斯的"零售引力法则"在连锁经营分店中的运用,较常见的方法是将式中两个城市的人口换成两个待考查店铺的面积。因为对零售店而言,其他条件相同时,店铺面积在多数情况下与商店的吸引力成正比。

九、哈夫的"概率模型"

哈夫(Haff)的概率模型从消费者的立场出发,认为消费者利用某一商业设施的概率,取决于表现商品丰富性的营业面积,以及为购物所消耗的必要时间及该商业设施的规模实力。这里有必要将各商品或各地区商业设备利用概率列入考虑范围。该模型有如下公式：

$$P_{ij} = \frac{U_{ij}}{\sum_{j=1}^{n} U_{ij}} = \frac{\dfrac{S_j}{T_{ij}\lambda}}{\sum_{j=1}^{n} \dfrac{S_j}{T_{ij}\lambda}}$$

$$E_{ij} = P_{ij} \cdot C_j = \frac{\dfrac{S_j}{T_{ij}\lambda}}{\sum_{j=1}^{n} \dfrac{S_j}{T_{ij}\lambda}} \cdot C_i$$

式中 j——某商业设施;

P_{ij}——i 地区消费者光顾 j 商业设施的概率;

U_{ij}——j 商业设施的效用;

S_j——商业设施的规模(营业面积);

T_{ij}——从 i 地区到 j 所需时间;

λ——随交通工具不同而变化的参数;

E_{ij}——i 地区消费者光顾 j 商业设施的人数;

C_i——i 地区的消费者数量。

式中也有一个参数 λ,它要依各地区的实际不同而有所区别。例如日本通产省就将哈夫概率模型中的 λ 定为 2.0。此外从该公式还可以看出,采用该模式能够评价某商业设施规模的变化以及地区交通体系的变化对商圈所带来的影响。

专栏 2-2

6M 模型的介绍

跨国连锁巨头们用数十年形成了一套十分科学、严谨的选址系统,对企业发展起到重要作用。基于对中国连锁的研究和咨询,企业总结出了一套科学的、分六步构建选址系统的方法,关键由模式(Model)、模型(Matrix)、要素(Momentum)、调整(Modulate)、手册(Manual)、完善(Maturity)组成,简称选址 6M 模型。

一般连锁企业可依据此六步法从无到有构建自己的选址系统,以解决连锁选址和拓展的难题,提高加盟商对总部忠诚,获得稳健及快速的发展,以下简要介绍一下选址 6M 模型的主要步骤和方法。

1. 商业模式选型及经验总结

通过市场调查,了解消费者及业态发展趋势,以确定本企业商业模式选型(参见《连锁商业模式选型方法》一文)。对消费者行为方式的分析,有助于确定选址定位,同时可采取问卷调查、专家访谈、数据收集等方式总结沉淀企业(加盟商/经销商)以往选址成功经验,为选址提供准确的经验和数据支持。

2. 建立选址理论模型

根据商业模式及现有选址理论推导、总结与概括出选址模型,明确选址信息收集约束条件,如简便性、成本、科学性等,确定模型的使用范围,找出可以量化评价及成本较低的采集指标体系及采集办法,简化选址所需的数据。

3. 确定要素指标及权重

此步骤重点是通过商业模式应用层次分析法确定关键要素及二级要素,建立选址模型,并应用专家评分法,将定性分析转化为定量分析,确定各个重要权重,分解重要维度为可操作化的评分标准,就可开发相应的评估表,如商圈及竞争条件表、社区情况表、租赁评估表、综合评估表等,以此建立数学模型及软件模型。

4. 基于 what-if 验证及指标调整

此步骤重点是试用模型,建立选址检验计划及数据库,通过实际测试,与历史数据建立回归方程,再通过软件模型校正指标效度,采用模拟计算的方法解决不同要素权重设计方案对选址总评的影响,形成使用的权重及参数调整表。有了准确的店址的评估标准、权重和一些成功案例,我们可以完善店址的评估工具表格,成为我们进行连锁经营店址评估的标准化工具,详细参见《基于 what-if 的选址模型设计》。

5. 形成选址手册及审核制度

此步骤重点是将选址评估的标准化流程、规范及表单结合,形成或升级选址手册,成为选址标准化管理的基础,强化总部控制,同时要求不断收录选址案例,提供不同区域选址人员经验复制。

6. 流程执行及选址数据库完善

持续进行执行流程与检查,根据战略目标提前收集及更新选址所需数据,完善选址数据库,在此基础上可进行选址软件设计开发,不断提高选址效率及准确性,形成总部独有的知识专利。

第三节 店址选择与 GIS

一、新店销售额预测

连锁企业是否在某地区开设新店,取决于这个地区市场规模的大小,或能否在将来迅速成长起来,保证分店开张后能够获利。因此企业通过对各重点区域潜在需求量的定量分析,可以发现各区域的预计需求量以及分店设立后的获利可能性,从而有助于企业选定具体的分店地点位置。此外,通过销售额预测,还可以了解顾客的偏好和心理,进一步分析市场商品需求的特性,作为日后经营中发现商机的依据。因此,销售额预测是分店开发计划过程必须考虑的因素之一。

所谓销售额就是分店开张后可能吸引的顾客数与区域内顾客购买单价(顾客平均购买金额)的乘积。这里顾客数等于商圈区域内的家庭数(或总人口)与顾客对分店支持率的乘积;顾客购买单价等于所售商品平均单价与顾客平均购买件数的乘积。

（一）销售额预测方法

(1) 类推法。① 根据商圈分析的预测方法,如商圈内总需求额×本企业分店的占有率;② 根据现有数据的预测方法,如营业面积×单位面积销售额;③ 根据与类似店铺相比较的预测方法,主要从相同商圈、区域的店铺中选定一店来推定。

(2) 模型计算法。主要有哈夫模型法。

（二）具体测算方法

1. 营业面积占有率法

营业面积占有率法的测算公式为：

$$预计销售额＝潜在需要额×商圈内占有率$$

$$潜在需要额＝每个家庭平均需要额×商圈内家庭数$$

$$商圈内占有率＝营业面积占有率$$

具体步骤如下:

(1) 确定已设想的商圈。

(2) 计算潜在需要额。

(3) 计算商圈外流入额。

(4) 计算商圈内总需要额。

(5) 调查商圈内竞争店的营业面积。

(6) 估计拟开发分店的营业面积。

(7) 计算出分店营业面积的占有率。

(8) 计算出预测销售额。

其中确定已设想的商圈很重要,该项工作应在地图上按以下步骤来进行:① 准备1∶1 000的地图;② 标上本企业分店、竞争店、互补店的位置;③ 以自家分店为中心,在图上分别画出半径为500米、1千米、2千米的圆标记;④ 确认商圈分段延伸的因素及地点和方向,如河流、山地、铁道、公路、工厂区等;⑤ 在地图上标注出商圈的外轮廓线。

因分段或延伸因素的不同,商圈可以有不同的形状,见图2-4。

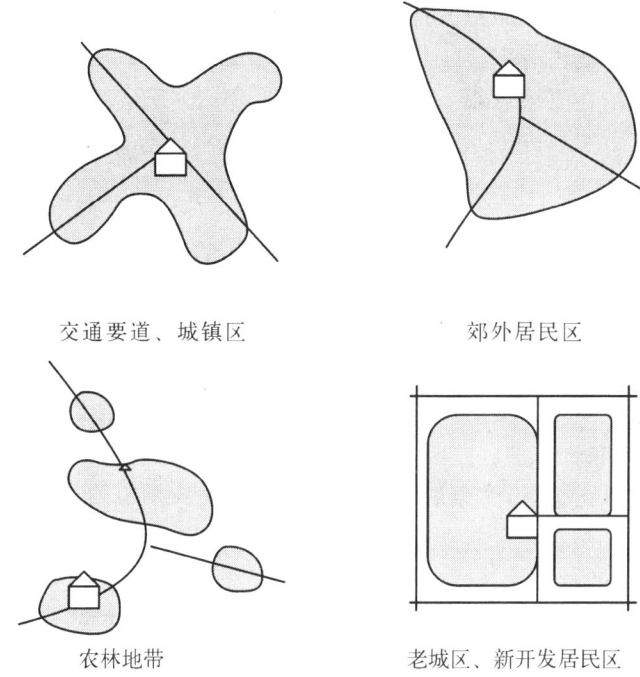

图 2-4 商圈形状图

2. 营业面积相对占有率法

这是由 J. Ken 创造的将标准的既有店铺的销售额用于店址选择相似新开分店的销售额预测方法。下面是一个具体的实例：

首先，要计算出既有的标准店的销售实绩及营业面积相对占有率：

某企业标准分店的年销售额	1 250 万元
同商圈内的潜在需求额	5 000 万元
在同商圈内的市场占有率	25%
该分店的营业面积	400 平方米
商圈内所有竞争店的营业面积	800 平方米
该分店的营业面积比率	50%
该分店的营业面积相对占有率	50%

其次，使用上述标准店铺的实际销售额推算在 X 市相似情况下开分店的销售额：

拟开分店的预定营业面积	286 平方米
X 市的总营业面积	1 000 平方米
分店开张后与总营业面积之比	28.6%

上述标准分店的营业面积占有率	50%
拟开分店的市场占有率	14.3%
×市商圈内潜在需求总额	6 000万元
推测销售额	858万元

专栏2-3

连锁企业的"选址"与"抢址"

现代成功连锁企业的选址思维已经从传统的"选址"过渡到"抢址"。所谓"抢址"是指在城市优质的店址处于相对稀缺的条件下,企业要想获得好的店铺位置,必须主动提前对城市进行全面布点分析,把优质的店址纳入自己的监控范围之内,随时观察,找准时机进入。

现代商圈店业态繁多,竞争激励。越来越多的企业结合自己的业务模式开始考虑在社区布点。而在社区布点通常会采用"网格式"的布点战略与"堡垒式"的布点策略,即在选址的过程中,必须从面到圈到点,层层推进,系统布局,不放过每一寸土地。连锁企业要想做好社区店选址必须结合社区店业务模式定位,找出目标消费者聚集地,并且找出衡量选址的关键成功要素,通过把这些要素分解为可以操作化的指标,并对这些指标进行实地调研和量化评估,如此才能挖掘到优质的门店资源。整个操作化过程主要分为三步:

第一步就是要配合渠道拓展而采集城市经济、人口、社会信息,发展规划数据与资料以便对该地区的情况有个宏观面上的了解,这个了解不仅仅是对选址,对门店业务未来的销售推广也会有着积极的作用。要全面地获得本地区准确的数据,必须借助政府统计年鉴;或者是样本较大,抽样较广的社会调查和消费者调查。从国外成熟企业的选址经验来看,通常会采用GIS软件技术协助选址工作,比如大家熟悉的家乐福、沃尔玛等。但是在目前国内,采用软件技术协助选址可能耗费成本较高、周期较长。在实践过程中,可以采用一些比较简单的方法,提取若干个选址的关键成功指标,比如采集城市楼盘信息、行业零售点、城市商圈,然后在此基础上绘制城市社区商业地理图,根据楼盘的价位和密集程度以及与商圈的结合度来进行筛选。这样就可以准确地把握城市现有的可以进入的社区,同时也能够把那些有足够购买力,但是目前商业氛围尚未成熟的社区也纳入观察范围,从而就可以描绘出整个城市目标社区的进入层次,以此来指导我们的具体选点。

第二步是在城市社区第一轮圈选之后,要对社区的经济性、竞争性、发展性进行细致的评估,可以把这三大维度理解为社区某产品服务需求状况、社区某产品服务的供给状况,还有未来的供需状况。

社区的经济性,主要是考察社区产品和服务的需求量,要得到这个指标我们一般可以通过社区人口总数和社区的消费能力来推断。通常情况下可以选取一些能够简单测量的指标,比如从住户数、年龄结构和人口流动性,可以反映该地区的人口状况;从房价、私家车、周围银行、学校、超市、便利店的数量可以较为容易地判断出该社区的消费能力。

社区的竞争性,主要是考察社区可能构成的业态竞争格局,一般来说是指同类产品、其他品牌专卖店在社区里的开店状况。这些因素可以据以判断社区的有效供给状况,同时也是社区选址的风险所在。选址尽可能要寻找没有竞争品牌存在的社区。

社区的发展性同样也是非常重要的指标体系,很多成功的社区店当初在选址的时候,该区域并非十分火爆,社区商业也未必成熟,但是其背靠在建的大型高档楼盘、购物中心,未来可能是城市发展的重要商业圈。如果我们能提前判断并有所准备,在合适的时候进入,就能达到低价介入的良好效果。

第三步是在同一个社区,可能存在着不同层次的店铺点,要确定把"堡垒"修在哪个点上。把握住此"关键点",是社区选址完全成功的临门一脚。对于具体店铺的评估,主要是从外部性和内部性入手。所谓外部性是指店址外部的环境,包括门店的交通流量、与周围商铺的相容性、所处的地点进入的难易程度等。其中人流量和车流量是最能衡量门店可接近性的重要指标,必须要做较长时间和周期的实地调研工作,才能取得较高的信度。

店铺的内部性主要是指店铺内外的结构,还有在租赁过程中的成本:租金、转让费、装修费等。在准确了解店址状况之后通过对目标店址的成本和收益的核算,可以评估出目标店址的优质状况,同时可以简单核算开店的投资回报率。成本评估较为简单明显;收益预测可以通过下面公式计算得到:

目标店需求量＝社区产品服务预计需求量×相关权重＋
社区产品服务实际流动需求量×相关权重

社区预计产品服务需求量在第二步调研中可以获得,即该地区消费人口的理论消费量,比如该社区有 1 万户,每户每月消费某产品 10 元,那社区理论消费总量就是每月 10 万元;实际需求量通过人流可以测算;权重根据地区差异有所不同。

以上三步法是达成社区"抢址"行之有效的方式,这种方式与传统的选址方式的区别主要体现在:① 它是一种主动型的选址工作,不是有空铺信息之后再去考察周围情况,而是先看哪些地方适合开店,然后再去寻找店铺;② 这种工作是种长期性日常性的,支持正确选址的大量统计数据来源于平时工作的日积月累。

二、店址审核

(一) 成立评估小组

如果开发人员对店址评估资料的判断过于主观,就容易造成开店的失败,不可不慎。为避免作业疏忽,有必要成立店址评估小组。

1. 评估小组进行商圈调查

调查问卷的设计方式、调查访问的方法、对调查人员的培训、抽样是否具代表性、调查访问时的情境、诱导方法等都会影响调查结果,因此进行商圈调查时应相当谨慎。应注意的事项有:

(1) 从政府部门收集来的资料是否最新、有效。

(2) 商圈调查的方法是否正确。

(3) 资料的分析是否正确。

(4) 是否根据资料来判断结果。

(5) 进行损益平衡分析时,应注意是否低估了费用和投资,是否高估了营业额和毛利率。

(6) 预估营业额是否在上限值或下限值的范围内。

(7) 其他费用是否考虑在内,如利息、折旧等。

2. 评估小组的职责

(1) 寻找店址。

(2) 店址的评估、资料的收集。

(3) 实施商圈调查。

(4) 资料的分析、判断。

(5) 制定门店投资计划。

(二) 成立决策委员会

决策的正确与否对店铺日后的经营成败有着直接的影响,所以连锁店必须成立决策委员会,对评估小组收集的资料进行审核。

1. 委员会成员

(1) 开发委员:对其他委员的质疑提出合理解释。

(2) 财务委员:对评估小组的投资与费用明细进行仔细审核。

(3) 营业及商品委员:判断对营业额的预估是否过于乐观,对商品方面的能力达成共识,并确认行销能力。

(4) 设备工程委员:确认投资项目,控制设备工程成本。

(5) 人事委员:确认人事及人力资源。

2. 委员会的职责

委员会的职责主要有投资规划、成本控制的审核、政策的引导、商品销售政策的战略引导、进行微调和做出决定。

三、应用 GIS 进行商业选址的流程

据估算,超过 80% 的商业经济数据具有空间特性或者与空间位置有关,合理有效地开发和利用这些空间数据,不仅可以优化资源配置,降低商业运行成本,同时还可用于规划、监测、改善区域商业和经济环境。

早在 20 世纪 70 年代,美国就曾利用地理信息系统(GIS)为一座大型火电厂的选址问题服务,并因此取得了良好的经济和社会效益。但在我国,由于多种原因特别是商家对地理信息技术缺乏足够的了解,而且目前政府部门还没有形成一套全面的社会经济普查制度和商业数据共享机制,很大程度上制约了 GIS 技术在商业领域中的应用。

GIS 在商业上的应用是商业现代化的产物。在过去物质较匮乏的时代,生产厂商是推动商业活动的主力,主要依赖商品数量上的优势和大众媒体的促销掌握商业发展的方向。随着经济的发展,人们的收入水平有了明显的提高,消费群体也出现了明显的分化,各有其偏好。因此,商业活动不能再像以前那样,以全体消费者为对象,而是要了解特定客户群的组成及偏好,并以此设计商家的行销策略。于是,信息的收集及分析成为商业竞争中成败的关键。

现代社会的发展日新月异,商业环境变化迅速,往往谁能最先掌握变化谁就能成为赢家。对于连锁店而言,其所处的位置和布局直接决定了其商圈的大小和销售额的高低,而且也影响到连锁店在这个地区的市场地位和形象。在进行连锁店选址分析时,要以便利消费者为首要原则,从节省消费者的购物时间、购买精力、购买相关费用支出的角度出发,最大限度地满足消费者的需求。否则,失去了消费者的支持和信赖,商业网点也就失去了存在的基础。GIS 拥有的数据管理及空间信息的分析功能,将在连锁企业规划选址中起到重要的帮助作用。下面我们以连锁超市为例,来说明应用 GIS 进行商业选址的一般流程。

超市的选址问题是一个很复杂的综合性商业决策过程,既需要定性考虑,又需要定量分析。通过分析、比较,我们得出了超市选址的一般性规律和解决途径,即选址问题主要取决于店铺位置的地形特点及其周围的人口状况、城市设施状况、交通条件、地租成本和竞争环境等,其主要步骤有:

第一步,在深入研究之前先以专题地图(见图 2-5)的形式对区域进行粗选,把明显不符合选址要求的区域排除在外,选出大致合适的地区再做进一步分析。

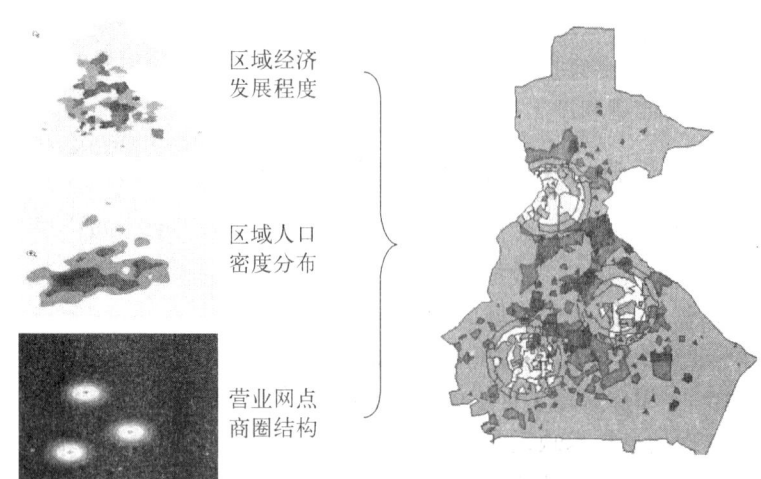

图 2-5 专题图的制作

第二步,根据对选址区域几何和属性信息的了解,利用评估预测计算程序进行商圈评估。若符合条件,则可以在此范围内作出具体位置的预选。反之,可以重新选择其他区域和其他位置(见图 2-6)。

图 2-6 商业优化选址分析

第三步,结合 GIS 的数据组织方式和地图表达形式,对店址选择相关的主要因素进行评价,评价结果最优者即为理想店址。主要评价因素有以下几点。

1. 地形特点
(1) 用地形状(图上表示的实际形状)。
(2) 用地的可进入性(是否临街)。
(3) 用地的视觉可见性(是否临街、有无交叉路口)。
(4) 用地面积(可在图上量算得到)。
2. 人口状况
(1) 家庭户数。
(2) 人口文化程度(初等、中等、高等)。
(3) 常住人口数量。
(4) 人口密度。
(5) 人口收入状况。
(6) 人口年龄结构(青少年、中年、老年)。
(7) 人均月零售消费支出。
3. 城市设施状况
(1) 学校(数量、学生人数、消费水平)。
(2) 中小企业(数量、职工人数、收入状况、消费水平)。
(3) 政府机关(数量、编制人数、收入状况、消费水平)。
(4) 娱乐场所(数量、人口保有量)。
(5) 大型车站(数量、运量)。
4. 交通条件
(1) 车流密度。
(2) 人流密度。
(3) 停车场数量。
(4) 道路宽度(可在图上量算得到)。
5. 竞争环境
(1) 商店数量。
(2) 商店面积。
(3) 营业额。
(4) 消费人口保有量。

本 章 小 结

商圈,是指从事购买行动的时候,所优先选择到该商店购物的顾客所分布的地区范围。商圈分析是新设店进行合理选址的前提;有助于连锁店制定竞争经营策略;有助于连锁店制定市场开拓战略;有助于连锁店加快资金周转。商圈由核心商圈、次级商圈、边缘商圈三部分组成。

商圈调查的流程一般可分为两个阶段,第一个阶段是从宏观上把握商圈的基本情况。主要是从统计年鉴、信息中心、企业本身的某些统计数字与资料中去获取。第二个阶段的调查主要是实施特定地区的市场调查。市场调查的一般方法是"5W1H"。设定商圈的方法有地图制作法、顾客问卷调查法、零售引力法则、饱和理论、新零售引力法则和概率模型等。

企业通过对各重点区域潜在需求量的定量分析,可以发现各区域的预计需求量以及分店设立后的获利可能性,从而有助于企业选定具体的分店地点位置。销售额的具体测算方法有营业面积占有率法和营业面积相对占有率法。GIS拥有的数据管理及空间信息的分析功能,将在连锁企业规划选址中起到重要的帮助作用。

思考题

1. 简述商圈的概念及其分析的重要性。
2. 简述商圈的构成及其顾客来源。
3. 简述商圈的评价因素。
4. 商圈调查的内容有哪些?
5. 零售引力法则的内容是什么?
6. 饱和理论的内容是什么?
7. 简述销售额预测的具体方法。

实践应用

免费巴士客源的争夺

小吴是某店前台专门负责追踪免费巴士(简称免巴)服务的主管,其所在门店现有免巴路线为6条,每条线每天开行6趟,其中1号线为店铺周边1 000米以内环线、2号线为专门开往3千米以外的对口大学城站点、3号线为店东2千米以内3个社区的环线、4号线为店西约2.5千米的大型居民社区、5号线和6号线均为4千米外的对口大型企业生活区。经过统计,小吴发现过去一年平均免巴来客上座率为68%、送客上座率为80%,平均免巴顾客客单为75元超过全店平均水平。

但是上个月竞争对手在400米以外新开一家门店,经过了解发现对方有免巴路线15条,最远距离在10千米以外,其中大部分线路和区域与自己门店都有重合。而且通过调查发现对手免巴上座率90%以上,客单更是在90元以上,这个月自己门店免巴上座率只有5成。面对这种情况,小吴如何去跟总经理反映?更重要的是如何去应对竞争?

讨论题:

面对日益增强的竞争,在免巴路线、免巴座位及班次上,该店应如何变化才能制胜?

第三章　不同零售形式的规划

1. 了解百货商场的特点和市场环境分析；
2. 掌握百货商场的店址选择；
3. 了解专卖店地点选择的依据；
4. 了解购物中心的功能和规划特点；
5. 了解购物中心的内部组成规划；
6. 掌握购物中心的选址；
7. 了解商业街的类型和测定指标；
8. 掌握商业街的交通选择和特色规划。

【引导案例】

万圣书园的经营定位

万圣书园最终撤出了北三环的店址，搬到了燕东园成府路的一处低矮平房中。周围的居民是城郊农夫和外地民工。这里的最大好处是房租极端便宜，万圣这时所依靠的顾客似乎只有不远处的北京大学了。但其潜在的购买力有多大呢？事实超出了人们的想象，北大学生和学者们络绎不绝地从东门步行出来购书。吸引他们的是当时少见的自选购书方式和店主刻意追求的文人氛围。随后，万圣淘汰掉了娱乐类书籍，最终成为北京，乃至全国知识界都有名的学术书店。

不同的零售业态和业种有不同的选址要求，只是一味地考虑人流量未必适合所有的企业。

第一节　百　货　商　场

百货商场在中国商业零售业的角色举足轻重,在过去20多年里,百货商场作为中国商业零售业的基本形式,以百货大楼、商场等名目发展。目前,国内很多百货商场在经历同业竞争的同时,也遇到来自其他业态的激烈竞争。

一、百货商场的特点

1. 规模特点

百货商场规模通常在2万平方米左右。

2. 规划设计特点

百货商场通常采用3～5层的多层建筑,不需要对设计载荷做过多的考虑,除了层高、柱网、消防、外部交通方案、电梯、货物流、POS系统在内的各种智能化系统之外,商场里面对消费者的有效引导,即动线布置和公共空间的设计都是百货商场规划设计中的重要方面。

3. 营运特点

百货商场主要采取统一经营的管理模式,由营运商对项目的定位、市场策略、管理模式等进行基于战略考虑的统一运作。统一经营的管理模式有利于打造项目的品牌价值,便于提升项目的竞争力。

4. 商铺特点

(1) 商铺的形式。百货商场商铺基本上都是铺位形式,个别百货商场会将一层某些或某个铺面出租或出售给商家。比如宾利汽车租用北京赛特购物中心一层的铺面做汽车展示,宝马汽车租用北京永安里贵友大厦一层的铺面做汽车展示等。

(2) 投资回收形式。百货商场铺位商铺有的是专卖店的形式,从空间上相对独立;部分是采取柜台的方式;大部分采取开放空间内专卖区的形式,各个品牌销售区只是通过地块的划分有所区别。百货商场铺位绝大多数采取出租或按照营业额流水提成的方式,也有些采取租金和流水提成结合的方式。

二、市场环境分析

对百货商店市场环境的分析和对竞争者的分析,是进行选址的前提和基础。

1. 市场环境分析

(1) 顾客的规模与结构:了解百货商店所在地区的人口数量、职业结构及消费特点,特别要注意流动人口的变化和职业女性的比例,因为来百货商店的顾客中,流动人口占一定比例,职业女性是百货商店的主力购买者。

(2) 需求状态:要分析百货商店所在区域内居民的收入水准及消费支出比例。国外有贫民区和高级住宅区之分,百货商店一般建在高级住宅区,但要注意两者有时会发生变化。

(3) 交通条件:要注意商店与车站的距离、道路交通情况、搬运状况等,要兼顾百货商店容易进货和方便顾客两方面。

(4) 供应商状态:是否有所需要的供应商,与供应商联系或供货是否便利、迅速,供应商的信誉如何,这些都应具体考虑。

2. 竞争者分析

(1) 直接竞争者:指那些与本身有相同或相近经营范围或相同商品种类的百货商店。它们所处的位置及经营商品的数量、规模、营业额、营业方针、销售的商品状况、顾客层次,以及所采取的竞争策略等。

(2) 间接竞争者:指那些经营与本身有部分相同商品种类的其他零售商店,例如专卖商店、超级市场、杂货商店等。要分析竞争者相关部分的营业情况、信誉状况及竞争实力等。

通过这两方面的分析,考察区域市场还有多大潜力,以便决定采取何种手段,与竞争对手相抗衡。

三、目标市场选择

1. 目标市场选择的基础

任何一家百货商店都不可能经营所有的商品,不可能满足一切消费者的需求,必须为自己选择特定的目标市场。

百货商店目标市场的选择,必须以市场营销分析为基础。百货商店目标市场的确定有几种选择:按居住地区可分为邻近地区、外围地区、边缘地区的顾客;按职业可细分为白领、蓝领及职业女性市场等;按收入水平可细分为低收入阶层、中收入阶层和高收入阶层。百货商店目标市场的选择,常常依据多种类别进行划分,然后综合地进行考虑。

2. 百货商店的定位

百货商店定位问题,也是目标市场确定问题。每一个百货商店创办者,首先必须对目标顾客作出选择,一般有以下几个选择:① 高收入顾客群;② 中收入顾客群;③ 低收入顾客群;④ 高、中收入顾客群;⑤ 中、高收入顾客群;⑥ 中、低收入顾客群。

从历史发展来看,百货商店的定位是由顾客大众转向中产阶级,甚至贵族富豪。从实际状态看,百货商店的定位集中于高中收入顾客,但商品结构有所差别。

有的侧重于高档商品,有的则侧重于中档商品,这反映出百货商店的定位状态。在世界各国,以低收入顾客为市场目标的百货商店,现在已不复存在;相反的,完全以富翁为目标市场的百货商店也极少,它们大多在高中级、中高级和中级之间选择。

四、店址选择

百货商店要确定店址,首先需要确定在什么样的商业区开设,其次再确定具体的设店位置。对于商业区的选择,要依据具体情况而定,一般有多种选择。

1. 独立商店

独立商店指仅有一家商店,不毗连其他商店。

在独立商店区设店具有以下的优越性:无竞争者、低租金、灵活性、道路无阻塞、容易停车。

缺点是:吸引顾客困难、购买者无变化、地理受限制。

2. 群落型商店区

群落型商店区是两个以上商店聚集的地方。它依规模大小分为四级:中心商业区、地区商业区、小型商业区和微型商业区。

中心商业区是城市的零售中心,交通密集,店铺林立。它至少包括一家百货商店,几家专卖商店等,其核心区不超过1平方千米。

地区商业区是指店铺分列主要街道两旁,至少有一家中型百货商店、若干杂货店和服务商店等。

小型商业区位于城市边缘地带,主要满足郊区购买者的需要。这里一般不设百货商店,只设超级市场和杂货商店等小型商店。

微型商业区位于街旁或高速公路旁,设有几家小商店,不设百货商店。

因此,在群落型商业区中,百货商店主要应建在中心商业区和地区商业区。前者应建规模较大的百货商店,后者应建规模稍小的百货商店。

3. 商业中心

商业中心是共同拥有、集中管理、相互协调的购买区域。它依规模大小分为地区商业中心、联合商业中心和住宅区商业中心。中心内常常汇集一个或更多的大型商店以及许多小商店,美国各种商业中心特征见表3-1。

表3-1 美国各种商业中心特征

	住宅区型	联合型	地区型
营业面积(平方英尺)	30 000~100 000	100 000~300 000	300 000~2 000 000
平均总面积(平方英尺)	40 000	200 000	750 000

(续表)

	住宅区型	联合型	地区型
平均占地面积(平方英尺)	130 680～435 600	435 600～1 306 800	1 306 800～4 356 000 或以上
需要供应的家庭数	1 000	5 000～10 000	70 000～3 000 000
需要供应的人口	7 000～70 000	20 000～100 000	1 000 000 以上
主要商店类型	超级市场或杂货店	杂货店或平价百货商店	一家或更多的百货商店
商店数量	5～15	15～25	50～125
销售商品类型	重点为便利商品	多数为便利商品，少数为选购商品	主要为选购商品及大量日用品
顾客开车到达时间	少于15分钟	15～20分钟	20～30分钟
位置	沿主要街道	紧挨城郊住宅区	中心城市之外,在干道或高速公路旁
设计布置	街道型	街道式L型	复合型

在大多数情况下,百货商店一般设在地区型商业中心。

选择了百货商店所设的商业区域,下面就要确定具体的设店位置:

(1) 分析客流规律:分析街道两侧客流规模,确定商店设在哪一侧;分析街道特点,以确定商店在街道的哪一段。

(2) 分析交通条件:使顾客容易到达,又不十分拥挤;有公共汽车到达;便于货物运输;设有停车场等。

(3) 分析竞争对手:主要包括商店相对集中的地点;回避竞争对手与利用竞争对手;相关商店群等。

(4) 评估商店未来效益:主要包括平均每天经过的人数与来店光顾的人数比例;每笔交易的平均购买量。

顾客流量大与租金高往往两者并存,要慎重选择。

五、规模分析

在进行了一系列分析的基础上,就要确定建多大规模的百货商店。如果百货商店的区域选择及地点已确定,且经过了顾客、竞争环境的综合分析,百货商店规模的确定就成为轻而易举的事情了。这里提供一些数据供参考。

表 3-2　1984 年欧洲国家百货商店的数量和销售面积

	美国	意大利	荷兰	瑞士	法国
百货商店数量	345	50	60	68	146
总面积(千平方米)	2 260	205	490	375	1 110
平均面积(平方米)	6 550	4 100	8 167	5 514	7 602
1973 年千人拥有平方米	38	3	35	43	20
1983 年千人拥有平方米	42	4	34	58	20
1983 年与 1973 年相比	22%	33%	-3%	35%	0

表 3-2 中的千人拥有百货商店平方米数,是重要的参考数据,但是,需要注意的是上述数据是欧洲几国全国的情况,如果单就城市而言,这个数字会有一些变化。原苏联专家曾列出一个有参考价值的相关表格(见表 3-3)。

表 3-3　百货商店规模要素特征

城市居民数 (万人)	百货商店的营业面积 (平方米)	千人拥有营业面积 (平方米)	其中食品商店的 营业面积(平方米)
1.5	1 650	110	650
2~3	2 500	33~125	650
4	3 500	87	1 000
5	4 500	90	1 000
10	6 600	66	1 000
15	8 500	57	1 000
20	11 500	57	1 000
30~40	15 500	38~52	1 500
50 以上	22 000	44 以下	2 000

由表 3-3 可知,随城市的扩大,千人拥有百货商店的面积却在缩小。城市百货商店的营业面积限定在千人 40~50 平方米左右,掌握了城市人口数和已有百货商店的营业面积数,就可以推算出百货商店的应建规模。

第二节 专 卖 店

一、地点选择的依据

在确定了专卖店的店型以后,就要考虑筹措资金和选择地点的问题。本节重点研究地点的选择。专卖店的地点选择不能一概而论,而应根据不同情况进行具体分析。

1. 地点类型

(1) 中心商业区:在每一个大城市中都有中心商业区,那里店铺林立,精品荟萃,构成一定规模的纯粹商业街区。

在中心商业区常以若干(一家或几家)百货商店为核心,环绕着星罗棋布的中小型商店。该区地价昂贵,顾客流动性大,商圈辐射地域广泛。众多商家以经营选择性商品为主,食品店仅是中心商业区的陪衬,中心商业区一般位于城市的心脏地带,并有较长的形成历史。

(2) 非中心商业区:非中心商业区是指分布于城市某个非中心地点的商业街区,拥有三五十家商店,常以一个大型商店为核心,商业街区的规模、繁华程度、商店数量都逊色于中心商业区,场地租金大大便宜于中心商业区,商店每平方米所创利润额也大为降低。

(3) 住宅商业区:住宅商业区是指住家附近的商店街,是以供应附近居民所需商品为主的商业中心。常设有一家中型综合商店,辅以二三十家供应日用杂品、食品等服务性商店。住宅商业区供应的范围一般在 3 万人左右,大多位于一个住宅区的中心地带,它只是住宅区的一个陪衬,带有鲜明的生活特征。

2. 选择依据

专卖商店地点的选择,主要应考虑经营目标、店型及发展前途等因素。

(1) 经营目标:每个专卖商店都应有自己的经营目标,如实现利润或销售额的预计等。日本的专卖商店每一坪(3.307 5 平方米)1 年的销售额达到 200 万日元,就算是生意兴隆了。

每个专卖商店为实现自己的经营目标,必须找准顾客群,顾客群分布与地理位置关系密切。

中心商业区常能提供流动性很大、支出较多、层次较高的顾客。非中心商业区提供较为稳定、层次中等的顾客;住宅商业区提供普通上班族类型的顾客。一般地说,中心商业区会创造高销售额和高利润。但也不完全如此,有的中心商业区商店销售额很大,由于场地租金过于昂贵,经营成本超乎意外,最后仅获微利。

在考虑经营目标时,不仅要考虑单位面积销售额和高利润,还要考虑每个人实现的销售额。日本专卖商店成功的最低标准为每年每坪销售额在80万日元以上,每个人的销售额要超出250万日元;一般应努力实现中级标准,即每坪的销售额达到120万日元,每个人的销售额要超过500万日元。

下面列出日本各类专卖店成功的最低标准,供确定经营目标和选择地点时参考。

表3-4　日本各种专卖商店标准

店　　型	每年每坪销售额(万日元)	每年每人销售额(万日元)
布　店	91	506
西服店	93	413
服装店	83	427
百货店	81	486
家具店	87	391
鞋　店	86	452
皮货店	43	448
化妆品店	45	395
五金店	87	607
陶瓷店	32	401
电器店	134	621
书　店	86	573
餐具店	145	407
钟表店	114	405
自行车店	48	363
照相器材店	288	593
玩具店	51	384
乐器唱片店	114	515

(2) 店型:专卖店店型取决于地点的选择。流行服装店、化妆品店、香水店等最好选择在中心商业区或服装街上;食品店、水果店最好位于住宅商业区;首饰店、

珠宝店、工艺品店最好设在商店等级较高的商业区。另外,相同或相似的专卖店可以聚集于同一商业区,形成招徕顾客的规模优势,切忌互相排斥的专卖商店相连。

(3) 发展前途:专卖商店的地点选择要考虑到地区发展。某些地区由于交通不便,将会走向萧条和冷落,新建专卖商店应避开这类地区,不要被眼前的繁荣所迷惑。相反,一些新开发的,整体布局与筹划带有现代化特征的地区,虽然暂时处于起步阶段,但发展前途较好,早些将专卖商店挤进这一地区,未来发展前景可期。

二、中心商业区的专卖商店

经营专业化,已成为中小商店对付大商店的法宝。事实证明,专卖商店并非越专越好,每一种专卖店也都有自己生存、发展的地理位置。

中心商业区的专卖商店应以高度专业化为特征。以鞋店为例,可以依对象、价格、用途的不同,划分为流行女鞋店、高级绅士鞋店、运动鞋店、中老年人鞋店、儿童鞋店等;对于服饰店,可分为女装店、内衣店、服装店等。中心商业区之所以能容纳高度专卖店,是因为高度专业化的商店所经营的商品范围很窄,顾客相对较少,因此它所在位置皆是商圈大,顾客聚集的地方,这些都是大城市的中心商业区所具有的特征。

另外,中心商业区常以高中级商品为主,而高度专业化的商店也具有精品形象,这会与顾客来中心商业区购物的需求相吻合。因此在中心商业区开设专卖商店最好不要销售一般大众性商品,如平价运动鞋和雨鞋等;服装店最好不要销售廉价的成衣和棉织品,而应以毛料、丝织品为主。

三、非中心商业区的专卖商店

非中心商业区的专卖商店应以上班族所需的大众商品为主,专卖商店应避免高度专业化,经营的商品过窄、分类过细容易走进死胡同。但对于一些较为繁华的非中心商业区,可以设立专业化程度较高的商店,前提是独一无二。

非中心商业区的专卖商店采取中等价位策略,即商品等级略低于中心商业区的专卖商店,高于住宅商业区的专卖商店。专家认为,中心商业区型的专卖商店以高级流行性商品为主,非中心商业区型专卖商店以普通流行商品为主。例如,音响器材商店如果建在中心商业区,应尽量囊括一切音响设备及相关商品,以对顾客有强大的吸引力,诸如唱片、乐器等;而在非中心商业区经营普通音像制品即可,不必扩充至唱片、乐器,除非商业区规模和影响接近于中心商业区。

对于连锁型专卖店,如果设立于同一城市,最好选择在非中心商业区,这样既可以招徕顾客,又便于管理。

四、住宅商业区的专卖商店

专卖商店的最初地点常是人们聚集的地方,而日常生活中所需的专卖店则位于居民区。但是,随着经营的发展和城市的扩大,住宅区与商业区逐渐发生分离,专卖商店向高级化和专业化方面发展。那些经营日用品、食品的专卖店仍留在住宅区,而服装店、化妆品店、电器店等新潮商店向城市中心迁移,并成为流行趋势的发源地。

因此,在住宅商业区最好开设食品店、杂货店、花店、水果店等,家家都需要它们经营的商品,虽然辐射区域不大,但前来购物的顾客很多。就高级专卖商店来说,如果开在居民区就容易失败,因为人们在购买高档商品时,总习惯多跑几家商店,对款式、价格等进行比较和选择,而且一般会去中心商业区选购。

另外,在住宅区开设专卖店时应避免经营范围过于狭窄,要尽量适合多层次顾客的需要。假如要在住宅区开设一家鞋店,那么经营的种类要多样化,等级也需多层次,昂贵与廉价兼顾。而且,要办成综合性鞋店,经营绅士鞋、女鞋、凉鞋、拖鞋、运动鞋、布鞋等多品种。购买率低的应以大众鞋种类为主,如绅士鞋和女鞋的等级不能太高;购买率高的可以适时突出高档商品,凉鞋应以中级商品为主,运动鞋、长筒靴、拖鞋可以高档商品为主。

专栏3-1

专卖店的商圈分析

专卖店的商圈分析包括两个部分,广义商圈分析(经济、人口、政府规划政策等)和狭义商圈分析,这里主要探讨的是狭义商圈分析。所谓商圈分析是指顾客愿意到本专卖店购买产品的距离与相应的时间,通常情况与本店店面地址相距500米左右的距离为佳(见下表)。

商圈构成	商圈类型	距离(米)	时间(分)	人流率
主商圈	核心商圈	500	7~8	50%~70%
次级商圈	边缘商圈	1 000	15	20%~30%
第三商圈	边缘商圈	1 500	20	10%~20%

为了确保商圈分析的有效性,还得在商圈范围内进行充分的调查。调查时常关注三大要点:人口、竞争品牌、基本费用等简易格式见下表。

1. 人口调查

人口调查的内容包括该区域的人口数量、人口结构、购买习惯、经济收入、人流量的大小等。

人口数量与人口结构这两个要点主要是调查该地的消费容量。如人口数量不及 5 万,而且人口结构又是一线打工者的郊区、工业区,首先就可以筛选出局。

购买习惯与经济收入两个要点主要是确定销售的终端与产品的结构。例如:沈阳、大连、北京、天津等北方地区的各个城市以商场为主;温州、成都、株洲等南方地区的各个城市,消费者对连锁专卖店的消费信任远远超越了北方地区;中西部地区与沿海地带的各个城市经济收入有极大差距,因而在产品结构上有很大的不同。又如:在鞋行业中,西部地区的注塑鞋类有较大市场消费,而在沿海地区以长三角市场为例则更注重产品款式和产品休闲趋势。

人流量的大小也是决定是否开店的主要因素。例如,温州的五马街商业区,同在一个街区不同地段的人流量造成的营业额大不相同。著名品牌 HQT 的五马街专卖店年销额可达 200 多万元,而在胜利路、公园路一带则只有 70 万～80 万元的年销额。

2. 竞争品牌

竞争品牌的调查主要以竞争品牌的数量、品牌结构、潜在竞争品牌等要素来进行分析。

竞争品牌数量、品牌结构的要素调查主要是调查当地市场是否饱和、竞争是否激烈,如果是同一个行业品牌数量极多、品牌结构比较丰富,那么就很容易吸引顾客的高度聚集,增加整个区域的市场容量,当然这是选择的重要场所。如:重庆沙坪坝商圈的大洋百货休闲少女装区域有 30 多个品牌,其中主要是国外品牌如 ONLY 等,国内品牌只有艾格在当地市场享有较高的商誉。

潜在的竞争品牌的分析,也将预示着未来的市场提升。例如:长沙商业步行街的女装连锁专卖店在 2005 年只有歌莉娅、浪漫一身等品牌专卖店,但后来其他品牌纷纷跟进,相继出现了淑女屋、江南布衣等品牌。

3. 基本费用

基本费用调查的调查要素主要有:转让费、租金、物业管理费、国税、地税、水电费、装修费、人员工资等。

表 3-5 商圈调查简易表

调查事项		资料与数据	备注
人口	人口数量		
	人口结构		
	购买习惯		

(续表)

调查事项		资料与数据	备注
人口	经济收入		
	人流量口		
竞争品牌	品牌数量		
	品牌结构		
	潜在品牌		
基本费用	转让费		
	租金		
	物业管理费		
	国税和地税		
	水电费		
	装修费		
	人员工资		

第三节 购物中心

购物中心作为复合程度更高的零售形式,20世纪中叶在美国开始出现,20世纪90年代后期大规模进入我国市场。购物中心是人们购物的场所,也是人们休闲娱乐的场所,构成城市居民生活的缩影。因此购物中心设计的复杂性和综合性是异常明显的,必须精心地进行规划。

一、购物中心功能

购物中心功能的核心是集合,它把分散在城市各角落的商店聚集在一起,把遍布在街头巷尾的服务机构集合在一栋建筑物中。因此,购物中心不是一家商店,而是聚集商店的场所。它本身并不创造需求、提高居民购买力,而是调整各种零售形态的布局,疏通买卖通道,让人们方便地购物和享受。

(一)销售功能

1. 商品齐全

提供完备的商品是购物中心的基本功能。它与百货商店和超级市场不同,百货商店的市场目标是高中收入顾客,超级市场的市场目标是普通大众,而购物中心的市场目标是由包含的各个商店来实现的,因此它包含的顾客遍及各层面。换句话说,无论顾客的职业如何,收入怎样,到购物中心都会买到自己所需要的商品。

当然,并不是每一个购物中心都经营相同等级的商品,购物中心规模不同,所处位置不同,顾客特征会有差异。购物中心可依据自身的定位,在销售环境中进行种种强化设计。

2. 市场定位

购物中心能满足各个阶层顾客的需要,但中心内各家零售商都有自己的市场目标,因此在统一规划和管理的基础上,各家商店应保持独特风格。换句话说,购物中心要有市场定位,根据商圈特征和条件,引进相关的零售商,并根据商品结构特色,塑造不同的卖场空间和风格。

3. 合乎人的生理和心理需求

购物中心的内部空间设计必须满足人的生理和心理需求,使顾客能够长时间地停留,尽可能地从事购买活动。例如,应有变化丰富的专卖店,卖场设计应让人感到舒适。

(二) 生活功能

购物中心另一个特征是具有生活功能。顾客来购物中心,不仅可以买到各种商品,而且可享受到各种现代化的服务。购物中心不仅是商店,而且还是人们的休闲场所,它汇集了休闲、娱乐、文化、艺术、百货等全方位的内容,为人们提供了一个购物和享受合一的好去处。

1. 多元化组合

购物中心除了商店外,还需设有满足日常生活所需的休闲、娱乐或运动设施,定期提供音乐、戏剧表演和艺术展览等活动,使其成为多元化、功能齐全的建筑物。

2. 追赶时代潮流

美国人常把购物中心当作流行、时髦等信息集中传递的场所。现代社会及消费潮流变化异常迅速,不常去购物中心,就可能落伍。现在它已成为流行商品的展示地,未来可能成为时髦、游乐、休闲、运动、旅游、文艺活动等的汇集地。

3. 老少皆宜

购物中心不仅提供一次购足的商品,而且针对不同的年龄层设计各种休闲游乐空间。家庭成员全部来到购物中心,都会得到满意的享受,这不仅为全家性的购物提供便利服务,而且能最大限度地聚集购买者。

4. 生活广场

购物中心汇集了商品、服务、文化、娱乐等多种功能,构成了现代社会生活的一个场景,居民们开始习惯地聚集在购物中心,漫步、闲聊、约会、集会等,无形之中使消费者与购物中心的联系更为密切。

二、购物中心规划的特点

(一) 购物中心开发特点

购物中心的开发规划设计包括购物中心的方案设计、初步设计及施工图设计等。规划与设计对于项目的成败有极大的决定作用，尤其以方案设计为重中之重：方案设计可以称为宏观设计，牵涉到用地分配、功能分区和规划、外部交通设计及城市环境设计，将决定购物中心项目的外部布局、内部功能、土地的利用效率、室内空间的利用效率、商铺出租的价格潜力、室内空间的合理动线布局等。初步设计及施工图设计可以称为微观设计，即在方案设计基础上进行纯建筑工程角度的深化、细化。

购物中心规划设计必须体现设计师的建筑美学概念和市场概念，如果不能实现这样的目标，其设计无疑是失败的，投资商、开发商将因此承受损失。因为购物中心规模庞大，业态复合程度极高，客流量大，所面对的两级客户零售商、消费者有复杂的需求组合，这些对购物中心的规划设计提出了要求。

总之，购物中心的规划设计体现的是建筑美学概念和市场理念的充分结合，需要解决大量客流和广泛类型零售商所带来的复杂需求，这些就是购物中心开发规划设计的特点。

(二) 购物中心营运特点

绝大多数购物中心采取营运商统一出租经营的管理方式，少数购物中心采取出售商铺的方式。购物中心规模越大，采取出售商铺方式的可能性越小。当然，有一些开发商可能会碰到这种情况：看好某个购物中心项目，但鉴于资金压力，不得不采取将项目整体出售给投资机构，首先解决开发资金需求，在项目建设完成并投入营运后，再以回购或回租的方式进行购物中心开发。这种购物中心形式上看是采取出售的方式，但开发商往往会考虑有效方案，解决统一经营的问题。

(三) 购物中心商铺的特点

(1) 商铺的形式。购物中心商铺的主要形式是铺位的形式，铺面形式比较少。商铺面积大小不一，差别很大，从几平方米到几万平方米不等。

(2) 投资回收形式。购物中心牵涉到的经营业态有主力店、半主力店、专卖店、娱乐设施、餐饮设施等。不同规模的购物中心里面的业态类型有多有少，其中超级购物中心(Shopping Mall)里面的业态组合最全、最多。以上各种经营业态的经营商大多采取租用商铺的方式，其中主力店作为购物中心重要的组成部分，往往有一定的独立性，每个面积规模在 1.5 万～2 万平方米之间；半主力店、专卖店、餐饮、娱乐等设施基本上都以独立铺位商铺的形式分布其中。

购物中心里面的商铺主要采取出租的方式,有些营运商会采取按照经营流水提成的方式,或者采取租金和提成结合的方式。

专栏3-2

出租商铺商家的选择

出租商铺,选择商家应该分为两步走,第一步首先要解决铺位做什么的问题,即选择哪类商家的问题。第二步要解决在确定业态的诸多商家中,如何进行挑选的问题。

首先,出租商铺,选择哪类商家,要坚持遵守商业整体的业态定位原则。

"我的铺位租给谁都可以,做什么都行",这种想法只能说是一种短视行为,如果每个商铺的所有者在租赁门面的过程中都是这么想的,就会使整个商业街或商场陷入没有规划、没有主题、没有特点的混乱局面,从而降低整个商业街或商场的消费吸引力,人气不旺了,哪里还会有生意可做,商户没生意做了,撤场也就成为唯一的选择,最终很受伤的仍是商铺所有者,因此在商铺的出租过程中,也应该遵守这一基本原则,毕竟大河有水小河才能满。

其次,商家的选择,要参照物业周边的商业业态和经营状况,做到业态互补。

在出租铺位的过程中,对于商家的选择,要参照物业周边的商业业态,可以迎合,也可以另辟蹊径。譬如,物业周边多经营电子、数码产品,那么在商家的选择上,也可以考虑相关业态的商户;再譬如,物业周边为社区型服务业态,社区商业业态多达几十种,别的店面如果做餐饮店,可以选择做早点店、蛋糕坊,别人做了美容店,可以选择药店。只要立足于社区消费,就会达到良好的互补性,增强整体商业的凝聚力。

同时还要考虑物业周边业态的经营状况和商家的实力,如果某种业态已经饱和,就应该回避此类业态,如果某类商家实力很强,也要回避此类业态,以免加剧不必要的市场竞争,加大经营风险。

在解决了选择哪类商家的问题之后,在该类业态的诸多商户中,我们又该如何进行挑选呢?

第一,要考查商家的实力,品牌商户当然是首选。商铺招商首选品牌或实力商户,在选择和引进的过程中,要考评该品牌的知名度,还要考评该品牌加盟商是首次加盟还是多次加盟,一般情况下多次加盟商更具经营能力,投资者还应该要求商家提供相关的证件,包括品牌证明、代理证明、营业执照等,前期适当地予以一定的租金优惠也是值得的,商家的生意好了,有丰厚的盈利,租金的递增也是顺理成章的,这才是一种双赢的局面。但是,品牌毕竟是有限的,若一味地只租品牌,也会陷入被动的局面。因此,在商家的选择上,不能非品牌不租,如果选择到品牌度虽然不强但实力雄厚、有独到经营思想的商家,一样是对铺位升值和后续经营的一种保证。

第二,选择产品有特色、经营能力强的商户。对于商家的选择,还要关注商家的产品特色,这一点对于个体经营散户的选择尤为重要。品牌商户或实力商户,有专门的部门或人员进行产品特色定位,而对于个体经营的散户,由于资金或实力各方面的限制,不可能做到这一点,在选择该类商户的过程中,要侧重于对产品特色、经营能力的考查。只有产品有特色,商户又具有较强的经营能力,才有可能保证铺位租金的坚挺和升值。换言之,对于连锁经营的商户,要考查商户其他店的经营状态,以此来作为对其产品特色、经营能力的判断依据;对于目前仍是单店经营的,要考查商户的经营者是否有过成功的经营经验、经营思路和资金实力,只有出租前多操心,才能保证出租后少操心。

出租商铺,商家选择的复杂性,在于选择的多样性。商铺有街铺、柜台、内铺等多种形式,每种形式的商铺在出租的过程中,选择商户的方法也会有不同之处,但依然有规律可循。

三、购物中心内部组成规划

(一)商店的组成

对于购物中心的建立,要进行商圈及必要的市场分析。假如已决定在某地设立购物中心,那么接下来的工作就是确定购物中心将招募哪些零售商店和服务机构。

一般来说,购物中心应包括零售商店、餐饮店、电影院、音乐厅,甚至博物馆等。零售商店是其基本组成部分,一般包括百货商店和超级市场、专卖店、邮购商店等。专卖店大多为服装店、鞋店、珠宝店、电器商店、照相器材店、钟表店等。

(二)商店和结构

购物中心是一个复杂的多功能建筑综合体,承租户商店、步行街、中庭、吃喝庭院和停车场等是它的基本组成要素。

1. 承租户商店

购物中心建筑设计的目的是获得一个理想的商业销售平面,满足商业活动的要求。因此,良好的平面设计有助于把各种不同要求和个性的承租户有效地组合成一个整体。购物中心的承租户商店种类多样,承租户的平面布局和店面设计,既要保证所有商店具有整体性,同时又要避免标准化的设计,提供表现个性的机会,避免对零售商的销售模式和原始想法造成不必要的限制。

购物中心平面设计时需要考虑为所有承租户提供一个互利互惠的机会,最大限度地为每个承租户带来过往人流,提供最多的购物机会,同时也考虑为购物者提供舒适的购物环境和公共活动空间,提供便利的购物线路。购物人流的组织运动线应既让购物者满意,又让零售商在经济上获得效益。一般来说,承租户销售额与经过商店门口的人流数量成正比。所以,只有优化人流运动,最大限度地让人流经过尽量多的商店门口而又不把距离拉得太长,才能达到最佳效果。

一般来说,承租户分为初级承租户(核心承租户)、次级承租户(普通承租户)和其他承租户,在平面设计上遵循从初级到次级的安排原则。核心商店是吸引力的主要来源,被称为磁极和"锚固点",对组织人流发挥着重要作用,它把人流从一个磁极吸引到另一个磁极,在这个过程中引导购物者经过所有承租户的门口。因此,核心商店的位置非常关键,它一般安排在步行街尽端,核心商店数量决定平面有几个尽端,形成几个焦点。

次级承租户安排在主要人流路线而非主要核心商店的磁极点上,用于形成次级人流,与主要人流形成交叉,促进内部的人流运动,吸引购物者穿行于整个购物中心。核心商店和次级承租户安排之后,再考虑其他承租户,取得最佳效果。最后考虑剩下的小租户,包括银行、邮局和各种服务设施(如理发、美容、修鞋、干洗等),它们本身不具备引导人流的作用,但它们是购物中心功能的重要补充,用于增加特色。它们不需要占据好的位置,因为它们的经营情况和直接通过的人流没有太大的关系,主要是为了提供便利服务。

2. 步行街

步行街是购物中心组织和联系承租户的纽带,购物中心可以是一条单独的步行街,也可以是包括一系列主次步行街。步行街的宽度和高度可能相同,也可能不同;可以是单层,也可以是多层;可以是露天的,也可以是室内的。

购物中心步行街已经不再是简单的购物者通道,而是演变成了重要的公共活动空间,它通过提供良好的景观和设施,以优美的环境满足购物者逛街漫步、餐饮和交往的需要。

步行街的作用是把购物者导向各种商店,要求清楚明确,让购物者易于辨认入口、出口和主要百货商店的位置。步行街路线设计要避免太简单或者太复杂。简洁的路线易于辨认位置和方向,但过分单调,步行街从入口笔直通向出口,不利于留住购物者,延长他们的逗留和徘徊时间。因此,适当改变路线方向是必要的,但是如果路线改变过分频繁、形态过于复杂,或者采用对称设计或重复路线,则容易迷惑购物者,让他们失去方向感,结果适得其反。而且,路线变化过分丰富将分散人流,使一些承租户的利益受损。步行街太长会使购物者感到疲惫,让他们望而却步。

为了打破空间的单调感,除了采用合理的步行街路线之外,关键要激发购物者的兴趣和好奇心,让购物者走过尽量多的商店。

3. 中庭

中庭是购物中心最热闹的部分,也是步行街节点上的序列高潮,这里人流密集,上上下下动感强烈,配合座椅和餐饮设施,给购物者驻足停留和休息交往提供了舒适的场所。

多层购物中心的中庭空间是上下空间交流的场所,如果围绕中庭布置休息和餐饮座椅,中庭底层举行的活动就能够让上面各层空间共享和参与。为此,一些中庭的底层有意设计成台阶形,方便开展各种表演活动。中庭空间还经常用来作为儿童乐园,提供各种儿童游乐设施,让购物的父母托管儿童或陪同孩子玩耍,提高中庭空间的趣味性和活力,使得购物中心对儿童也充满吸引力。

中庭的地面部分可以布置绿化、水体和雕塑小品,上部空间可以运用飞鸟、旗帜、风筝、气球、飞机等软雕塑,创造有趣的空间效果,也有些运用窗帘和布帷幔遮盖天光,在夜幕降临之后渲染出一种独特的气氛。

4. 吃喝庭院

如果想让购物者在购物中心长时间停留,需要为他们提供休息和餐饮设施,美国的购物中心最早使用吃喝庭院来满足这种需要。吃喝庭院包括食品亭和座椅区,由独立经营的食品亭提供各种快餐食品和小吃,食品亭周围布置公用座椅。如今,无论是大型区域购物中心还是专卖店购物中心,吃喝庭院都被视为一个有价值的锚固点,用于延长购物者的停留时间,让他们光顾尽量多的商店,它的存在价值绝非是自身获得的商业利益所能代表的。

吃喝庭院在购物中心的位置选择是商业成功的关键,容易发现的显眼位置以醒目而有特色的入口直接面对步行街,对购物者具有很强的诱惑力。

5. 停车场

驱车到购物中心,是多数消费者采用的交通手段,停车环境是顾客选择购物中心的重要参数。购物中心均设有停车场和相应的停车设备,其规模视企业规模而定。关于停车场的设计具体参见第七章。

(三) 超级市场的数量和规模

1. 购物中心的超级市场数量

购物中心里应设几家超级市场并没有一个统一的标准,要依具体情况而定。无论是从专家的意见来看,还是从购物中心现况来看,都有独家和多家两种情况。

(1) 独家。即在购物中心中只有一家大型量贩店或超级市场。

某些超级市场的经营者愿意支付超额的租金,取得独家租用权,排斥其他超级市场进入购物中心。他们认为:购物中心中有多家大型超级市场,会形成竞争的威胁,甚至出现两败俱伤的局面。

某些购物中心的经营者认为:购物中心中有一家大型超级市场效益最好。虽然第二家有可能增加总体销售额,但不足以支付提供设备所需的资金。

(2)多家。即在购物中心里有两家以上的大型量贩店或超级市场。

某些超级市场的经营者愿意见到两家或两家以上的大型超级市场开在较大的购物中心里。他们认为:两个超级市场会增加对顾客的吸引力,使两家的销售额都大幅上升。

某些购物中心的经营者持有同样的观点,他们认为两家超级市场并存,可产生较大的总销售量,比独家承租会产生更大的效益。

2. 购物中心超级市场的规模

超级市场规模必须与购物中心规模一致。一般的情况是购物中心的规模越大,其中的超级市场规模也越大,反之则越小。

法国的购物中心规模较大,因此购物中心中常有一家大型量贩店,其面积占购物中心的1/3~1/2。

美国的购物中心规模大小不等,因此超级市场也参差不齐。在地区性购物中心中,超级市场面积一般为3万~6万平方英尺;在普通型购物中心中,超级市场面积一般为2.2万~3万平方英尺;在小型购物中心中,超级市场面积一般为1.2万~2.2万平方英尺。

3. 购物中心中超级市场的位置

超级市场和大型量贩店是购物中心里的核心,其位置所在相当重要。

(1)超级市场应在一端。每一个商店都想占据顾客流量最大的地方,购物中心开发者必须进行统一安排。

一般来说,超级市场应设置在购物中心的一端或周边地带,因为超级市场是顾客购物的重点区域,为方便顾客进出和提货,设在一端或周边地带最为有利,但可能影响顾客在购物中心的滞留和购买的时间。

(2)超级市场应离开百货商店。在购物中心里,如果有超级市场和百货商店,那么超级市场最好不要靠近百货商店。据统计:购物者通常花3分钟在超级市场购物,而花两三个小时在百货商店里浏览。两者相邻而设,百货商店的顾客占据停车场时间很长,会妨碍超级市场顾客使用停车设施。

四、购物中心选址及外部规划

(一)购物中心的选址

购物中心设在哪里要考虑商圈内居民消费水平和购买习惯、交通、货物供应等情况。从选择较大地点的方面来看,可选择城郊、城中和商业区。

1. 城市郊区

许多购物中心都位于城市郊区,这也是早期购物中心的共同特征,其主要原因在于城市居民出现移往郊区的热潮,城市中出现萧条,加上城市中地皮昂贵,交通阻塞,大多数家庭拥有小汽车,开车购物成为主流。

2. 非中心地区

一些购物中心并不冒险地选择郊区,因为郊区人少,顾客流动不多,而是选择顾客容易到达的非中心城市区。非中心城区往往是居民汇集地,而且公共交通便利。例如,巴黎市几乎每条市内地铁的终点都有一个购物中心。

3. 中心商业区

随着城市中心的萧条,各国政府都采取了复兴城市中心的若干措施。如改善交通条件,再辟步行区。因此,在中心商业区也出现了购物中心,但数量有限。

(二) 购物中心的规模

购物中心规模的确定要考虑平均消费水平与结构。一般地说,购物中心规模越大,功能越综合。反之则越单调。

1. 特区购物中心

总面积大约为 75 万平方英尺,拥有 60 家以上的商店,一般位于城郊及其边缘。

2. 地区性购物中心

总面积大约为 40 万平方英尺,拥有 25~40 家商店,一般位于城郊及其边缘,或小城市之中。地区性购物中心可以控制周围购买环境,具有较大的吸引力。

3. 小区购物中心

总面积为 10 万~40 万平方英尺,拥有 10~25 家商店,一般位于住宅区或都市中。

(三) 购物中心的形状

购物中心依地理位置和规模不同,可选择不同的建筑形状。

1. 条型购物中心

条型购物中心是把商店沿着街道成一直线展开,建筑物面向主要街道,停车场在前,美国几乎所有的小区购物中心都是此种形状。

2. 庭院式购物中心

庭院式购物中心是将建筑物规划成庭院状,停车场在庭院外围,一般为四方形。

3. 室内街道型购物中心

室内街道型购物中心是将商店安排成像在街道上一样,但实际上是在室内,没有噪声和汽车往来,通常是在两端各设一个大型商店。

4. 街道连接型购物中心

街道连接型购物中心,是通过将各个购物街道环绕地连接起来,鼓励人们在整个购物中心购物,而不是仅在靠近停车场的商店购物。面积超过 10 万平方英尺的购物中心常采用这种形状。

5. 花团锦簇式购物中心

花团锦簇式购物中心是将商店群围绕着一个大型中心商店进行设立。

第四节 商 业 街

一、商业街的类型

现代化的商业街分为四种类型。

1. 邻里型商业街

此类商业街位置处于地方城镇几何中心,街区长度为 100～200 米,商业设施立面高度为 1～2 层,商店密度为 50%～80%。这种商业街所处的城镇,自身人口约 3 000 人,其商业区辐射人口为 10 000 人。来此街的消费者主要靠步行和骑自行车,其目的只是单纯购物动机。此商业街构成形状为线状路线构造,商店数目为 50 家。设施构成为商业和风味小吃店,行业以生活日用品为中心,行业数目为 20 个,核心商店是副食品店或食品超级市场。来此街购物的主要顾客是家属主妇或保姆,购买商品的数额小,但日频率高。此街给人的印象是随意、亲切和大众化。这种商业街只与交通网相连,但并非在客货流运动线上,因此,这种商业街方便了固定消费者而妨碍吸引流动顾客,进而其商业范围有限,盈利微薄。

2. 地域型商业街

此类商业街地处地域中的城市内,街区长度为 500～700 米,商业设施立面高度为 2～4 层,商店密度为 70%～90%。这种商业街所处的中心城市人口规模约 3 万人,其商业区辐射人口为 10 万人。来此街的消费者主要乘公共交通工具,正常日客流量为 1 万人,来此街购物客流比例大于闲逛商店客流比例。此商业街构成形态为带状附以树枝状构造,商店数目约 300～400 家。设施构成为商业、饮食、双功能店,行业以经常购买的中、低档日用品为中心,行业数目为 100 个,核心商店是粮油食品店和百货店。来此街的主要顾客是复合型阶层人口,购物的数额较大,而且周频率也较高。此街给人以大众化和个性化的印象。

3. 地区型商业街

此商业街地处中等城市中心区或大型城市副中心区,其城市人口规模约 30 万人,其商业区辐射人口为 100 万人,来此街的消费者主要是乘公交车、地铁等交通工具。正常日客流量为 5 万人,来此街购物客流比例小于闲逛商店客流比例。此商业街构成形态为环状或圈状构造,商店数目为 1 000～3 000 家,设施构成为商业、饮食、娱乐、社会多功能营业点,行业以常购物的中档商店为中心,行业数目为 200 个,核心商店是百货、服装、五金交电等专营商店。来此街的主要顾客是社会集团及复合阶层人口,购物日频率较大。日本东京都神乐坂商业街是典型的地区型商业街。此商业街是东京都"山手线"轨道电车环线内富有日本特色的商业街。此商业街店铺总数为 248 家。

4. 大型商业街

此类商业街地处大城市的几何中心或交通便捷处,街区长度为 1 000～5 000 米,商业设施立面高度为 6 层以上,商店密度为 80%～100%。这种商业街所处的大城市人口为 100 万以上,其商业区辐射人口为 300 万人,来此街的消费者主要是通过汽车、火车等工具而至,其目的为休闲性购物。此商业街的形态为平面圈状构造,设施构成为观赏、服务、饮食、商业等综合方式;行业以高档商店、高档餐馆、高级娱乐中心、高级服务设施为中心,行业数目为 300 个,核心营业点是高级时装店、大型游乐场所、各类专业服务店、贸易洽谈场所、汽车商店等。来此街的主要消费者是复合阶层人口和外籍流动人口,购买的频率小,但数额巨大。此街给人以豪华、舒适、个性、新潮的感觉。这种商业街与城市主体交通网应融为一体,各种城市机制与此不应造成矛盾。

二、商业街的测定指标

商业街在国内外的出现均比较早,但现代商业街的规模和风格却有很大差别。世界上衡量商业街的指标有:一是地价指标。商业街的规模大小要视其所处地区的地价而定。其次是现在的南京西路、淮海中路一带,于是这些地区都发展起了大型商业街。地价较低的市区边缘,分布着低层次的商业街。二是步行者通过量指标。专业性商业街,应为禁止车辆通行的步行街。因此,测定客流量的主要内容为计算步行者通过量指标。

现代商业街得以存在的关键点是客流与容量。所谓客流,是指所有进出商业街的流动人群。这种流动人群的结构、流动速度、流动方向,与商业街的相关系数、流动频率,均关系到商业街的生存和发展。所谓容量,是指商业街自身的结构与客流比例相适应的定额量。

首先是附近居民所构成的客流。依据传统的布局方式,即以步行购物的距离和时间为准绳而形成的商业设施,对周围的固定需求者有紧密的联系,常住人口数量在整个客流量中尽管只占 1/3 左右,但其购物频率是最高的,因此,它形成商业街上低值商品的主要购买力。其次是通过的人流和观光人流。构成商业街客流的主要部分是过往人流,只要在商业设施上进行增建和改造,便会出现人流变客流的转机。这是商业街设立的先决条件。

零售店率、流行商品率、夜间街道的亮度(即霓虹灯的数量)、平日与休息日步行者通过量的变化、商店集团组织状况。以上测定指标,是商业街等级划分的标准。

三、徒步商业街的交通选择

徒步商业街的核心问题之一是交通,交通的基本要求是方便和安全。方便是指顾客容易到达,主要涉及对外交通。安全是指顾客能放心大胆地散步、浏览、购物,主要涉及内部交通。

(一)方便的对外交通

营业地点的重要性是如何强调也不过分的。有顾客才有生意,而客源多少和交通关系密切,假如将零售商业发展史称为交通史也并不为过。正是由于城市交通便利,才吸引了大批商人落脚,开办商店,造就商业城市;正是由于城市交通变得拥挤,人们才迁往郊区,带来了郊区商业的繁荣。然而,假如没有汽车为人们提供便利的交通,郊区的繁荣绝不可能出现,同样的,城市中心区的复兴也必须为人们提供便利的交通条件。

1. 公共交通

公共汽车必须设有若干站在徒步商业区两端或周围,以不超过5分钟的步行为宜。地铁行驶于地下,因此完全可以进入徒步商业区,不会对地面交通产生太大的影响。也有些城市,把公共汽车系统转移到地下,地面上皆是雕塑、花园、喷泉等景观,将购物、休闲、游玩功能结为一体,给人以世外桃源的感觉。

另外,对于比较大的徒步商业区,要保证顾客容易到达,诸如从车站、码头、机场等都有便利的交通工具直达。

2. 停车场

虽然城市中心区地价昂贵,停车场占地面积大是让人头痛的问题,但徒步商业区的停车场不可不建,城市中心商业第一次萧条的原因之一就是大型百货商店没有停车场。小汽车已成为顾客购物的双腿,如果到商店来买东西,连停车的地方都没有,顾客会兴趣大减的。另外,有时虽然公共交通方便,但商品买多了不便携带。因此,一个法国著名商业专家提出:必须在大型商店附设停车场。

无疑地,停车场应建在徒步商业区两端或周围,最好是专门的场地而非道路旁。为了节省费用可将停车场建在建筑物顶楼或者地下,适当收费。如果停车场归属于一个大的零售企业,这家企业可以采取依顾客在此购物花费的金额减收停车费的方法。

3. 进货车

徒步街内商店的进货车、送货车都不得任意来往穿行,只能在夜间,或者是从后面街道进入。任何人的车辆都必须在停车场内停放。

(二) 安全的内部交通

安全的内部交通的实现在于严格禁止机动车入内,婴儿车、残障人专用轮椅除外。

1. 完全封闭

世界上有许多城市的徒步商业区实行完全封闭措施,在任何时间以及任何地点,都绝对禁止车辆通行。其好处是便于管理,使顾客的安全购物达到最理想状态。但商店进货送货不太方便,如果徒步商业区规模过大会造成城市交通系统中断。

2. 半封闭

半封闭徒步商业区的交通,包括时间半封闭和空间半封闭两种。时间半封闭是指在店铺营业时间内封闭车辆交通,仅供行人观光、游览和购物,而在店铺关门休息时间里允许车辆进入。这种做法的好处是保障了顾客的购物安全,又考虑了周围地区交通的平衡,并给店家上货预留出了时间,但时开时关的状态不便于管理。

空间半封闭是指在街道中央辟出封闭机动车行道,低于地面,可供机动车穿行,但不能停、靠、转弯等,两边设有较宽的人行道(通过对街天桥或地下道横穿马路),人行道与机动车道完全隔离。这种做法照顾了正常交通与步行两方面的要求,但是一旦发生堵车就会影响环境,同时噪声、污染会破坏徒步商业区的悠闲气氛。

3. 管制

徒步商业区路口要设置专门人员管理内部交通,防止不懂或不遵守规则者贸然进入,对于故意违反者要进行罚款处理。

四、徒步商业街的地域及规模确定

徒步商业区拥有现代情调,同时又立足于旧街改造,因此特色如何,对其发展有着重要影响。

(一) 地域选择

选择徒步商业街的地域并不十分困难,因为它不是新建的一条街道,而是在现有的街道基础上进行改造,因此徒步商业街的地域应该选择在旧城的商业区中。由于城市的复兴是一个系统工程,地域选择应着重那些牵一发而动全身、盘根错节、环境比较突出的街区。

1. 市级商业区

市级商业区常常具有人口流动、交通拥挤、起步较早、设施较落后的特点。如果将其改造为徒步商业区,可以使城市的核心商业区矛盾缓解,并带动整个城市商业的繁荣。

2. 店铺较多的商业区

店铺数达到一定规模,才能形成声势和街区效应。如果店铺数量过小,改造花费过大,企业无力承担过多费用,改造后也不会带来明显效益。另外,徒步商业区常会形成内部交通安全、外部交通不便的问题。店铺数过少难以消除人们忧虑交通不便的心理。

3. 小街巷

一些传统的小街巷,道路不宽,但店铺林立,顾客较多,还有一些慕名而来的观光客。这类小街巷常常以其独特风格享誉全市、全国乃至全世界。对这些街巷实行步行计划,不仅可以保证顾客安全,也能使游客体会到此地的传统风味。另外,对于一些食品街、小商品街、服装街等都可实行步行计划。

(二) 规模确定

徒步商业街的规模确定,不仅是步行街道宽窄问题,而且是整个中心商业区复兴的问题,其核心是商业规模确定的问题。一旦商业规模确定,步行街道的确定就变得轻而易举了。

1. 影响徒步商业街规模的因素

徒步商业街的规模大小,受诸多因素的影响和制约,了解这些影响因素,对确定徒步商业街的规模有着重要意义。

(1) 旧有商业街的规模。徒步商业区规模主要受旧有商业街规模的限制。在一个市级商业区里,可以形成一个较大的徒步商业区;而在一个传统型的小街道,只能形成一个规模较小的徒步商业区,甚至成为仅提供某一类商品或服务的步行街。

(2) 所确定商业街的潜力。徒步商业街规模还受商业街未来发展潜力的限制,一个难以向四面延伸的商业街,面对新兴商业街的挑战,无论从商店设施和服务环境方面都显得过于传统和老化,现代人对此逐渐冷落。假如商业中心区复兴计划不能使其走向繁荣,那么就不应确定过于庞大的商业街计划。

(3) 商业街的结构。传统的商业街大多为直线型,街道两侧布满店铺。店铺排列组合方式、距街道远近等直接影响步行商业区的宽窄,为保持已有的传统店铺风格,往往会保持原有规模。

(4) 城市商业整体布局。城市商业的整体布局,也会影响某一具体商业街的步行规模。如果某一地区商业网点不足,或是一个新兴的卫星城区,那么它的步行区规模会较大,为弥补原有商业网点的不足,常常伴随着新建和改建工程。如果某一地区商业网点过剩,步行区只需保持传统特色,维持原有规模就可以了。

2. 规模计划的制订

商业计划的制定,除了考虑以上的因素外,还必须考虑城市中心商业区整体复兴计划,即把徒步商业街规模的确定纳入城市中心商业区的复兴整体规划之中。

(1) 城市中心商业区复兴的目的在于创造人们的游览热情和购物兴趣。具体措施是创造一个优美、活泼、诱人的活动、娱乐和购物场所,并透过此举为城市增加特色和魅力。

(2) 城市中心商业区复兴的内容也是徒步商业区计划的内容。它包括:营业时间扩大后需要哪些设施来吸引人潮,如戏院、体育运动设施、音乐设施等;是否为人们提供更多的就业机会,改善工作环境和条件;附近住宅区如何发展;与商业、娱乐服务搭配的设施和停车场设施如何设立;古建筑如何保存和恢复;连接主要商店、办公楼的高架或地下道如何设置等。因此,徒步商业街的建设是一个系统工程,并非仅是封闭交通的问题,其规模计划必须与城市整体复兴计划相协调。

(3) 徒步商业街的规模可分为大中小三个等级。一级徒步商业街是规模最大、商圈范围遍及整个城市的商业街,店铺范围涉及城中某个区域范围内,店铺总量200家左右,街长500米以上。二级徒步商业街规模中等,商圈范围涉及城中某个区域,店铺数量100家左右,街长200~300米。三级徒步商业街是小型街道,具有传统街巷韵味,通道狭窄,以经营某一类商品为特色,游客常为外地观光旅游者,店铺数量多而面积小,街道很长但非常狭窄。几乎所有的徒步商业区都能在上述类型中找到自己的位置。

五、徒步商业街的特色规划

徒步商业街的生命力不仅在于步行,还在于各自的独特风格,这种风格的形成要考虑许多因素,而不可随心所欲。

(一) 因地制宜

城市中心商业区的每一条街道,每一条小巷,都有自己的特征,把这些特征体现出来,作为徒步商业街追求的目标,会收到很好的效果。

1. 确定主题

现代商业活动已成为一种文化活动,徒步商业街的特征之一是具备满足人们休闲、娱乐与购物的综合功能,主题布局则是实现这一功能的重要手段。对于一个步行街来说,可以确定吃、穿、用、玩等某一方面的主题。诸如食品步行街、服装步行街等,也可以是综合性主题,满足人们全方位的需求。在确定用途主题后,还有必要确定时间主题,即该徒步商业区是以现代流行为特征,还是以传统特色为特征。透过格局、经费、种类、品牌及店号等情感性手段来突出主题,会激发人们的生活热情和对步行区的喜爱。透过环境布置和饰物装饰,会引起人们的联想,会触动人们的情感,以达到享受的目的。

2. 巧用旧建筑

无论是购物中心,还是徒步商业街都在一定程度上改变了人们的生活方式。购物中心常是另起炉灶,步行街常是"修旧利废"。后者更重视文化色彩和古城保护,这与其位于城市繁华区有关系。因此,徒步商业街必须巧妙利用旧有建筑,而不是一概推倒重建。美国一些步行区,就是利用旧有的仓库、消防驻地用房、文化建筑等改建,使徒步商业区充满了神秘色彩和文化情趣。

3. 弘扬传统特色

对于一些新建的徒步商业街,选定新潮风格较为恰当;然而,对于本身已具有历史文化传统的旧有街道来讲,应充分利用其特色及优势进行修建。纵观世界各国的徒步商业区,绝大多数是在传统的、历史悠久的商业街上改建的,它将古老的商业街自然地保留下来,一个招牌、一个景色、一个路牌,都不轻易地弃旧图新,而是将其精心地组织到新环境中去。实际上,历史传统与现代化并不对立,现代化的东西并不只是钢铁、水泥和计算机,而有其浓厚的文化和情感色彩。

(二)追求情调

徒步商业街为设计者们提供了发挥创造力和想象力的广阔空间,它将人们的一切活动几乎都包含在一条街上,使追求情调成为必要和可能。

1. 步行道

步行道是徒步商业街风格的主要呈现,如果是与高速公路一样的路面设计,会让人感觉是走在嘈杂的公路上,不会产生散步兴趣,只会匆匆地赶路。

国外诸多徒步商业街的设计追求变化的线条,努力提供多种多样的步行空间,为漫步者创造一个令人留恋的空间形象。诸如在步行街上设置小型广场、艺术走廊、上升式拱桥及下沉式通道等,使人产生在公园散步的感觉,或是在艺术博物馆欣赏艺术。美国威斯康星州奥什帕克广场的步行区,地面按四季更换颜色,棕色、蓝色、橘黄色用于秋天;暖色、柔和色用于春天,使人心旷神怡。

2. 店铺

店铺建筑是一种高尚的艺术,西方诸多城市的步行街里,店铺的情调及招牌,是吸引不少顾客前往的原因之一。店铺的情调不仅在于造型与外观,更在于充满人情味的内涵。步行,是人们欣赏和享受的条件,但如果所观所感令人乏味,那么,该步行街显而易见是不可能成功的。

一个城市的情调常由店铺的情调来呈现,徒步商业街是城市的窗口,因此步行街上的店铺一定要相当考究。这并不意味着要花很多钱,如一个木屋酒楼的造价远远低于豪华的酒吧,但前者会更有情调。有人说,没到过巴黎咖啡馆,就等于没到过巴黎,因为巴黎咖啡馆有自己的浓厚情调,能给人一种独特的感受,这正是巴黎市政当局费尽心力获得的成果。

可见,徒步商业区的店铺建筑群,是最容易形成具有一定特色的城市景观的,它会为城市增色。

3. 环境

环境是构造徒步商业区情调的重要条件,它必须与整体建筑风格相协调,并且创造一个综合性的休闲空间。这一切都围绕着"以顾客满意舒服为宗旨"的核心,是现代市场营销观念的反映。

最初,人们建设徒步商业区,只是被动地解决交通与城市萧条问题,后来,人们开始主动地为顾客提供一个轻松愉快的购物环境,一切为顾客着想,一切为顾客服务。

徒步商业区环境的构造,包括自然景观和便于游客服务的设施等。前者包括精心布置绿地、铺设色彩、材质讲究的道路,设置相应的雕塑、路牌、建设林荫道等。后者包括提供舒适的休息设施,诸如艺术石凳、坐椅、建造方便顾客购物的各种街头小商摊,诸如书报摊、冷饮摊等,引进街头艺术活动,诸如各种艺术展览和文艺演出。突出生活气息,围绕"人"这个主题,创造一个有情调的生活文化空间。

六、徒步商业街的商店结构

徒步商业街的商店结构与购物中心不同。购物中心常是设计规划的结果,无论是地点选择还是店铺构成比例,都有诸多人为的痕迹。而徒步商业街常是以历史上自然形成的街区为基础,地点选择与店铺结构都有自然存在的特点。但也并不是任凭其自由发展,而要有松散的管理。

(一)依街型定店

每一区徒步商业街,都有自己的特色,归属于一定的类型,这个类型决定着商店结构。

对于综合性都市徒步商业街来说,必须至少有一两家大型百货商店,200家以上的各类中小型店铺,经营范围应涉及食品、穿着、日用品、文化用品、图书、影音制品、体育用品等各个方面。

对于专门徒步商业街来说,主要突出所强调的领域。食品街,就要汇集各种风味的小吃、食品和餐馆;古文化街,就要突出"古"字,设置专卖商店应包括旧书店、古钱币店、古字画店、文物店等;服装街就要聚集经营各类服装的店铺;首饰街就要设置首饰店、珠宝店等。总之,徒步商业街多种多样,商店结构的确定要与其类型相适应。

(二)广纳同业者

在激烈的市场竞争中,竞争者之间常使用一种躲避策略,这实际上是一种错误。

在店铺布局理论中,有一个两立法则,即经营相同生意的商店,外表竞争激烈,但竞争结果对每个经营者都有利。因为顾客步行游览购物,常要在各商店之间进行比较和挑选,比较程度高的主要是同业竞争者,反之,则意味着非同业竞争者。

实验证明,有同业竞争者集中的地区,容易形成"聚积效应",使生意扩大,甚至招徕远方顾客前往购物,这样会使客流量增加,市场扩大,每一家店铺都可受益。食品街、服装街、饰品街的繁荣就证明了这一理论的科学性。

因此,在规划徒步商业区时,不要排斥同业者,应有意开办一些同类型的商店,形成规模效应,促进商业街的繁荣。经营者也不必顾虑商业街同行太多,而放弃进入经营。

(三)塑造不同的风格

同业竞争者聚集不会自然地带来繁荣,为实现繁荣和避免互相残杀,各家店铺必须塑造不同的风格,寻求不同的经营重点,这样才能使徒步商业街更具吸引力。

具体做法是:从外表看来各店铺所出售的商品相同,实际上都有差别,正是这种差别构成每家店铺的特色。例如,食品街上可以有饮食店、水果店、蔬菜店、杂货店等。各类店又由侧重点不同的店铺组成,如生鲜店可分为:以供应一般鱼类为主的A店,以卖生鱼片为主的B店,以销售贝类为主的C店,以出售干海产类制品为主的D店;饮食店可分为川菜、粤菜、鲁菜、淮阴菜等各种店铺。它们各具特色,不仅不会产生恶性竞争,反而会促使顾客云集此处,各家都有成功的机会。

本 章 小 结

百货商场规模通常在2万平方米左右。商铺基本上都是铺位形式,个别百货商场会将一层某些或某个铺面出租或出售给商家。对百货商店市场环境的分析和对竞争者的分析,是进行选址的前提和基础。从实际状态看,百货商店的定位集中于高中收入顾客,但商品结构有所差别。百货商店要确定店址,首先需要确定在什么样的商业区开设,其次再确定具体的设店位置。城市百货商店的营业面积限定在千人40~50平方米,掌握了城市人口数和已有百货商店的营业面积数,就可以推算出百货商店的应建规模。

专卖商店地点的选择,主要应考虑经营目标、店型及发展前途等因素。中心商业区的专卖商店应以高度专业化为特征。非中心商业区的专卖商店应以上班族所需的大众商品为主,专卖商店应避免高度专业化,经营的商品过窄、分类过细。在住宅区开设专卖店时应避免经营范围过于狭窄,要尽量适合多层次顾客的需要。

购物中心不是一家商店,而是聚集商店的场所,具有销售功能和生活功能。购物中心的规划设计体现的是建筑美学概念和市场理念的充分结合,需要解决大量客流和广泛类型零售商所带来的复杂需求。购物中心里面的商铺主要采取出租的方式,有些运营商会采取按照经营流水提成的方式,或者采取租金和提成结合的方式。购物中心是一个复杂的多功能建筑综合体,承租户、步行街、中庭、吃喝庭院和停车场等是它的基本组成要素。购物中心设在哪里要考虑商圈内居民消费水平和购买习惯、交通、货物供应等情况。从选择较大地点的方面来看,可选择城郊、城中和商业区。购物中心规模的确定要考虑平均消费水平与结构。一般地说,购物中心规模越大,功能越综合。反之则越单调。购物中心依地理位置和规模不同,可选择不同的建筑形状。

现代化的商业街分为四种类型:邻里型商业街、地域型商业街、地区型商业街和大型商业街。世界上衡量商业街的指标有:一是地价指标;二是步行者通过量指标。徒步商业街的地域应该选择在旧城的商业区中。徒步商业街的生命力不仅在于步行,还在于各自的独特风格,这种风格的形成要考虑许多因素,而不可随心所欲。

1. 简述百货商店的特点和目标市场定位。
2. 百货商店的店址可选择在哪些区域?
3. 不同地点类型的专卖店具有什么特点?
4. 简述购物中心的功能和特点。
5. 购物中心在内部规划时要注意哪些要点?
6. 简述购物中心的地点选择和形状。
7. 商业街有几种类型?
8. 如何进行商业街的特色规划?

武汉王家湾商圈 Mall 规划

武汉王家湾商圈一座投资 10 亿元的商业 Mall 动工兴建,沃尔玛等知名商家将进驻。

据了解，即将修建的 Mall 位于现在的湖北汽车广场，规划总面积达 95 000 平方米。由湖北恒信德隆实业有限公司出资 10 亿元兴建，广场内的汽车公司将陆续搬迁。该城由三栋建筑合围而成，类似于汉口的万达商业广场。其中地上 6 层，地下 2 层。地面主要经营百货、餐饮、影艺等，地下一层为超市，地下二层为停车场。以此为中心，半径 5 千米内，聚集了 50 万人。调查发现，半径 5 千米内目前已建和在建的小区有 282 个，房产价格高。因此，调查认为，在这个区域买房的人，有足够的消费实力，将聚集大量白领，未来经营将定位中高端。

据透露，该 Mall 地下一楼经营超市要引进的知名零售商是沃尔玛。沃尔玛进入后，将与对面的家乐福隔街相对，距离不足 200 米。沃尔玛所经营的地下一层，单层面积达 2.5 万平方米，远大于家乐福现经营面积。家乐福、沃尔玛在如此近距离抗衡，国内还是第一处。

Mall 与国美电器相邻，该城将会引进北美家电巨头 BESTBUY（百思买，之前武汉还未设店）。同时，公司正在和新世界方面洽谈，在 Mall 一楼，新世界的第六家店将会入驻。

国美电器、好美家、家乐福、凯旋家居、汉商 21 购物中心……在短短几年内，众多知名品牌和卖场将汇聚王家湾，与钟家村形成了汉阳大道两端的大商圈。可以说，王家湾商圈正在呼之欲出。

讨论题：

1. 你如何看待王家湾商圈的经营规划？
2. Mall 在选址时应考虑哪些因素？
3. 该 Mall 的开业，将对周围商业设施产生怎样的影响？

第四章 店铺投资分析

学习目标
1. 了解连锁店开店的决定因素；
2. 了解连锁店开店投资的主要项目；
3. 了解连锁店投资评估；
4. 了解大型商铺的投资形式；
5. 了解大型商铺的经营收益。

【引导案例】

如何评估超市投资

小王的朋友有一家超市要转让，该超市开设在一栋高档写字楼的一层大厅内，位置佳，面积90平方米，可住人。这栋写字楼全部是外企和一些有实力的公司，人员是上班族企业白领，在某知名大学对面。该写字楼消费档次高，超市利润在40%，每天平均营业额2 000~3 000元，房租每月1万元。小王的朋友因有特殊原因需要离开，所以此超市忍痛转让，合同两年，证照齐全。现带7个月房租和超市内所有货物一次性转让，转让费18万元。小王是否应该接手这家超市呢？

第一节 连锁店投资项目

店铺开发的目的从宏观上分，包括自己直接经营和租赁（或出售）经营。前者主要是指购物空间独立的单体店的零售经营，经营的主要目的是获取零售利润；后者主要是针对百货商场、购物中心等大型店铺的开发,开发的目的是为了租赁或出售,这将涉及商铺投资的概念。

一、连锁店开店决定因素分析

（1）立地是否适当。通过立地调查所得来的情报和资料,可以对立地条件进行判断。而立地判断的重点包括:立地现有的业态、业种、商品经营内容、是否有更好的立地、现有立地的情况如何及其他相关情报。通过对以上各项重点进行综合性的分析,即可判断该地点是否适合开设连锁店。

（2）营业额预估的准确性。首先应预估整个市场的规模,包括总市场规模。预估方法通常以户数乘以每户每月的家庭生活支出,推算出商圈总规模;其次是调查相关业种、业态的店数、规模、面积,其和即为总市场的商业设施。

（3）适当规模的设定。规模过大则投资效益不明显,规模太小则集客力不足。如果目前的店址具有很大的发展潜力,则采用分期扩充商业设施的做法较佳。

（4）同行竞争力的比较。好的商圈永远不会孤独,进入某个商圈之前,对竞争对手的实力(包括营业面积、营业额、竞争力等)均要事先进行调查和比较,如无把握,就不要轻易尝试开店。

（5）投资、损益平衡点及回收年限的分析。这三者均有所关联。若投资小,则损益平衡点较低,回收可能较顺利;若投资大,则损益平衡点提高,需要大的市场规模来支撑,同时商圈占有率也应提高。在难度倍增的情况下,风险也伴随而来,而且初期的财务赤字及市场不景气可能在往后数年内还会持续发生。

（6）本店人员补充、营运资金的考虑。超市的人员流动比较大,因此必须考虑员工补充计划。此外,对于要不断投入资金但却不知何时才能回收投资的企业,决策者常进退两难。若自有资金不足,举债扩充营业规模将承担莫大的风险。一般来说,举债经营的利息负担以不超过营业额的 1.5% 为宜。

（7）可行性的评估。对预估的10年营业额及损益进行确认,确认多久才可达到损益平衡,可以回收投资。

二、连锁店开店投资的主要项目

（一）设备

设备包括冷冻冷藏设备、空调、收款机、水电设备、车辆、后场办公设备、仓储设备、卖场陈列设备。对于连锁超市而言,设备投资必不可少,且花费巨大。在设备的选择上,应遵循以下原则:

（1）规范并优先考虑基本的必要的设备,通过联合采购来节省成本。

（2）将各项设备按其重要性进行排名。

（3）根据预算，慎选便宜适用的资产设备。

（4）仅购买必要的设备（如推车、货架等），用联合采购（如制服等）的方式降低成本，对可有可无的设备暂不考虑。

（5）以长远的眼光，考虑采用标准化及可变化的设备。

（6）标准化。要考虑到购买的设备其他部门也可使用，如货架、配件、栈板等。不可一味选择仅适用某类商品的最佳设备，因为一旦此类商品滞销或需调整时，设备就要浪费。

（7）可变化。设备应可移动、可组合，这样有利于空间的灵活使用，并能适应不同的商品陈列方案。

（8）长远的眼光。小心使用设备并经常维修保养，避免购买那些易损坏、不易维修的设备。

（9）尽量由自己购买。这是基于不希望卖场被供货商所控制而采取的对策。供货商有时愿意为自己的商品提供免费的陈列架，但他们都是从自身商品的条件出发，要么商品陈列面太大，要么不适合超市的整体规划。

（二）工程

包括内外招牌制作工程、空调工程、水电工程、冷冻冷藏工程、保安工程。

（三）场地租金

场地租金与具体选址地点关系密切。一般说来，租金高的地区人流量和车流量等都会较大，营业额也会较高；而租金低的地区营业额也相对较低。但在具体选址时如能考虑到未来城市或商业规划的要求，具有一定的前瞻性，往往会收到事半功倍的效果。

（四）设计装修费用

单店与连锁店的装潢设备投资差异很大。连锁店可以通过连锁方式，使各分店受到同样条件的后勤支援，从而降低装潢设备方面的投资成本（后勤代表配送处理中心的功能和总部统合的能力）。下面以连锁超市为例来说明单店的装潢设备投资。

单店的装潢设备投资分为设备、工程、包装耗材、设计费用几个方面。

（1）设备分为冷冻冷藏设备、空调、后场备品、机器设备、办公室自动化设备、收银系统、卖场备品、水电设备、车辆。

（2）工程分为内外装修（含招牌）工程、空调工程、水电工程、冷冻冷藏工程、保安工程。

（3）包装耗材分为包装材料和消耗品。

（4）设计费用分为内外装修设计费用、工程设计费用。

表 4-1 是超市装潢设备投资摘要，表 4-2 是超市各部门冷冻冷藏设备投资需求明细。

表 4-1 超市装潢设备投资摘要

投 资 分 类		投资金额	说　　明
设　　备	冷冻冷藏设备		
	空调设备		
	后场备品		
	机器设备		
	办公自动化设备		
	收银系统		
	卖场备品		
	水电设备		
	车辆		
工　　程	内外装修(含招牌)工程		
	空调工程		
	水电工程		
	冷冻冷藏工程		
	保安工程		
包装耗材	包装材料		
	消耗品		
设计费用	内外装修设计费用		
	工程设计费用		
合　　计			

表 4-2 超市各部门冷冻冷藏设备投资需求明细

设备	部门	水产	畜产	农产	日配	食品	糖果	日用品	烟酒	米	收银	办公室	其他	合计	单价	金额
果菜冷藏	名称															
	型号规格															

(续表)

设备		部门	水产	畜产	农产	日配	食品	糖果	日用品	烟酒	米	收银	办公室	其他	合计	单价	金额
开放式陈列柜		名称															
		型号规格															
鱼贝	冷藏	名称															
		型号规格															
	冷冻	名称															
		型号规格															
肉品	冷藏	名称															
		型号规格															
	冷冻	名称															
		型号规格															
日配	冷藏	名称															
		型号规格															
	冷冻(1)	名称															
		型号规格															
	冷冻(2)	名称															
		型号规格															
	冷冻(3)	名称															
		型号规格															

(续表)

设备	部门	水产	畜产	农产	日配	食品	糖果	日用品	烟酒	米	收银	办公室	其他	合计	单价	金额
冷冻蔬菜柜	名称															
	型号规格															
温 柜	名称															
	型号规格															

第二节 连锁店投资评估

连锁店的经营费用可分为固定费用和变动费用。固定费用是与销售额的变动没有直接关系的费用支出(如工资、福利、折旧、水电费、管理费等);变动费用是随着商品销售额的变化而变化的费用(如运杂费、保管费、包装费、商品消耗、借款利息、保险费、营业税等)。对连锁店来说,毛利率必须大于费用率。

一、连锁店资金需求预估

开店必须投入巨额资金,如果投资开店失败,不仅会影响自身,而且会令全体连锁店陷入困境。因此,在评估店址的预定地时,仅以本身的收支平衡作为投资评估基准并不够,还应综合该资金计划对全体连锁店的收支、资金周转所造成的影响来加以判断。

(一)规模是否适当

卖场规模基本上是以消费者的需要、店铺操作和竞争环境为依据,再根据商品组合计划来加以规划的。但是,专业食品超市大多以每日购买的顾客为对象,所以距离因素所起的作用远大于卖场规模诉求,因而经营者应将每日购物的顾客所在商圈内的市场规模设定为卖场规模。另外,新开的店若只求稳健,在实际操作中将会有些困难,因而最好采用"七分稳健,三分积极"的方式,来分析卖场规模。

(二)分租计划

食品超市导入分租经营方式有两个原因,一是使所拥有的商业设施多样化。研究调查显示,当超市食品卖场不超过300平方米时,其投资效率较佳,如欲再加入餐饮业、服务业等其他服务设施分租,则店铺面积可增至 400～500 平方米。二是借分租的租金收入来降低损益平衡点。小型专柜的装潢、设备等大多由厂商自己负责,不会增加超市的投资成本。此外,引入分租方式的超市也可用租金收入来抵扣房屋固定成本的负担。例如,当直营部门的投资回收率为 5%,100 万元营业额中有 80 万元的销货成本,有 15 万元的其他费用,净利 5 万元时,5 万元租金收入就相当于直营部门 100 万元的销售额,亦即损益平衡点的销售额降低了 100 万元。

（三）制定资金计划

（1）确定直营卖场与分租卖场的构成比例。根据商店类型、适当的卖场规模及分租计划,制定出直营租金负担、分租租金、机器设备的投资构成比。

（2）计算店址预定地取得的成本、租金费用。

（3）计算初期设备计划。以第(1)项和第(2)项为基础,核算内部装潢、杂项设备、备品等的费用。

（4）制定资金计划。设定如何取得调度资金。

（5）制定营业额计划。以销售额预估值为基础,预估开店后各年度的销售额。参考因素包括商圈内居民户数的增长、物价上升、竞争店数量增加、阻碍顾客购买行动的因素出现等。若计划在竞争店的商圈开店时,则应按照与计划相同的顺序,先在竞争店所在地区进行营业额预测,预测对竞争店的影响。若阻碍顾客购买行动的因素出现,则以计划的营业额预估资料作为参考,预测影响结果。

（6）制定收益计划。从现有的状况、竞争关系来推定各年度的毛利率、毛利额,分租收入也应按年度来设定。

（7）制定经费计划。利用现有店的资料,按年度设定管理费用项目。

（四）长期资金收支计划

有关资金计划中的经常收支及运转资金,应进行 5 年左右的估算。应根据当年损益的数值及贷款支付、贷款偿还期等来进行判断。如果收支计划产生问题而不能执行时,应控制部分可紧缩的费用项目,如房地产取得成本、设备投资成本等,最后再利用紧缩后的金额再模拟一次。若结果仍不理想,则应分析是否调整卖场规模及分租计划。这一计算过程十分繁杂,但对顺利回收有关的投资却最具效率。

专栏 4-1

美国零售店投资额

资金是零售店设计策划的一大"硬件",不容许有丝毫马虎,具体操作中,我们可以根据不同的情况,采用不同的方法筹集所需的资金。根据国家和地区的不同,创办不同零售店所需的投资资金有所差异。下面以美国为例来说明。

超级市场：市场规模 2 965 平方米，每平方米投资 456.32 美元，总投资 1 353 000 美元；

百货商店：市场规模 7 616 平方米，每平方米投资 701.16 美元，总投资 5 340 000 美元；

日用杂货商店：市场规模 9 299 平方米，每平方米投资 546.91 美元，总投资 3 445 000 美元；

药店：市场规模 1 439 平方米，每平方米投资 473.25 美元，总投资为 681 000 美元；

折扣商店：市场规模 6 863 平方米，每平方米投资 487.49 美元，总投资 3 347 000 美元；

房屋装修中心：市场规模 3 433 平方米，每平方米投资 456.45 美元，总投资 1 567 000 美元；

服装店：市场规模 292 平方米，每平方米投资 486.30 美元，总投资 142 000 美元；

鞋店：市场规模 260 平方米，每平方米投资 488.46 美元，总投资 127 000 美元。

在确定好零售店的规模之后，就应该根据地区情况，如房屋地区价格，商品进销价格，商品的地区消费水平等确定商店的性质，如商店的服务群体等而筹措资金。

二、投资评估指标

（一）投资效率指标

在投资计划项目之中，以预估营业额为基础来规划其他投资经费的效率指标，是健全的公司所不能欠缺的工作。

（1）以卖场规模来设定目标单位面积效率：

$$目标单位面积效率 = \frac{预估营业额}{卖场规模}$$

（2）以设备资金额来设定目标折旧费用率：

$$目标折旧费用率 = \frac{设备资金额/72}{每月预估营业额}$$

(3) 以预估人事费用来控制目标人事薪资率：

$$目标人事薪资率 = \frac{预估人事费用}{预估营业额}$$

(4) 以年租金费用来设定目标租金率(防止租赁不当)：

$$目标租金率 = \frac{年租金费用}{年预估营业额}$$

(5) 以广告经费来设定广告促销费用率：

$$广告促销费用率 = \frac{广告经费}{预估营业额}$$

(6) 以预估利息支出来设定租赁利息负担比率(一般又称为财务负担比率)：

$$财务负担比率 = \frac{预估利息支出}{预估营业额}$$

以上几项指标，是资金回收可行性分析的必要指标。

(二) 企业竞争力指标

(1) 毛利率：商品的附加价值。

$$毛利率 = \frac{毛利额}{销售额}$$

(2) 商品周转率：商品的变现能力。

$$商品周转率 = \frac{销售额}{平均库存成品}$$

(3) 商品投资回报率：每1元的商品投资所能创造的利润。

$$商品投资回报率 = \frac{毛利额}{平均库存成品} = \frac{毛利额}{销售额} \times \frac{销售额}{平均库存成品} = 毛利率 \times 商品周转率$$

故当毛利率无法再提高时，应朝提高商品周转率的方面努力。

(4) 劳动生产效率：平均每人的生产效率。

$$每人的销售额劳动生产效率 = \frac{销售额}{员工人数}$$

(5) 劳动生产力：平均每人所生产的附加价值。

$$\text{劳动生产力} = \frac{\text{毛利额}}{\text{员工人数}} = \frac{\text{销售额}}{\text{员工人数}} \times \frac{\text{毛利额}}{\text{销售额}} = \text{劳动生产效率} \times \text{毛利率}$$

(6) 单位面积效率：每平方米的平均营业额。

$$\text{单位面积效率} = \frac{\text{销售额}}{\text{卖场面积}}$$

(7) 单位面积生产力：平均每平方米所生产的附加价值。

$$\text{单位面积生产力} = \frac{\text{销售额}}{\text{卖场面积}} \times \frac{\text{毛利额}}{\text{销售额}} = \text{单位面积效率} \times \text{毛利率}$$

(8) 劳动分配率：每1元生产附加价值所需的人事费用。

$$\text{劳动分配率} = \frac{\text{人事费}}{\text{毛利费}}$$

专栏 4-2

商铺投资收益率四种算法

目前，投资商铺的热潮急剧升温，那么商铺投资收益率怎么计算呢？一般来说，商铺投资收益率算法有以下几种。

1. 租金回报率法

公式：（税后月租金－按揭月供款）×12/（首期房款＋期房时间内的按揭款）。

优点：考虑了租金、价格和前期主要投入，比租金回报率分析法适用范围广，可估算资金回收期长短。

不足：未考虑前期的其他投入、资金的时间效应。不能解决多套投资的现金分析问题。且由于其固有的片面性，不能作为理想的投资分析工具。

2. 租金回报率分析法

公式：（税后月租金－每月物业管理费）×12/购买房屋总价，这种方法算出的比值越大，就表明越值得投资。

优点：考虑了租金、房价及两种因素的相对关系，是选择"绩优地产"的简捷方法。

不足：没有考虑全部的投入与产出，没有考虑资金的时间成本，因此不能作为投资分析的全面依据。对按揭付款不能提供具体的分析。

3. 内部收益率法

房产投资公式为:累计总收益/累计总投入＝月租金×投资期内的累计出租月数/(按揭首期房款＋保险费＋契税＋大修基金＋家具等其他投入＋累计按揭款＋累计物业管理费)＝内部收益率。

上述公式以按揭为例,未考虑付息、中介费支出;累计收益、投入均考虑在投资期范围内。

优点:内部收益率法考虑了投资期内的所有投入与收益、现金流等各方面因素。可以与租金回报率结合使用。内部收益率可理解为存银行,只不过我国银行利率按单利计算,而内部收益率则按复利计算。

不足:通过计算内部收益率判断物业的投资价值都是以今天的数据为依据推断未来,而未来租金的涨跌是个未知数。

4. 简易国际评估法

基本公式为:如果该物业的年收益×15年＝房产购买价,则认为该物业物有所值。这是国际上专业的理财公司评估一处物业的投资价值的简单方法。

三、损益平衡分析

在开店之前,损益分析及损益平衡点的预估可作为店址预定地取舍的依据。

(一) 损益平衡点的计算

1. 损益的计算方法:

实际损益 ＝ 税前损益(店责任利润) － 费用(分担总部的费用)。

式中,税前损益＝销售毛利－变动费用－固定费用,销售毛利＝营业收入－销售成本。

2. 损益平衡点的计算方法:

$$损益平衡点销售额 = \frac{固定费用}{毛利率 - 变动费用率}$$

3. 经营安全率的计算方法:

$$经营安全率 = \left(1 - \frac{损益平衡点销售额}{预期销售额}\right) \times 100\%$$

经营安全率是衡量超市经营状况的重要指标,测定的标准为:经营安全率在30%以上为优秀店,在20%～30%为优良店,在10%～20%为一般店,10%以下为不良店。

(二) 10年损益分析

开店后,必须每月盘点,计算盈余。一般来说,要估算1年或6个月内的损益已很困难,若要预估10年的损益,困难度将更高,因为其中变数太多。

1. 营业额预估(不含增值税和营业税)

10年间会影响营业额的因素大概有以下几种:

(1) 物价上涨指数。每年物价将因原料价格上涨、人工薪资上涨、土地和房屋成本的上升而上涨,此上涨指数即一般所称的通货膨胀率。

(2) 人口数、户数的变动。如商圈内因住宅区的兴建而搬入一些外来人口、人口出生率提高或人口移出等。

(3) 市场的没落。传统市场因后继无人、消费趋势改变,其顾客流向超市。

(4) 竞争店的加入。市场遭竞争店瓜分。

(5) 道路交通体系的改变。导致交通更为方便或通行不便。

(6) 消费行为改变或产生业态发展的新趋势。

上列(3)~(6)项很难预测,一般假设为不改变,只根据物价指数及预估的人口增长率,来推估每年的营业额。

2. 销售成本预估(一般含损耗)

一般根据10年内计划扩充的店数来推估销售成本。超市可能因采购量扩大而使销售成本降低几个百分点(以美国为例,20家店的毛利率为18%,在成立30家店时毛利率可达到22%~23%)。另外,损耗也会因管理技术的改进而降低。因此,全公司应有一个长期的毛利率目标,并将其作为努力的方向。

3. 管理销售费用(固定费用部分)

(1) 房地产取得成本(地价、房价或租金)的摊提。按税法规定,一般土地不列折旧,房屋则须提列折旧。

(2) 租金。按照租屋合约的规定进行调整。

(3) 开办费用摊提。包括开店前一切费用的摊提。

(4) 开店成本(贷款)的利息。含押金利息负担。

(5) 保险费用(财产保险)。按承保金额,计算每月应交的保险费。

(6) 物业管理费。有些超市附属于大楼地下室,需按使用的面积(平方米数)提列物业管理费用。

(7) 折旧费用。生产设备及办公设备皆有不同的折旧年限,都应列入管理销售费用。

4. 管理销售费用(变动费用部分)

(1) 薪资费用。薪资费用按调薪的幅度进行调整,但须注意薪资在管理销售费用中所占的比例有一定的上限(例如毛利为20%的企业,其人事费用不会超过

9%),如果超过,生产力将出现危机。因此,薪资水准的管理以及员工、兼职员工的比例均应按年度进行调整,以保证生产力的提高。

(2) 水电费用。这项费用也有上升的可能,因为在长达 10 年的时间内难保没有能源危机事件。美国、日本等发达国家目前已颁布法令,强制规定设备制造业要加强节能设施的使用。

(3) 促销费用。单店的促销费用较高,多店则较低,但促销费用一般不超过营业额的 1.5%。

(4) 修缮费用。新开的店可少列一些修缮费用,而开业 3 年以上的老店则应多提一些修缮费用。

(5) 负税。因销售烟酒、米等免税商品,造成进货进项的税额不能抵扣。

(6) 其他费用。如煤气费、电话费、教育培训费、文具印刷费、制服费、包装费、损耗品费、标签费、油墨费、差旅费、劳保费、伙食津贴、员工奖金、交通费、杂项费用等。

5. 损益

损益的计算方法如下:

营业收入 — 销货成本 = 销货毛利

销货毛利 — 变动费用 — 固定费用 = 税前损益(店责任损益)

税前损益(店责任损益) — 分担总部费用(连锁店时) = 店实质损益

6. 损益平衡点销售额的预估

损益平衡点销售额是店铺收益与支出相等时的营业额。超过此营业额,店铺即产生盈余;低于此营业额,即表示亏损。其计算方式如下:

(1) 计算固定费用。将上述每月的固定支出项目(如员工薪资、公用事业费、水电费、电话费、煤气费、房地产成本摊提、固定租金、折旧摊提、押金利息、开店贷款利息、保险费用、会计师签证费用、修缮保养费等)累加起来。

(2) 计算销货毛利率。即计算销货毛利占营业收入的百分比。

(3) 计算变动费用率。直接营运成本、包装费、广告促销费、计时工资等会随营业额的变动而变动的费用累加之后所占营业额的百分比,称为变动费用率。

(4) 计算损益平衡点销售额:即固定费用除以销售毛利率减去变动费用率后的差额。

四、开店投资计划表格实例

表 4-3 至表 4-9 为开店投资计划表格实例(资料来源:安盛管理顾问 AMC 数据库)。

表4-3　长期(5年)经费计划

店名： (部门)：	年	年	年	年	年	年
人事费						
折　旧						
房　租						
水　电						
变动费						
其　他						
小　计						
人事费						
折　旧						
房　租						
水　电						
变动费						
其　他						
小　计						
合　　计						

表4-4　店铺投资主计划

初期设备 投资计划	房　屋 设　备 生产用具 备　品 装　修 保证金 押　金 其　他	_____万元(_____年折旧) _____万元(_____年折旧) _____万元(_____年折旧) _____万元(_____年折旧) _____万元 _____万元 _____万元 _____万元
租赁条件	押　金 租　金	_____万元(无息保管_____年,摊还) _____万元(每_____年上调_____%)
专柜分租	租赁面积 押　金 专柜分租收入	_____平方米 _____万元(无息保管_____年,摊还) _____万元

(续表)

资金计划	自有资金 _____万元　　借入期 _____万元 借　　入 _____万元　　利　息 _____% 租赁(机器) _____万元(租用条件：_____)
销售额计划	1年 _____万元　　6年 _____万元 2年 _____万元　　7年 _____万元 3年 _____万元　　8年 _____万元 4年 _____万元　　9年 _____万元 5年 _____万元　　10年 _____万元
收益计划	毛利率　　专柜分租收入　　　　毛利率　　专柜分租收入 1年 ____%　____万元　　6年 ____%　____万元 2年 ____%　____万元　　7年 ____%　____万元 3年 ____%　____万元　　8年 ____%　____万元 4年 ____%　____万元　　9年 ____%　____万元 5年 ____%　____万元　　10年 ____%　____万元
管理费用	(1年)　　年增长率 ____% 人事费 _____万元　　　　租赁费 _____万元 变动费 _____万元　　　　利　息 _____万元 地租、房租 _____万元　　其　他 _____万元 折　旧 _____万元

表4-5　投资计划概算

建筑面积	直营卖场面积 _____平方米 分租卖场面积 _____平方米 后场面积 _____平方米 小计 _____平方米
建筑物 取得条件	租借 _____万元(____元/平方米,共____平方米) 押金 _____万元(____元/平方米,共____平方米) 房租 _____万元(____元/平方米,共____平方米) 其他(管理费) _____万元 小计 _____万元 购买 _____万元(____元/平方米,共____平方米) 土地 _____万元(____元/平方米,共____平方米) 房屋 _____万元(____元/平方米,共____平方米) 其他 _____万元(____元/平方米,共____平方米) 小计 _____万元

（续表）

装潢设备投资费用	内外装潢 _____万元(_____元/平方米,共_____平方米) 设备 _____万元 用具、备品 _____万元 其他 _____万元 小计 _____万元	
资金计划	自有资金 _____万元 借款 _____万元(利息_____%,分____年偿还) 租赁 _____万元(___年租金)(不动产、机器) 分租保证金 _____万元 合计 _____万元	
分租条件	分租面积 _____平方米 保证金 _____万元(_____元/平方米,共_____平方米) 合计 _____万元	
人员计划	正式员工 _____万元(_____元/平方米,共_____平方米) 兼职人员(8小时) _____万元(_____元/平方米,共_____平方米) 合计 _____万元	

表 4-6 机器设备计划

项目 品名	规格	单价	数量	金额	分 配								
					水产	畜产	果菜	日配	食品	糖饼	用品	烟酒	米	其他	合计
输送带															
PVC冷帘															
出入门															
冷藏车货架															
切片机															
锯骨机															
绞肉机															
鸡肉切割机															
高压喷水机															
冷盐水机															
碎冰机															

(续表)

品名＼项目	规格	单价	数量	金额	分配									
					水产	畜产	果菜	日配	食品	糖饼	用品	烟酒	米	其他	合计
自动包装机															
电子标价机															
电子磅秤机															
加湿器															
不锈钢工作台															
不锈钢水槽															
大砧板															
微波炉															
洗衣机、烘干机															

表4-7 超市备品(卖场)计划

品名＼项目	规格	单价	数量	金额	分配									
					水产	畜产	果菜	日配	食品	糖饼	用品	烟酒	米	其他	合计
草皮垫															
竹垫															
POP架															
价格牌(卡)															
彩色边条															
彩色看板															
绿棚															
透明石															
隔网、梯架															
挂架															
钢垫															

表4-8 其 他 计 划

项目 品名	规格	单价	数量	金额	分　　　配									
					水产	畜产	果菜	日配	食品	糖饼	用品	烟酒	米	其他	合计
运输车															
冷冻冷藏车															
保安															
监视广播系统															
污水处理工程															
广告、印刷															
防滑涂料															
水电工程															
装潢设施															

表4-9 预定地10年损益预估表

	第1年	第2年	第3年	第4年	第5年	第6年	第7年	第8年	第9年	第10年	备注
		7%	6%	5%	5%	7%	6%	5%	5%	5%	
销售收入	468 000	500 760	530 805	557 345	585 213	626 178	663 748	696 936	731 783		
销货毛利	18% 84 240	19% 95 144	20% 106 161	20.5% 114 255	21% 122 894	21.5% 134 628	21.5% 142 705	22% 153 325	22% 160 992		
营业及营业外费用	68 269	72 738	77 395	79 451	84 562	91 005	97 260	103 837	110 983		
房　　租											每年上调5%
押　　金											并入利息
水电费	12 000	12 360	12 730	13 112	13 506	13 911	14 328	14 758	15 201		每年上调5%
人事费	28 320	31 152	34 267	37 693	41 463	45 609	50 170	55 187	60 707		每年上调10%
折旧摊提	6 667	6 667	6 667	6 667	6 667	7 167	7 167	7 167	7 167		平均5年摊、10年提

(续表)

	第1年	第2年	第3年	第4年	第5年	第6年	第7年	第8年	第9年	第10年	备注
		7%	6%	5%	5%	7%	6%	5%	5%	5%	
促销费	4 680	5 007	5 308	2 786	2 926	3 130	331	3 485	658		前3年1%，以后0.5%
包装费	1 872	2 003	2 123	2 229	2 340	2 504	2 654	2 787	2 927		0.4%
其他费用	11 700	12 519	13 270	13 934	14 630	15 654	16 593	7 423	18 294		2.5%
利　息	3 030	3 030	3 030	3 030	3 030	3 030	3 030	3 030	3 030		年利率10%
损　益											
专柜租金收入	10 800	11 340	11 907	12 502	13 127	13 783	14 473	15 196	15 956		每年上调5%
房租未计入损益	26 771	33 746	40 673	47 306	51 459	57 406	59 918	64 684	65 965		合计：447 928
房　租	31 667	31 667	31 667	34 833	34 833	34 833	38 317	38 317	38 317		
净损益	−4 896	+2 079	+9 006	+12 473	+19 626	+22 573	+21 601	+26 367	+27 648		

第三节　大型商铺投资分析

一、大型商铺的投资收益

商铺投资有直接投资和间接投资两种形式。当商铺用于投资者自身开展商业经营活动时，商铺投资的效益在商业利润中反映，这种投资形式为直接投资；而当商铺投入经营，商铺投资者不参与经营管理活动，以固定的数额或营业额比例取得收益时，商铺投资成为间接投资。由于商铺兼有直接和间接投资两种形式，因此商铺的收益呈多样性。

1. 租金收益

商铺投资人（房地产权利人）以出租人的身份与承租人以租约形式确认关系、租金数额或比例，是一种纯粹的房地产经营行为，租金收益与承租人的商业经营效益无关，商铺投资人的收益具有一定的稳定性。但是在货币严重贬值时，以货币计租的租金约定具有风险性。

2. 商业利润

当商铺表现为直接投资时,商铺投资的收益表现为商业利润,反过来说,在商业利润中含有商铺投资的回报。商业利润中的商铺投资回报并不是人为设定的,商业利润中商铺投资回报应该按"市场比较法"评估所得比较价格来计算,才会使商业利润分配具有合理性,同样也符合"效益最大化"的投资原则。商铺收益受商圈内商铺价格、数量、购买力变化而变化,与商业经营中的商品经营利润无关,在现有的商业成本考核中,商品经营亏损往往会吞噬商铺投资的收益。

3. 商铺增值

由于商铺所在的商圈、购买力变化以及区域内商铺总量变化等因素,会导致商铺的价值和价格发生变化,发生的增值部分也就是商铺的收益。

商铺投资收益的好坏,最终取决于商铺的产租能力,投资商铺就是投资商铺的产租能力。所谓"产租能力",是指房地产实物或其他租赁标的物在租赁经营活动中产生租金的能力,包括租金单价、数量、产租时间以及租金变化趋势。对商铺投资而言,衡量商铺的唯一标准是商铺的产租能力,主要指标是:回报率、返本时间、租金收入。

二、大型商铺的投资形式

商铺投资是以商业房地产开发为出发点、商业利润为最终目的的投资活动。在商铺投资过程中充满了投资契机,只要投资者愿意,投资时机合适,每个环节都可以介入。在商铺投资活动中,通过不同社会分工、不同阶段的投资取得不同收益。商铺投资形式就是资本在商铺建造、使用、租赁过程中具体的使用方式。商铺投资形式多样,相对而言,商业房产开发、商铺租赁和转租这三个形式在市场上运用较多,所以存量商铺转让、改变房屋用途、并购商业企业、期租与顶租等就不作介绍了。

(一) 商业房产开发

商业用房是房地产行业对狭义商铺的一种专用名称。商业用房开发是指房地产开发企业以有形商品销售场所作为投资对象的房地产开发活动。开发企业以货币投入,以房地产开发行为实施投资,创造出具有商业价值的房地产商品,并据以获得商铺开发的房地产利润。

1. 商业用房的投资动机

投资商业用房的目的与投资其他项目一样,是为了追求投资利润,其整个开发过程十分复杂。从资本运作过程来看主要包括资本投入、资本使用、资本回收。故商业用房的投资活动是为了追求预期中的商铺交易可能产生的收益而带来的商业用房的开发利润。

2. 资本使用范围

资本使用贯穿于商业用房开发的全过程。如支付土地成本的费用、设计费、配套费用、建筑安装费用、装饰工程费用、销售广告费用等,投资者通过对商业用房开发的各个环节进行投资来完成整个投资过程。

3. 利润产出

商业用房的价值上升幅度大于其他投资项目。因房地产的异质性,缺乏比照对象以及投资周期长,使待售商业用房的利润率上升空间大于可以批量生产、具有对比性、可以再生的其他投资方式。商业用房的定价依据是未来商圈的大小、购买力的高低、与同类商圈的比较结果以及房地产的开发成本。而在计划经济时期,商业用房作为住宅的配套设施而开发,由于缺乏流通,使得开发企业无法在开发商业用房中获得利润。

4. 商业用房参建

在投资房地产开发时,投资主体有时为单个主体,有时是多个主体。我们习惯上将占投资额比例较大、主要负责项目开发的企业称为"主建企业",将投资比例小、或者次要负责项目开发的企业称为"参建企业"。从项目起始就参加建设的投资主体,享受全部商业用房开发利润;中途参建可以视为中途部分权益交易。转让者享受现阶段收益后,将以后开发的收益权转让给受让者,受让者以承认转让者现时收益为前提,以现时阶段商铺的价值投入,期望得到参建以后的利润。有时,主建单位为了解决融资问题,给予参建单位低于商铺现时价值的参建价格,这是开发商为了求现而付出的代价,其折现情况视融资需求紧迫程度而定。

(二)商铺租赁

商铺租赁是指商业企业租用其他经济实体的商铺进行商品销售,以取得商业利润的行为。在市场经济条件下,商铺使用是有偿的,即商业企业在使用他人所拥有的商铺时,必须以租金为代价方能取得商铺使用、商铺收益等权能。商铺租赁体现了货币价值与商铺使用价值的交换。

1. 租赁商铺的投资价值

商业企业投资商铺租赁,主要侧重于商铺的商业价值的高低,而不是侧重于租用商铺的房地产价值的升值程度。

一方面,商铺的总价值的高低与权利人的投资收益率有关;另一方面,则与商圈的大小、友好店的数量、购买力的高低、商圈的知名程度以及交通的便利程度等有关。

2. 投资与回报

租赁商铺的投资方式是以租金支付形式,分期分批投入资金,连续不间断地占用着商铺,具有绝对投资量小,但同样可使用商业空间、进行商品销售的特点。租用商铺与自有商铺在使用过程中不存在任何差别,不同的是投资量的大小。在短时期内,购置新建商铺直接用于商业的投资,其投资回报率较低。

投资租赁商铺用于商业企业经营场地,回报的形式是商业利润。整个商业利润中包括了商品经营利润和租金投资回报。

（三）转租

商铺转租是商铺价值得以重新认识、重新挖掘的过程,即商铺潜在价值是转租投资的投资价值。与住宅不同,商铺房地产权利人一般商业意识较强,在其拥有直接顾客时,不会借助于转租者的第二次开发,以避免租金收益减少或租金被其他人长期分享。

1. 转租前提

从法律角度来看,转租者须获得业主或有权转租者许可,方能实施转租或再转租行为。

转租动机主要可以从两个方面来加以解释,一是以谋取房地产租金利润为目的的积极转租;二是以减轻负担为目的的消极转租。前者表现为商铺租赁投资。

2. 转租形式

（1）全部转租：包括时间和空间的转租,再租人与转租者并非同属于一个经济主体。

（2）空间转租：以部分商铺面积转租他人。

（3）时间转租：以部分租期转让第三人。

（4）时间、空间兼有转租：租期中,转租部分面积。

3. 转租投资及利润

转租者以转移租金交付责任、商铺价值发现和对商铺进行"包装"作为投入,分享商铺业主的租金利润,承担挖掘价值成败的风险。

三、大型商铺经营收益

在资本的运作过程中,商铺也和其他投资类型一样,投资者的投资目的并不一定是为了占有商铺,而是通过对商铺具有的以特定形态存在的价值进行投资、开发、经营,以达到产生新的价值——商铺投资利润。在实践中,可以根据不同的商铺利润产出形式及产出阶段,来进行具体分析,以把握商铺在建设过程中和建成以后不同时期、以不同方式投资的机会。

商铺投资利润是商铺投资全过程的利润产出,在不同阶段进行商铺投资,可以取得不同形式的投资收益(参见表 4-10)。

表4-10 商铺投资不同阶段的收益形式

阶　　段	收　益　人	收　益　形　式
商业用地批租	国　家	出让金
商业用房开发	房地产开发商	房地产开发利润
商业用房出租	房地产权利人	租金
商业用房转租	转租人	转租收益
设立商业企业	商业企业	商业利润中的商铺利润
收购、兼并商业企业	收购人	获得商铺物权或继承租约之收益

一般来说,大型商铺经营的直接利润主要表现在以下几个方面。

(一)商业用房的开发利润

功能单一的商业用房的开发选址,不外乎有两个区域:一是高度繁华的商业区域;二是具有一定规模的居住小区。由于两者的投资性质不同,所产出的利润也有所不同。

1. 繁华区域内的商铺开发利润

在繁华区域内的商业用房,因多为商业设施改造项目,一般不会转让。在特殊情况下,房地产开发企业获该区域内的地块以后,出售商铺的比照价格较少,投资者可以获得数倍投资的利润。但在繁华区域,商铺开发的投资量大,土地获得成本高,造价也十分昂贵,有能力投资的主体并不多。

2. 新开发居住区内的商铺开发利润

投资新开发居住区内的商铺是基于未来的购买力和导入人口的数量。在此区域内进行的商铺投资,一般可以获得较高的利润。目前,市场价格与当地住宅价格之比为 $1.5:1 \sim 2:1$。

按照上海市的有关规定:住宅小区内的生活配套设施只要按规划规定的数量、功能建造,其收益归投资者所有。这项规定的意义不仅仅在于出让、出租收益归投资者所有,而且其提高土地利用率的得益部分也归投资者所有。

(二)住宅小区内商铺的收益形式

住宅小区内商铺的收益呈多元化形式,并在当地住宅价格等方面综合体现出来。

1. 商业用房的高售价

配套设施的商业用房的土建成本略高于住宅,但是售价高出住宅的 50%~100%。

2. 配套设施齐全会促进住宅销售

完善的生活配套设施有利于住宅的销售,加快投资者的投资回收,缩短投资周期,提高资本回报率。

3. 提高土地利用率、降低地价成本

一般来说,商业用房的建筑容积率要高于住宅的建筑容积率。根据上海市规划管理部门的规定,商业用房的建筑容积率为 3.5~6.0,而多层住宅则为 1.5 以下,高层住宅为 3.5 以下。合理利用规划,多建商业用房可以获得高于住宅的商铺投资利润,以摊薄地价成本。假设有一幅 10 万平方米的住宅小区用地,若不建造商业用房,则至多可建 15 万平方米的住宅。如果按 5% 比例建造商业用房,则小区面积可达 16 万平方米[(100 000－5 000)×1.5＋(5 000×3.5)],假设商业用房售价为住宅售价的 150%,则其商业用房的收益情况为:17 500 平方米×1.5 倍住宅售价－17 500 平方米造价－17 500 平方米土地成本。如果当地房价为 3 000 元,不建商业用房的收入为 45 000 万元(150 000×3 000),建造商业用房时的收入为 50 625 万元(住宅销售收入＋商业用房销售收入＝42 750＋7 875)。建造商业用房可以增加收入 5 625 万元。

(三) 期房现房转让利润

在商铺建造前期阶段进行投资,可以以较少投入获得未来较大价值的期权,或以较大投资数额、较大比例的付款,获得较低价格的商铺期权,以取得日后的商铺转让利润。

1. 商铺期房转让

期房转让被称为"炒楼花",是因为其具有明显的投机特征。投资者在商铺开发前期,以部分房款或定金,取得商铺期权——"期房"或定价的订购权利,经过一段时间,商铺的建设形象进度出现后,投资者将商铺期房转让给第三人,以取得商铺期房阶段的转让利润。其转让利润的多少,依该处商铺的预售价、建设形象进度、投资者目标利润要求而定。

期房取得的形式有多种,如参建、购置期房、预订商铺等,其转让行为须获得开发商(主建方)认可,并在参建、购置、预订商铺的合同等法律文件中予以约定。

2. 商铺现房转让利润

所谓"现房",是指商铺建成并通过竣工验收后的房地产形态。商铺现房转让又分为办理权证前转让与办理权证后转让两种。在产权证未办妥之前,商铺现房转让及利润情况与期房转让的情况差不多。在产权证办出之后,再进行商铺转让,须办理交易手续,并缴纳相应的税收。在商铺增值幅度不大的情况下,在办证后进行商铺转让,会增加交易成本,减少投资方的利润。因为为了获得较高的商铺现房转让利润,投资者往往会采用"持仓待沽"的办法,以取得较高的投资回报。具体的做法为:在商铺刚建成时,租价较低,投资者将商铺按市场行情出租取得收入以补贴有关费用(即使是以自有资金投资,亦同样存在着机会成本),待周边商业街市形成气候,商铺的商业价值充分体现时,再将商铺出让,以取得最佳的投资效益。

(四)商铺租赁经营利润

商铺租赁经营是除商铺商业经营之外获利的最重要途径,也是回收商铺投资、取得商铺投资回报的一种最常见的方法。商铺租赁经营利润源于商铺的商业价值,收益的形式为租金,租金的多寡取决于商铺的产租能力。

租金收入并不是商铺投资者所得到的净收入。租金只是房地产租赁经营中的边际利润,包含着商铺租赁经营的成本,只有扣除商铺的租赁成本,才可将其作为商铺租赁经营的利润。通常情况下,商铺的租赁成本包含了商铺获得成本的分摊、建筑、设备的维护和更新费用分摊、物业管理费用、财务费用、中介服务以及税收等。租金收入扣除上述费用之后的盈余部分才是商铺租赁经营的利润。

商铺租赁经营的水平高低,影响商铺租金的产出与商铺经营的利润。在实践中有以下几种方法,可供商铺投资者在经营时参考。

1. 面积组合

并租是指两个相邻的商铺分别属于两个或两个以上的权利人,他们为取得有效的租金收益,采用消除分界的办法将相邻商铺合并成一个空间,出租给一个承租人。其租赁行为的法律保障是多方协定或共同委托一家商铺租赁中介企业。假设某处有两个商铺相邻,其面积分别为 300 平方米,单独出租给某承租者作为连锁超市经营不适合,因为连锁超市门店的面积一般不小于 500 平方米。那么这两个商铺的权利人可以通过并租方法,将自己的商铺尽快地出租,以取得现时价值与现时收入,从而避免租金资源的无端浪费。

2. 面积分隔

分租是商铺租金增效的最常见的手段,是商铺租金理论"大面积,小价钱"的逆向运用,即"小面积,大价格"。常见的形式有切块、档位、花车、货架、柜台出租等。现以切块为例对分租与并租租金进行对比。

切块是分租中较常见的一种方法,它是将整体商铺分隔成几个面积不等的小块,以分别满足不同承租者的需求。

如有一个 500 平方米的商铺,其可用作并租或分租。用作并租时,其租金控制在每天每平方米 2 元以下,在作分租时,用于便利店、音像商店、药店等,租赁面积在 100 平方米以下,能承受的租金是每天每平方米 3 元以下,具体情况如图 4-1 和图 4-2 所示。

超市 500 平方米

图 4-1 整体出租

便利店 100 平方米	音像商店 100 平方米	药店 100 平方米	鸡粥店 200 平方米

图 4-2 切块出租

根据图 4-2 和图 4-3 所示,分别计算出整体出租和切块出租的年租金收益情况:
整体出租的年租金为:

$$500 \text{ 平方米} \times 365 \text{ 天} \times 2 \text{ 元}/(\text{平方米} \cdot \text{天}) = 36.50(\text{万元})$$

切块出租的年租金为:
便利店:100 平方米×365 天×3 元/(平方米·天)＝10.95(万元)
音像商店:100 平方米×365 天×3 元/(平方米·天)＝10.95(万元)
药店:100 平方米×365 天×3 元/(平方米·天)＝10.95(万元)
鸡粥店:200 平方米×365 天×3 元/(平方米·天)＝19.71(万元)
小计:52.56(万元)

通过上述计算,可以看出整体出租的年收益为 36.50 万元,分租的年收益为 52.56 万元。分租的收益比整体出租的收益要高出 44%。

3. 特殊部位

包口(见图 4-3)是指商场门口两侧的部位,通常所占面积 2～8 个平方米不等,是一个商铺商业价值的精华,其价格往往是同等商铺的数倍。

我国台湾的珍珠奶茶风靡上海。奶茶店因其所占的商业空间很小,又要占有旺市路段,往往采用租金高、面积小、市口好的办法开店。而包口是最适合这种业态的。

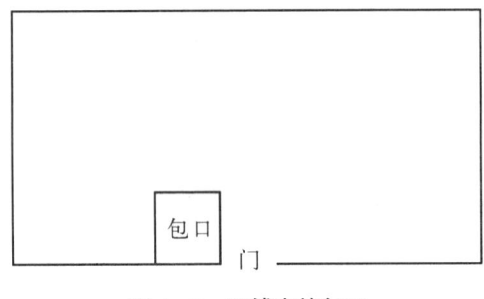

图 4-3 两铺中的包口

4. 各种形式组合的租赁

"切块"、"档位"、"包口"这一分租的特殊部位出租的组合出租形式在广州繁华的下九路、北京路运用得十分充分,使权利人获得很好的收益(见图 4-4)。

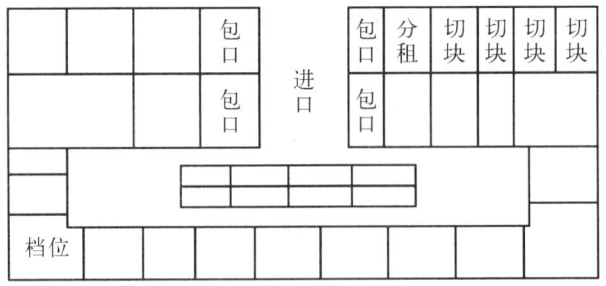

图 4-4 各种形式组合的租赁

5. 店中店与出租柜台

店中店是一种高档的档位出租形式,与档位出租的差异在于档位是全开放式,而店中店是在一个大的商业空间中划分出一个个小的、独立的、封闭型的、集束的单位空间。店中店通过租赁合约确立租赁关系。店中店以面积计算租金,可获得加倍的租金收益。店中店多用于开设专卖店。店中店又分部分招商与全部招商两种。

图4-5展示了部分招商的连锁超市内的店中店,其中面包、熟食、保健品店为入驻企业承租。图4-6为全部招商的商厦内的店中店平面布置示意图。

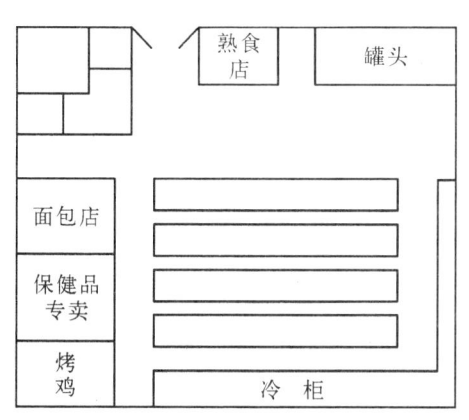

图4-5 部分招商的店中店

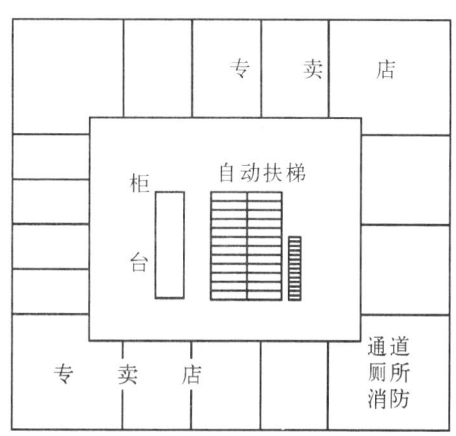

图4-6 全部招商的店中店

6. 时差分租

利用不同业态、不同营业时间要求,进行时段、季节的时差租赁是增加商铺利润的又一途径。如市中心的咖啡馆,可以利用白天时间出售机票,在晚上经营咖啡。通过运用各种业态不同营业时间的交叉,可以使商铺的时间价值得到最大的体现,为投资者或商铺权利人取得更好的效益。时差租赁还体现为根据不同的季节吸纳最适合的业态入驻,从而获得最大的租金收益。如所谓"皮草行"就是经营裘皮、皮革服饰的企业在冬天经营皮革商品,而在夏天皮革类商品滞销时,企业改变销售商品,经营时令商品——草席等,由此而得名。盛夏季节,在繁华的南京路经营冷饮,无疑是最合适的,可是到了寒冷的冬天怎么办呢?上海南京路上有一商厦的总经理曾做过一个尝试:把一个包口按季节分租给两个企业,每年4~10月份经营冷饮,11~3月份经营糖炒栗子。结果是可想而知的,这两个小企业都取得了良好的经营业绩,减少了商铺资源浪费,降低了租金成本。

(五)转租利润

商铺转租是指商铺承租者以获租的商铺进行租赁经营活动,以谋求商铺经营利润的分配,其实质是转租人以其信誉优势、信息优势或资金优势等分享商铺权利人的租金收益。在转租活动中,较多采用时间、空间分租等经营办法,来提高转租的收益。

1. 转租人的优势条件

(1) 信誉优势。信誉优势又被称为商业牌誉。在租赁活动中,商铺承租人的商业牌誉、经济实力、经营能力等因素对商铺权利人产生影响并获得信任,使商铺权利人默认或者许可承租人的转租行为,并与承租人(转租人)共同分享租金。

上海各大超市的门店几乎都是以承租方式获得的,获租租金大部分不超过2元/(平方米·天),而超市门店的店中店租金往往在5元/(平方米·天)左右,转租收益率达到250%。而家电大卖场中档位的转租收益也与这个水平不相上下。

(2) 信息优势。所谓信息优势是指承租人或称转租人利用不对称的信息而获得转租商铺的权利,从而获得转租收益的行为。

(3) 资金优势。资金优势是指承租人(转租人)运用自身拥有的雄厚资本实力影响商铺权利人,或以良好的付款方式,获得转租权利的行为。在实践中,银行、证券公司是商铺权利人最愿意接受的客户。如有时银行以承租的营业所转租第三方,一般情况下,商铺权利人不会提出异议,因为其看重的是银行或证券公司的资金实力和偿付能力而非再租人。另外,在商铺权利人急需资金时,良好的付款方式也是获得资金优势、取得商铺转租权利的捷径。在上海通常的商铺租金付款方式为"先付后用,押一付三",即先付款,后使用商铺,一次付3个月的租金,押金为1个月租金。如果承租人以1年租金一次付清,会获得折让,折让幅度为10%~20%。如果银行贷款利息为每年5.9%,则转租人以同样办法经营转租商铺可获得约高于银行贷款利息4%的增加收益。

2. 对转租的准确判断

对转租商铺的准确判断是商铺租赁经营中的"技术分析"。准确判断是建立在商铺具有升值空间,商圈潜力尚未开发等条件上的。利用准确判断获得转租收益是转租优势中最为客观的经营方法,如再结合其他转租优势,将能获得较为丰厚、可靠的长期经济利益。准确判断的依据很多,概括起来主要有以下几个方面:① 对国家的经济形势、地区政策的准确判断;② 对商圈的商誉、容量变化的准确判断;③ 对购买力增量、人口导入情况、友邻店增加的准确判断;④ 对道路设施的改善、交通站点的迁移情况的准确判断等。

总之,承租、转租的时机选择十分重要,在转租活动中,如果转租条件不成熟,转租时机选择不当,均会造成商铺的空置,导致转租亏损。

(六) 商铺特殊部位的租金利润

就商铺个案而言,其最有商业价值的部位是它的沿街部分,具体有橱窗、店招、广告等,其出租收益并不低于"包口"的租金收益。不少企业承租繁华商业街市商铺的目的就是为其品牌、知名度或为新品做宣传。如果商业企业将橱窗、店招、广告位置全部出租,其收益略小于整店出租的收益。其计算办法如下:

(1) 不考虑商铺的特殊因素,以同类地段办公房租价乘以面积,即等于没有特殊部位的商铺租价。

(2) 以具有可比性商铺的租价减去(1)的价格等于商铺特殊部位的价格。

(3) 以同地段办公房租价加上特殊部位的价格,就是该商铺的租价。

(4) 将上述商铺价格减去同地段办公房价格后,平均摊入特殊部位(橱窗、店招、广告位置)面积,就是特殊部位的单价。

部分企业在经营遇到困难时,出租一定量的特殊部位面积,不失为一种可取之举。但应注意,特殊部位面积过小或展示功能差的商铺在出租时,其出租收益一般较差。如在上海四川中路机电市场一条街上,有一个商铺因不能设置店招,空置期很长,究其原因是出租人并未意识到店招的价值,在考虑租价时,并未将没有店招这一减值因素考虑进去,片面追求市场同价,而浪费了现时的租金资源。

本 章 小 结

连锁店开店决定因素有:立地、营业额、规模、同行竞争力、投资、损益平衡点及回收年限的分析、本店人员补充、营运资金的考虑和可行性的评估。连锁店开店投资的主要项目包括:设备、工程、场地租金和设计装修费用。

在评估店址的预定地时,仅以本身的收支平衡作为投资评估基准并不够,还应综合该资金计划对全体连锁店的收支、资金周转所造成的影响来加以判断。连锁店投资评估指标包括投资效率指标和企业竞争力指标。

商铺投资有直接投资和间接投资两种形式。商铺的收益包括租金收益、商业利润和商铺增值。商铺投资形式多样,相对而言,商业房产开发、商铺租赁和转租这三个形式在市场上运用较多。商铺投资利润是商铺投资全过程的利润产出,在不同阶段进行商铺投资,可以取得不同形式的投资收益。

思考题

1. 简述连锁店开店的决定因素。
2. 简述连锁店开店投资的主要项目。
3. 大型商铺的投资收益有哪些形式?

4. 简述大型商铺的投资形式。
5. 大型商铺经营的直接利润有哪些形式?

实践应用

新上海商业城的经营规划

新上海商业城融购物、餐饮、旅游、娱乐、休闲等综合功能于一体,将成为我国整合国际商业发展全新潮流的跨世纪的大市场。

新上海商业城位于上海浦东新区中心地带,坐落在浦东新区陆家嘴金融贸易区内,东起崂山东路,南沿张杨路,西临浦东南路,北到商城路,占地14.4公顷,总投资约40亿元,是目前我国规模最大的商业设施项目,系"八五"期间上海市重点工程之一。

商业城总建筑面积达80万平方米(包括地下面积),其中商场面积26万平方米。商业城的中心是600米长的内环步行街——新大陆广场,周边为17幢错落有致、风格各异的高层商厦,包括第一八佰伴(新世纪商厦)、三鑫世界商厦、华诚商厦、福兴大厦、福使达大厦、银峰商厦、新亚汤臣大酒店、鑫联广场、银河大厦、良友大厦、内外联大厦、远东商厦、新梅联合广场、华申大厦等单体楼宇(商厦);步行街与各大楼之间底层相通,楼层又有天桥、廊道相连,形成室内城市空间。

商业城经过几年的发展,已初步形成了商业、餐饮业、娱乐业和金融业等四大行业。其业态调整以"一楼一品一特色"为原则,突出特色经营、错位经营、有序经营,引导企业分阶段调整业态布局,重点是增加主题百货,增加休闲娱乐的比重,形成浦东南路沿线的购物商厦群聚区、张杨路沿线大楼的特色经营区、中心广场为主体的风情广场区、商城路沿线大楼的品位经营区等四个主题区域。目前,浦东南路、张杨路一侧已形成了时代广场、第一八佰伴、新梅双塔、中融国际商城、和之百货五大商厦的购物新格局,云集了范思哲、登喜路等数十个世界一线品牌和一批中高档品牌;定位普通老百姓的华联商厦张杨店,以数码产品为特色的三鑫世界、太平洋数码广场,以餐饮为特色的华诚大厦食品城等几栋分布在张杨路沿线的大厦,也已基本实现了"一楼一特色"的改造目标。

讨论题:

1. 假设你是苏宁电器的决策者,你是否会选择新上海商业城中的某个商厦作为自己的开业店铺呢?

2. 你在投资店铺时,应该考虑哪些因素?

第五章 店铺租赁与招商管理

学习目标

1. 了解店铺租赁的洽谈;
2. 掌握店铺租赁合同的基本内容;
3. 掌握店铺招商工作模式;
4. 了解招商原则与收费模式;
5. 了解新承租户的引进与日常管理。

【引导案例】

沃尔玛的店铺招商管理

天福茗茶几乎是沃尔玛在全中国的租赁合作伙伴,沃尔玛开到哪里,天福茗茶就会在哪里开业。而且沃尔玛给天福茗茶的租赁位置相对较好,租金是根据销售额进行提成的租金方式,天福茗茶会在每天营业结束把当天的营业额报告给沃尔玛商场店内的前台租赁管理部门,租赁管理部门每天在系统录入,沃尔玛总部根据录入销售额的情况收取租金。但是看着天福茗茶每天提供的销售额数据,有着丰富零售经验的前台主管觉得情况不对。每天看到店铺客流非常多,生意也感觉非常好,天福茗茶服务人员也在不断增加,可是提供的每天销售数据却没有明显变化,每天都在1 000元多点,这让前台主管起疑。一方面,在租户提交销售数据的时候询问是否真实,得到的是肯定答案;另一方面,把情况反映给总部租赁部门,交由公司内审部门审查。结果总部查出,天福茗茶公司在沃尔玛超市租赁的大部分门店为了少缴纳租金,通过隐瞒和虚报销售额数据的方法达到目的。沃尔玛认为天福茗茶违反了合同的规定,对其进行了处罚,即补缴租金并实行一定金额的罚款。同时,为了平衡租户一家做大的情况,总部租赁招租了同样进行茶叶销售的八马茶叶。

第一节 店铺租赁

一、店铺租赁洽谈

店铺租赁在签订合同之前,可能会经过数次的招商意向洽谈和协商。在确定和租户洽谈之前需要首先通过招租宣传、租赁接待、租赁洽谈、承租意向书签订几个阶段。

（一）招租宣传

（1）招租方向或招租类别。招租内容应该和店铺本身设置具备互补性,同时又不能完全具备竞争性;在价格和装修风格上应该和店铺本身同在一个档次。所以在招租之前对店铺本身的定位和招租风格的确定非常重要,不提倡为了招租而接受所有可能前来洽谈的商户。

（2）宣传内容。宣传内容应该包括：招租方向、招租位置或面积大小、联系人、联系时间和配套设施等。

（3）宣传方式。宣传方式可以多样化,也可以采取当地主流媒体或者综合应用网络、电视、报纸、海报、广告牌、流动广告等多种方式宣传。根据招商规模、招商档次、招商时间,选择经济有效的方式进行宣传。

（二）租赁接待

店铺租赁需要专职或兼职人员负责租赁接待和洽谈,接听咨询电话、回答咨询问题和介绍租赁项目,收集意向客户,反馈信息。

（三）租赁洽谈

具备租赁意向的客户,在签订租赁合同之前往往需要进行租赁洽谈和基础了解。洽谈内容主要包括以下几个方面：

（1）租赁经营方向和经营形式。保证招商的租户能够和最初确定的租赁方向和经营方向一致。

（2）租金和租金的变化趋势,租金的收取时间、方式、免租期等。目前市场上租金的计算方式主要有按照面积计算和按照销售额提成两种方式。租金的变化主要指的是长期租赁,租赁期满后的租金递增或者是其他变化。

（3）租赁面积和租赁位置。在洽谈过程中应该就租赁需求充分洽谈。

（4）物业管理费用和管理形式。租赁方应该就物业管理费用及管理形式充分向租赁承租意向方阐明,包括水费、电费、管理费、店铺规则、装修要求等。

（5）合作意向。对于一些已经固定的承租户,在有新的连锁店铺开张,新的租赁位置的时候,可以通过洽谈表明店铺愿意与其合作的意向。

(6) 洽谈记录表,在确定招租合同之前可能需要通过数次洽谈,每次都需要完整记录洽谈内容。记录表格参考如表 5-1。

表 5-1　厂商洽谈记录表

厂商名称：		负责人：		合作店别：	
洽谈条件：		第一次	第二次	第三次	第四次
租金(元)/抽成率(%)					
管理费：					
递增率：	第1年				
	第2年				
	第3年				
	第4年				
	第5年				
电费：					
水费：					
煤气费					
广告宣传费：					
其他：					
承租方联系方式：					
谈判日期：					
洽谈内容					

(四) 承租意向书

租赁洽谈结束以后可以先签订承租意向书,在签订合同之前,给店铺和承租意向方足够的时间准备。签订的承租意向书包括:承租意向方资料、租期、经营方向和内容、租赁押金及缴纳方式、租赁面积和位置、预计进厂日、装修要求等。

二、店铺租赁合同

店铺一般以租赁为主,应该依法签订租赁合同,获得合法的物业。租赁合同要包括以下基本内容。

1. 基本资料

基本资料包括合同名称如"某某店合同",出租方(甲方)与承租方(乙方)的法定地址、法人代表、邮编、电话、传真等。

2. 房屋的位置、面积

(1) 租赁物的具体方位、占地面积、房屋、场地、辅助设施等,以及出租后的用途。用地范围应在附图上由双方红线划出后盖章确认。

(2) 商场用房的楼层、每层建筑面积、层高,以及办公用房、商场后仓库、局部生活设施、配套用房(包括配电房、空调机房、水泵房、门警室等)及停车场的合理布置。

(3) 如有土建项目,建筑设计以及平面布置方案,由甲、乙双方认可,并经规划部门批准后最终确定。

(4) 商场用房按设计规范建造,所需费用全部由甲方(或乙方)承担,施工单位由甲方公开招标选定(须由乙方派员参加评标)。

3. 租赁期限、免租期及转租

按照《中华人民共和国租赁法》规定,最长租赁期限为 20 年。甲方于规定日期全部完工交付给乙方做营业前准备,交房之日起若干个月为免租期,如甲方提前或延期交房,上述免租期的起始之日应按实作相应调整,租赁期自免租期届满之次日起算。甲方允许乙方将部分营业用房转租给第三方,租金收入归乙方所有或规定甲方可分享部分租金。

4. 租金、支付办法及保证责任

(1) 租赁物总租金:按年计算,约期支付。

(2) 预付租金:乙方考虑到甲方资金困难,按照工程进度向甲方提前支付部分、年度或若干年租金。甲方须在乙方支付上述预付款前提供经乙方同意的第三人书面保证或担保、抵押。

(3) 租金递增:一般在 3 年以后,租金每年按一定百分比递增,可以是环比递增,也可以是定基递增,还可以按照约定的规则通过商议而变更租金。

(4) 租金支付:年租金一般按季支付。并明确具体的付款期以及手续。如付款日期定为当季第一月前 15 天内,甲方在收款日前 15 天,先向乙方提出结款申请,并向财务提供税务统一票据,乙方财务凭有效票据付款。法定假日顺延。

5. 租赁物交付使用标准

(1) 规定甲方将租赁物有效交付乙方的日期,双方办理书面交接手续。

(2) 明确"有效交付"的含义:指该租赁物交付乙方使用时至少具备的条件。如:① 甲方提供按设计要求完成的房屋、场地及辅助设施;② 甲方按设计要求建造给排水工程以及隔油池、化粪池等设施,并正常供水;③ 所有建筑物外墙面砖、内墙涂料粉刷按设计要求由甲方施工完毕,绿化土建部分围护由甲方完成;④ 甲方负责完成全部地坪交付乙方使用;满足乙方用电要求。

6. 公用事业

(1) 乙方在该租赁物施工期间及营业中所发生的水费、电费及电话费等均由乙方根据单独设置计量读表数按国家规定的标准负责缴付,凭甲方税务统一票据,直接交纳给甲方。开业后由甲方办理转户变更手续给乙方,使乙方能够享受增值税的抵扣,由乙方直接交付。

(2) 租赁期间门前三包,清洁费、治安费用由乙方承担。

7. 保证和责任

甲方:

(1) 甲方必须严格按图施工,确保工程质量。

(2) 全部工程竣工后甲方应提供全套工程竣工资料给乙方,并办好书面交接手续。

(3) 在甲方进行项目筹建期间,乙方可派员参与。在超市主体建筑施工期间甲方应协助并配合好乙方有关工程的施工及设备安装。

(4) 甲方提供的租赁物须通过规划、环保、消防、质监等部门的验收,取得相应的批准文件,甲方应拥有租赁物的完全产权和出租权。

(5) 甲方负责向当地政府(部门)办理租赁许可、租赁登记等有关手续。甲方应确保出租行为有效成立,且不存在任何可能导致上述行为无效或被撤销的事实。

(6) 租赁期间未经乙方书面同意,甲方不得重复出租、转让、抵押该租赁物,若发生上述情况造成乙方损失的由甲方承担全部责任。

(7) 租赁期间因甲方原因发生的债权、债务影响、妨碍乙方使用租赁物,并造成乙方损失的,由甲方承担全部责任。有关执法部门以生效的法律文件要求乙方协助扣付甲方租金的,乙方应予协助,甲方不得有异议。

(8) 甲方应协助乙方办理经营必需的有关证照。

(9) 甲方协助乙方办理享受税收优惠政策的手续。

(10) 租赁物交付使用之日起的两年内,由甲方承担租赁物的保修责任,保修期届满后由乙方承担租赁物的日常保养和维护责任。但在整个租赁期间,甲方应对租赁物建筑的主体结构质量缺陷承担维修责任。

(11) 房屋租赁期届满,在同等条件下,乙方享有优先承租权。

乙方:

(1) 在租赁期满后,或合同提前解除后,乙方可搬移、撤走安装、放置在租赁物内的经营设备、设施(电梯、空调可由双方另行协商处理方式)。但是乙方实施上述搬移、撤走行为时,不应影响建筑物主体结构和建筑物安全。

(2) 乙方对房屋结构进行重大变动时,应事先征得甲方的认可。

(3) 乙方应对甲方正常的房屋维修和检查给予协助。

(4) 乙方在承租期届满后应按时将房屋移交给甲方。如需继续承租的,应提前3个月书面向甲方提出要求,经甲方同意后,甲、乙双方续订房屋租赁合同。

(5) 乙方承诺：在租赁物内开办的企业依法向工商行政管理部门注册登记,并申报纳税。另有法律法规规定的除外。

(6) 未经甲方书面同意,乙方不得将租赁物整体出租给他人。

8. 违约责任

(1) 不履行合同的违约方必须赔偿守约方的一切实际损失。

(2) 如果甲方未按照合同规定逾期交房,则须按乙方已预付租金额的日5‰计算违约金,直至甲方有效交付租赁物日止。但是经甲、乙双方商定,乙方已进入租赁物场地进行装修的除外。

(3) 乙方逾期缴付租金的,按应付租金额的日5‰计付违约金。

9. 免责条件

(1) 甲、乙双方的任何一方由于不可抗力的原因致使不能履行合同时,应及时向对方通报不能履行或不能完全履行的理由,并提供有关证据,协商延期履行、部分履行或者不履行合同,免除违约责任。

(2) 如果出现城市规划变更的事由,导致本合同不能履行,则可予免责。由双方就相关事项另行协商。但是在双方达成一致意见之前,任何一方不得解除本合同,否则视作违约。

10. 争议的解决

本合同在履行期间若发生争议,甲、乙双方应友好协商解决。协商不成,任何一方均有权向人民法院起诉。

11. 合同生效的条件

合同由甲、乙双方法定代表人签字加盖公章后生效。未尽事宜双方另行协商签订补充合同。补充合同与主合同具有同等效力。

12. 附件的效力

合同附件均为主合同组成部分,与主合同具有同等效力。

此外还包括签约人、签约时间、签约地点等。

专栏 5-1

购物中心租赁契约之租约形式

一般购物中心准备租约的形式有：

(1) 事先印刷好的形式：打字形式可能具有看起来权威性的好处,有时这可以让某些承租户对修改产生退却,这类形式的合约的修改通常就在段落行距间,有时修正之附件加条款将以独立页方式订在原文件上。

(2) 电脑印制形式:对原先文件的修改可以很容易地电脑硬盘上修正。

如果租赁契约让人产生两种以上不同的解释,对业主及承租户都是相当危险的事。一般而言,当租赁条款有所疑义时,法院的解释将不利于起草文件者,因此,作为购物中心经理人必须小心审视合约内容以避免任何可能产生误解的文字。

第二节 招商管理

一、店铺招商工作模式

招商是商业经营的一种模式,无论是大卖场、百货公司、购物中心,都要加强招商业务管理。一般的运作模式是总部统一招商,但店铺也必须加强日常管理。

(一) 招商部门的职责与工作模式

(1) 招商部门的职责是:寻找租客;做有关租金方面的市场调查;与租客就价格及合同进行谈判;安排客户进场监督租客装修;配合门店商铺管理收取租金;关注客户动态;安排推广活动;挖掘潜在的租客资料。

(2) 招商部门的工作模式可以分为:反应式和主动式。反应式:等待信息;接受市场;经营无意识;注重租金;强调客观;任务观。主动式:猎取信息;开发市场;经营最优化;调节功能;战略眼光;价值观。

(二) 招商目标

招商的目的有两个:一是完善店铺功能,满足顾客的多样化需求。二是降低经营成本,转移部分经营风险,甚至可以实现零租金经营。通过招商可以实现以下目标:

(1) 购物功能:日常生活必需品一次性购足,如生鲜、副食、非食品等。

(2) 服务功能:生活配套,享受人生,如冲印、美容美发、配镜等。

(3) 餐饮功能:调剂和改善家庭伙食,如小吃、快餐、咖啡等。

(4) 娱乐功能:改变生活质量,愉悦、放松,如翻斗乐、网吧、游戏机等。

(5) 维修功能:应急处理,解除后顾之忧,如电器、水、煤、气、家具等。

(6) 社区功能:节约时间,方便居住,如交费、家政、家教等。

(三) 招商步骤

招商是一个持续的过程,招商以前需要介绍与谈判,招商以后需要管理与服务。

(1) 招商以前的作业。主要的步骤包括：了解商圈及商场布置；寻找并选择租客；推荐位置，进行谈判；签预定书，并收定金；租客提供装修设计方案及水、电、煤气要求；签合同。

(2) 招商以后的作业。包括为商户提供信息与物流方面的支撑，对商户的统一管理和统一营销。招商以后，门店负责招商区的管理工作，包括招商区现场管理、租金及水电费的收取、新客户的引进及与公司招商部门沟通等。

二、招商原则与收费模式

店铺在经过经营定位、经营品项、服务功能设计、经营规划布局设计、建筑规划设计、运营管理设计、招商设计这些阶段后，就可开始统一招商了。这是开业前最重要的工作，也是能否顺利实现前期设计目标的关键工作。下面以实行统一招商管理的购物中心为例，说明招商应遵循的基本原则：

(1) 维护购物中心的产业经营黄金比例。一般认为，购物中心中零售、餐饮和娱乐的比例是 52∶18∶3，此比例特别适用于超大型综合性的购物中心，招商要注意维护和管理好这个经营比例。

(2) 维护购物中心的统一主题形象和统一品牌形象。购物中心是一种多业态组合的商业组织模式，但它绝不是一个无序的"大杂烩"，购物中心必须是一个拥有明确经营主题和巨大创造力的品牌形象企业。招商要始终注意维护和管理好已确定的经营主题和品牌形象。

(3) 招商目标要能够在功能和形式上同业差异、异业互补。简单地说，同业差异就是市场有一定承受力，不能盲目招同一品类的店进入。例如零售业态的核心主力店招商，就不要同时招来两家基本上都是经营食品和日用品的大型超市。异业互补的目的就是要满足顾客消费的选择权，并能让顾客亲身体验变化，提高其消费兴趣。例如，百货、超市因为经营品项不同，可以互补；让顾客逛得疲劳的零售店与让顾客休息放松的餐饮店可以互补等。

(4) 招商顺序原则。核心主力店先行，辅助店随后的原则；零售购物项目优先，辅助项目配套的原则。

(5) 核心主力店招商布局原则。核心主力店的招商对整个购物中心的营运成败、购物中心辅助和配套店的引进都有重大的影响。一个超级连锁店或超级百货公司的入驻，常常能带动整个购物中心的顺利招商与管理。另外核心主力店对于人流也起着关键的作用，其布局直接影响到购物中心的形态。购物中心特别是大型购物中心的核心主力店适合放在经营轴线（或线性步行街）的端点，不宜集中放置在中间，这样才能达到组织人流的效果。

(6) 特殊商户招商优惠原则。"以点带面，特色经营"是购物中心特别是超大型综合性购物中心的经营特点。特殊商户是指具有较高文化、艺术、科技含量的经营单位,对它们给予优惠政策,邀请其入场,能够起到增强文化氛围,活跃购物中心气氛的作用。例如,深圳华侨城 MALL 购物中心就专门邀请三百砚斋,展示中国的砚文化。当然特殊商户的经营范围要与购物中心的经营主题及品牌形象相吻合。

(7) 租赁经营采用放水养鱼的原则。因为购物中心经营具有长期性特点,采用合理租金与优质服务做法,将整个购物中心做热,而后根据营运状态,适当稳步地调整租金。这样,发展商与商户才能一同成长。放水养鱼的原则可以理解为"先做人气,再做生意"的原则。

(8) 充分体现和强调对商户的统一服务。统一服务包含统一的商户结算、统一的营销服务、统一的信息系统支持服务、统一的培训服务、统一的卖场布置指导服务、统一的行政事务管理服务、统一的物业管理服务等。这个"统一服务"不但要体现在思想上和招商合约中,更要体现到后期的管理行动中。这个"统一服务"就是要求"服务"出购物中心的品牌与特色来。

(9) 具备完善的信息系统,为购物中心管理者、广大签约商户和顾客都提供便利。当然,便利各有不同,有管理便利、财务核算便利、营销便利、经营决策便利、结算便利、消费便利等。购物中心有必要建立完善的信息系统,以便在招商时就能够承诺对顾客与商户提供信息技术支持服务,最终为顾客与商户都能够提供便利。

在购物中心发达的国家和地区,发展商对购物中心的信息系统建设都非常重视。但国内购物中心在建立统一的信息平台方面还做得远远不够,以零售为主的商业组织形式,更需要精细化管理。当然餐饮、娱乐经营也需要精细化管理,而精细化管理需要数字说话,统一的信息系统就能提供决策者、管理者想要的数字以及用数字数据为顾客与商户服务。

建立统一的信息平台,进行精细化的管理,不但能够为顾客提供统一收银、消费一卡通等便利的服务,还能为广大签约商户提供丰富准确的顾客信息和市场信息,甚至于提供更详细的经营信息,譬如零售商品单品进销存信息等。同时,也能为购物中心自身提供布局疏密度、品项搭配、人员配置、场地平效、商户业绩等经营信息,便于购物中心分析后对经营场地(稀缺资源)进行无限再分配。招商不是一个开业前就完结的工作,实际上的招商是一个无限循环的工作,这都需要信息系统的分析支持。

招商过程中,收费高低取决于店铺的经营人气与成长潜力。最基本的收费方式有三种:① 租金方式:按照租赁面积支付租金,独立经营,责任与税负自担,承租户营业收入的高低与店铺无关。② 扣点方式:店铺按照承租户营业额的一定比率收取费用,独立经营,责任与税负自担。③ 联营方式:承租户按照销售情况向店铺交纳一定费用,不再缴纳租金,纳税等事项由店铺负责。如果是扣点方式,出租方为了保证自身利益,往往会确定一个保底销售额,如果销售额低于保底销售额则按照保底销售额计算。

专栏 5-2

某百货商场招商管理制度

1. 机构设置与管理权限

(1) 在总经理领导下,由市场经营部主管,各职能部室、商店按管理权限分工负责商场招商工作。

(2) 商场进货管理委员会负责审批被招商企业的进场资格,市场经营部负责定期或不定期组织有关部室对被招商企业商品质量、经营品种和销售情况进行考核,对物价、计量、商标、陈列卫生进行检查。

(3) 劳动人事部负责对商场信息员进行面试、审查体检表和岗前培训。经考试合格,方可发上岗合格证。负责定期或不定期会同有关部室对信息员服务规范、劳动纪律、商容风纪等进行检查考核。

(4) 安全保卫负责对商场信息员验证(身份证、工作证、健康证、暂住证)工作,并将审核情况登记入册,与被招商企业签订安全责任书,负责定期或不定期会同有关部室,以被招商企业进行安全检查,特别是防火、防盗、防汛检查。

(5) 行政部负责来商场信息员的工服发给,收取食堂、医疗、美发、淋浴等项目服务的管理费和借用财产管理等工作。

(6) 各商场商店明确一名经理负责被招商企业日常管理工作。并负责向商场经营部提供被招商企业执照副本,招商审批表,联销协议,商品样品,价格目录及商场信息员的各种证件。

2. 招商标准(条件)

(1) 被招商企业选派的信息员,必须道德品质好,责任心强,热情大方,会讲普通话。男身高、女身高、裸视都符合招商要求的本厂(公司)正式职工。信息员受双重企业管理,享受其所在企业(工厂、公司)待遇。

(2) 商场招商工作实行动态管理。被招商企业要认真遵守商场各项管理制度,积极配合商场开展各种促销活动,努力完成销售计划。对3个月完不成销售计划,又无季节影响或违反商场管理制度的,企业市场经营部有权提出终止协议。

(3) 被招商企业必须具有法人资格,并已在当地工商行政管理部门注册登记的国营、集体、三资和私营企业或有外贸进出口权的代理商。

(4) 被招商企业所经营的商品必须是商场所属商店经营范围内的名特优新或

世界驰名商品；国内商品必须是符合各级计量、质检、卫生标准，实行三包（包修、包退、包换）的本厂产品，坚决杜绝经营其他厂家的产品及滞销、假冒、伪劣商品。

（5）招商联营期限，一般为3个月至半年，有发展前途的可订1~2年，到期后根据销售计划完成情况和市场供求情况决定是否续签合同。

3. 招商审批程序

（1）招商工作要贯彻商场"以经营高档为导向，中档为基础，突出名牌、优质新潮系列和进口三资企业产品"的经营方针，择优招商。

（2）各商店要按照不重复招商和申报在先的原则进行严格筛选。

（3）凡符合招商标准的企业，须向商场商店提出书面申请，与商场商店签订协议书，由商场商店将被招商企业的营业执照副本、审批表（一式四份）、样品、价格目录、质量认证书、税务登记证、生产许可证、卫生许可证以及商店商场审批意见，一并报市场经营部由商场进货管理委员会审批后，再到商场劳动人事部办理其他手续。

（4）劳动人事部根据经营部的审批表（第二联）及信息员的彩色照片、体检表进行面试。并负责组织学习商场规章制度、服务规范，进行岗前培训，经考试合格上岗，未经培训考核不得上岗。被招商企业不得擅自更换信息员。

（5）安全保卫部根据市场经营部的审批表（第三联）来审查商场信息员的身份证、工作证、健康证，并登记入册，与其签订安全责任书，进行安全教育并负责发放信息员胸卡。

（6）行政部根据市场经营部审批表（第四联），负责办理商场信息员的工服发放、就餐、借用财产等手续。

（7）各商场商店在市场经营部、劳动人事部、安全保卫部备案后，方可办理进店经营事宜。

（8）对符合招商标准的私营企业，各商店要经双人实地考察，特别是食品加工企业，要考察其是否符合国家颁布的卫生标准，是否有生产许可证、卫生许可证，服装加工业要了解其生产规模，并向市场经营部出具实地照片。

（9）对不按照招商审批程序办理，擅自进店销售的企业，要追究商场商店主管经理的责任，并给予一定的经济处罚，责令其厂家立即撤出。

4. 物价、计量、统计、保险及财务管理

（1）被招商企业的商品销售价格，必须经商店商场专职物价员看样定价，并上报市场经营部审批，招商企业要向物价员提供成本单（发货单）、价格目录，遇特殊情况经主管经理批准，可用供货合同单，暂定临时价格，正式发票一到，马上走正常手续。

（2）被招商企业进销均纳入商场商店进销账目。商场统一建立《招商企业销售月报表》,内容包括:单位名称、品种、销售额等,由各商场商店统计员填写,每月向市场经营部报送。

(3) 各商场商店要建立被招商企业进、销、存登记,单独设账,做到账面清楚、整洁,每月5日前将其经营情况上报市场经营部。

(4) 被招商企业如需使用计量器具(尺、秤、验光仪)的,须事先向市场经营部申报,经(计量)技术检定,履行登记备案手续后,方可使用。

(5) 被招商企业进场前应到当地保险公司办理人身财产保险,未办理保险的,在商场发生人身伤亡、商品及财产损失的,由招商企业自行负担。

(6) 被招商企业的销货款必须由商场商店统一收款,按时上交银行,货款结算一律通过银行,结算前要与记账员核对,销多少结多少,不能多结,同时要按《招商细则》规定扣除所聘售货员费用和营业税款后再做结算。

(7) 被招商企业在商场商店周转仓库储存商品的,必须按财务部门制定的有关费用标准缴纳仓储保管费用。

5. 招商监督与处罚

(1) 商场各职能部室要按照本制度要求对被招商企业进行监督管理,凡无营业执照或不按规定的经营范围、经营方式经营,出现扰乱商场正常秩序等情况的坚决予以取缔,并追究有关商场商店责任,没收厂方非法所得,对厂家处以50 000元以下的罚款,对个人处以500元以下的罚款。

(2) 必须以物美价廉为宗旨,经商场物价审批定价,明码标价,才可出售被招商厂家商品。要坚持文明经商,如有违反供应政策,损害消费者利益的,视情节轻重分别给予批评、罚款、终止协议的处罚。

(3) 厂家对借用商场的财产要注意爱护,妥善保管,如有损害照价赔偿。

(4) 厂方信息员(含商场先派售货员)如违反商场有关规定,分别由各职能部室向厂家提出批评、罚款,责令当事人下岗培训,或调换人员,厂家必须按各职能部室要求逐项落实,拒绝接受批评和罚款的给予终止协议处理。

(5) 商场各职能部室要根据各自分工,认真检查、严格管理。如因管理不善或放弃对厂家监督管理,出现问题后不认真解决,造成一定影响的要追究有关部门、商店商场领导责任。

(6) 市场经营部在对被招商企业经营范围、经营品种、商品质量、销售情况、服务规范、物价计量进行检查中,对销售不佳,以次充好、坑骗顾客、损害消费者权益的,有权作出撤换或终止协议的决定。

(7) 劳动人事部定期对信息员进行岗位考核,对不符合规范,不执行规章制度的给予经济处罚,并追究所在商场商店主管经理的责任。

(8) 上岗信息员要统一着装,佩戴胸卡,严禁佩戴实习生或其他胸卡,一经查出要追究其所在商店商场经理的责任,并给予罚款处理,信息员立即下岗。

(9)一经查出被招商企业使用未经检验的计量器具的,立即将器具没收,造成重大影响的清除出场。

(10)一经发现被招商企业,出现私下交易、场外交易、代留货款的,立即终止协议。

三、新承租户的引进与日常管理

(一)新承租户的引进

(1)对有意向承租的商户,应填写"承租户入驻意向书"。

(2)与商户进行洽谈时,应出示"承租户须知"交承租商户,并索取对方的营业执照等相关资料。

(3)新引进商户经营的业态及租金参照原铺位的状况,若有调整须与相关部门及时沟通。

(4)承租户应提供营业执照、税务登记证、食品卫生许可证等相关证照(个体承租户需提供身份证复印件,经营品牌商品须提供品牌证明及品牌授权书)等材料。

(5)合同签订后,总部签发"招商承租户进场通知单"给门店,由门店与承租商户签约,合同一式四份(先交承租户盖章签字,然后由门店盖章,公司招商部经理签字),返还承租户两份,公司招商部和门店招商各执一份。

(6)承租户进场前需缴纳合同中约定的租金、押金等相关费用,店铺收费后出具发票和收据。

(7)承租户进场前需进行房屋交接,让承租户确认水、电表的初始数据及现有设备情况。

(8)要把承租商户营业员纳入店铺人员管理范畴,进行必要的岗前培训。

(9)督促承租商户及时办理食品卫生可证、工商营业执照、税务登记证等相关证照。

(二)商户日常管理

(1)招商区巡视。每天不同时段巡视招商区域,观察了解承租商户的经营状况,记录承租商户的销售额,填写日销售统计台账,报相关部门。

(2)客诉处理、促销活动、经营评估。要妥善处理招商区域的顾客投诉;适时组织招商区促销活动,提高承租商户的承租稳定性;定期地对承租商户的经营状况进行评估,预测承租户承租趋势。

(3)收款、催款。按合同约定的付费之日前10天门店发出缴款通知,如承租户未按时付款,门店即日发出催款通知单,通知单须由承租户签收。承租户必须按合同约定及时缴纳租金及水电费,不可将押金用来抵充租金。管理人员每月按时填报"招商租金及费用收缴情况汇总表",门店留档,同时发送到总部相关部门。要跟踪催款通知发出后的缴款情况,与承租商户保持及时的沟通和联系,限其在一定期限内还清欠款。最后期限到期时,承租商户还未支付欠款,经报告同意后可终止合同,并追究其违约责任及相关的法律责任。

本 章 小 结

店铺租赁在签订合同之前,可能会经过数次的招商意向洽谈和协商。在确定和租户洽谈之前需要首先通过招租宣传、租赁接待、租赁洽谈、招租意向书签订几个阶段。店铺一般以租赁为主,应该依法签订租赁合同,获得合法的物业。租赁合同要包括以下基本内容:基本资料、房屋的位置、面积、租赁期限、免租期及转租、租金、支付办法及保证责任、租赁物交付使用标准、公用事业、保证和责任、违约责任、免责条件、争议的解决、合同生效的条件和附件。

招商是商业经营的一种模式,无论是大卖场、百货公司、购物中心,都要加强招商业务管理。一般的运作模式是总部统一招商,但店铺也必须加强日常管理。招商的目的有两个:一是完善店铺功能,满足顾客的多样化需求。二是降低经营成本,转移部分经营风险,甚至可以实现零租金经营。招商是一个持续的过程,招商以前需要介绍与谈判,招商以后需要管理与服务。招商应遵循一些基本的原则。同时,应注意新承租户的引进与商户的日常管理。

思考题

1. 店铺租赁洽谈分为几个阶段?
2. 简述店铺租赁合同的内容。
3. 店铺招商工作模式分为几种?
4. 简述招商原则。
5. 招商的收费模式有几种?

实践应用

商铺招租需审核租户资质

顾客刘小姐在好又多商场一楼眼镜租户购买一副眼镜后,要求租户开具发票,租户声称没有发票提供。因此顾客向好又多服务台提出投诉,要求租户提供正式发票,经过店内同事沟通发现,该租户还没有取得营业执照和税务登记等相关手续,所以不具备开具发票的资格。前台同事立即把情况反映给商场管理层,管理层通过和租户沟通,最后帮助顾客退货并且要求租户在没有取得相关证件之前不得营业。

讨论题:
在租户日常管理中如何更好地确保商户的合法合规性?

第六章 店铺开业

学习目标

1. 了解店铺开业流程；
2. 了解店铺开业计划的立案；
3. 了解店铺开业计划的组织；
4. 了解店铺开业的收支、资金计划；
5. 了解开店宣传计划；
6. 掌握开业典礼的策划与实施。

【引导案例】

店铺开业的准备工作

某新店正在进行开业前的准备，第一周的进场工作任务主要是搭货架。当建店队人员培训完成后，各分区同事领到工具后就开始分头工作了。搭货架一定要注意安全，特别要善于利用工具来进行工作，因此很多老员工会第一时间拿到工具。

正如门店副总所号召的，他们分区的货架搭建工作完成得最快，也最漂亮，还得到了建店队同事在大会上的表扬。但是当建店主管James巡视到干货区时，让他奇怪的是，进度没有明显的提高，而且有很多的货架安装不达标。更百思不得其解的是，他们全部都是徒手安装货架，并没有使用分发的工具，询问工具哪去了，同事回答说，所分发的工具在这几天里逐渐丢失了，虽然也去寻找过，但其他分区都说没有工具多出来。这时一位同事突然回答说，他在路过HL分区的时候，好像看到他们很多同事都是人手一个工具。James接着巡查HL分区，在分区一个摆放工具的地方，发现这里存放了全商场将近一半的工具！

James应该如何解决这一问题？根结在哪里？

第一节 店铺开业计划的制订

一、店铺开业流程

连锁企业的开店工作从决定立项之日起开始筹备,直到开业当日为最终的期限。在此过程中,要完成商品、人员、资金、营业等方面的各种准备,就需要有一个合理的工作流程来加以计划与安排,才能确保高质量的工作绩效。制订合理的工作流程最常见的方法是列出开店的工作进度表,以保证各项工作的如期完成。

开店工作进度总表是整体控制与管理开店工作的表格,一般的内容应包括任务的起止时间、项目的具体内容、执行者的名称,需要特别注明的内容应在备注栏中加以说明。表6-1是一张进度总表的实例。

表6-1 开店工作进度总表

项目内容	时间	要点	执行者
决策开店			筹委会
经营方针	酝酿确定实施	确立经营方针	筹委会
楼层布局	草案调整定案	确定商品构成	筹委会
内部装修	涉及洽谈、施工进度安排、施工完成	突出商品特色	筹委会
设备安装	酝酿完工	调整建筑结构	工程部
商品策略	酝酿调整	实现商品差别化	筹委会、商品部
采购商品	酝酿确定方针,采购完成		商品部
营运组织	酝酿方针组织,决定执行	组织功能强化	人事部
商品管理	酝酿决策执行	作业流程系统化	商品部
销售计划	酝酿定案	确定营业目标	销售部
采购计划	酝酿定案	商品质量的保证	销售部、商品部
广告计划	酝酿决策立案执行	注意营销功能的运用	广告部
人员聘用	干部招聘、员工招聘、组织营业组		人事部
教育训练			行政部

（续表）

项目内容	时间	要点	执行者
商品进场	上架		商业部、销售部
短期预算			财务部
典礼准备	开业前广告、公关活动、试销	开业部门间配合	各有关部门
补充事项	管理制度、员工制服的准备等		行政部

有了开店工作进度总表以后，接下来就要制定比较详细的开店计划表（见表6-2），下面以超市为例来说明。

表6-2 超市开店计划表

开始天数	倒数天数	企 划 内 容
1	60	公司组织机构完成及服务计划表的制定 建筑设计：排水设备设计、电气设备设计、空调设备设计、消费设备设计 要点发布：营运计划与目标方针 建筑设备 建筑申请 冷冻冷藏设备设计 建筑工程 收银系统的招标 各项工程招标完成 平面图完成 陈列货架设备的决定 审查各管理人员的条件 内部装潢设计 图样审查与发包
3	58	各项工程正式发布完成 开业筹办小组成立并明确工作重点 市场调查全面展开
6	55	整体工程设计的配置修正 工作进度日期的确认 各项重要工程装潢开始
8	53	各项工程装潢开始 装潢设计再确认

(续表)

开始天数	倒数天数	企 划 内 容
10	51	市场调查完成 根据调查所得资料进行商圈分析 卖场陈列图完成 商品配置 采购部负责厂商的召集,准备签约 办公设备的签约 各管理人员提出的计划案的修正
13	48	商圈分析完成 筹办小组进行商品品种定位及价格带定位 陈列货架的估价,签订合同及发包 店内装修工作全面展开
19	42	附带设备工程 照明设计
21	40	开店的各项工作全面展开(制定出工作分工表) 商品陈列图完成
25	36	招聘人员 各管理人员营运计划的检查
27	34	各级重要管理人员聘任的调整 筹划开业前1个月中的各种促销方案
29	32	对各项资金运用情况的检查 各种设备的评估及检查
30	31	收银系统工程签约,厂家培训人员到位 选择商品价格资料
31	30	各部门主管人员培训 企业营业登记
32	29	门店外观工程开始实施 卖场图纸设计、制作工作的展开
41	20	从业人员受训 确定卖场营业后各部门的工作范围 进货厂商协调会 进货厂商约谈与签约 特卖商品的确认 请帖、工作证的印制 各家厂商、贵宾邀请函的确定

(续表)

开始天数	倒数天数	企 划 内 容
46	15	所有人员的职前教育 商品的录入工作全面展开 收银员、播音员、理货员的全面培训 各部门工作制度的制定 退货、换货程序以及服务规范、工作流程的制定 遗失物品、迷失儿童、顾客抱怨的处理程序的制定 消费者、来宾纪念品的印制 营业执照申请
47	14	商品陈列图检查 冷冻库、陈列柜试机运转 生鲜食品订货 广告宣传的检查
48	13	开业准备工作的综合检测 开业时的特殊广告计划
51	10	各种工程装修完成 做好商品陈列 干货进场 商品陈列 卖场清洁卫生工作全面展开 开业前各种事项准备情况的检查 购物篮、推车、收银台服务 决定生鲜价格 第一批广告宣传单印制完成
53	8	各种海报的张贴 广告传单的发放
54	7	分发宣传单和DM广告 人事部、总务部、业务部检查
55	6	检查商品录入工作进展情况 报纸广告 广播、电视广告
57	4	库存量数字核对 店内作业
58	3	检查生鲜陈列图

(续表)

开始天数	倒数天数	企 划 内 容
59	2	商品录入工作完成 卖场清洁卫生工作完成 检查现场
60	1	所有员工精神面貌良好、准备开业 生鲜、蔬菜、冷冻食品进场
61	0	开业日期、开业典礼

二、店铺开业计划的立案

店铺开业基本计划的立案过程有以下程序。

1. 基本方针、基本目标的设定

拟定全店的长期战略方针(包括经营方针、经营形态、开店时间、营业目标、利润目标、店铺规模)。

2. 前提条件的整理

在提出具体计划前,将有关的基本前提条件加以整理、确认。

3. 具体内容的立案

具体内容的立案必须配合店铺经营、店铺建设的关联性进行具体叙述,内容包括:

(1) 基本的营业计划。如市场目标、门店印象、年营业目标、卖场规划、商品构成、采购系统、销售方式等指标的设定。

(2) 组织人员计划。门店各部门的组织系统及业务内容、各部门人数编制的设定。

(3) 附属设施计划。如停车场、商品配送中心、员工宿舍等必要附属设施的审核。

(4) 土地、建筑物征用计划。店铺及附属设施的外形、规模、征用方法、征用时间、征用费用的设定。

(5) 建设计划。店铺及附属设施的外形、规模、基本设计图、建设费以及建设工程进度的确定。

4. 经济性的审核

对各个计划内容必须进行资金评估,进行收入、支出、预算、资金运用方案等方面的分析与审核,并拟定年度收支计划及资金计划。

5. 实施组织的设定

为了使开店计划得以顺利施行,要设立一个筹备小组,并制定各部门的职责。

6. 实施计划的调整

综合各个计划的内容及进度,以求得相互间的配合并取得最大的效果,再依据个别计划制定总实施进度表。

7. 效果评价

效果评价的重点内容包括:

(1) 整个立案内容的可行性评价,尤其是收益的评价。

(2) 此投资对全公司的经营可能产生的效果与影响的评价。

(3) 开店以后,若遇损失对公司可能产生的影响的评价。

专栏6-1

某企业开店部手册

星期一

(1) 召开接受货架、卸货的会议。

(2) 建立卸货架与收货架小组。

(3) 备妥卸下和接收货架的设备。

(4) 准备货架存放区域。

(5) 准备废物堆放区域。

(6) 从卡车上卸下货架或其他设备。

星期二

(1) 工作组会议,把人员分为6组:卸货、检查、运输、整理、安装、清理。

(2) 审核如何卸货架与接收货架。

(3) 检查接收的设备。

(4) 按产品的明细分组摆放。

(5) 检查小组分为两组:其一检查货架数量,其二复查核对上述内容。

(6) 整理组按货架类型归类。

(7) 建立废物收货组,保持区域干净。

(8) 联络机电维修部订做废纸存放箱。

星期三

(1) 开始讨论问题,修正工作进度的工作组会议。

(2) 准备与检查卸货设备、手拉式叉车、托盘。

(3) 货运公司开始安装货架。
(4) 打扫收货区域。

星期四
(1) 开始讨论问题,修正工作进度的工作组会议。
(2) 检查卸货设备。
(3) 继续卸货。
(4) 继续把货架移入前区。
(5) 开始安装一般货架。
(6) 保持工作各区域干净。
(7) 开始安装服装部货架部件。

星期五
(1) 高墙式货架:画线,水平调整;货架配料;安装货架;清洁货架。
(2) 继续安装前区的一般货架。

星期六
(1) 安装组在不同区域工作。
(2) 整理组不断整理货架存放区域。
(3) 保持工作区的干净。
(4) 开始安装服装部货架。
(5) 机电维修部须检查各部门的安全使用电源工作。

星期日
(1) 安装组在不同区域工作。
(2) 整理组不断整理货架存放区域。
(3) 保持工作区的干净。
(4) 继续安装服装部货架。

第二节　店铺开业计划的协调与实施

一、企业开店计划的组织

开业筹备是一个程序化、系列化的工作,不是选定一个店铺,采购一些商品便可以坐享利润的,而要经过一整项完善的筹备工作才可以完成,这样才能确保所开店铺的经济效益。以超级市场为例,开业筹备的主要内容如图6-1所示。

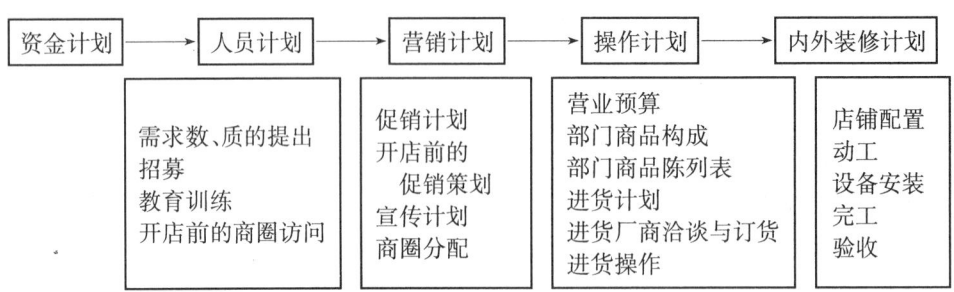

图 6-1　超市开业筹备的内容

一般来说,组织一个完整的开店计划,应完成以下几个方面的内容。

1. 确定进行开店工作所需的人员

(1) 场地规划与设计人员。开设店铺前的主要工作有场地寻找、商圈调查、店铺规划及内外设计,这方面的工作可聘用专人来负责。

(2) 采购人员。以超市为例,对于一个新开设的超市,最基本的人员是采购人员,因为超市所出售的商品,种类约在万种上下,各种商品的特性和出售方法不同,必须有精通商品的采购人员。目前这部分人员的工作大多由总部来统一承担。

(3) 商品维护及管理人员。店铺经营的一些商品,在出售前需要经过特殊处理,例如生鲜品,所以开店组成人员中必须有一些精于这些商品处理的技术人员。同时,还需要一些人员进行物品的陈列、标价、验收等工作。

(4) 开业所需的其他人员。在开店的筹划工作中,还需要有人来进行诸如营业执照的申请、劳动保险的办理、税务的登记办理、验资、到有关部门核准工资等事务,应配备一些有经验的人员来负责这些工作。

开店计划中所列示的开店人员配置可如图 6-2 所示。

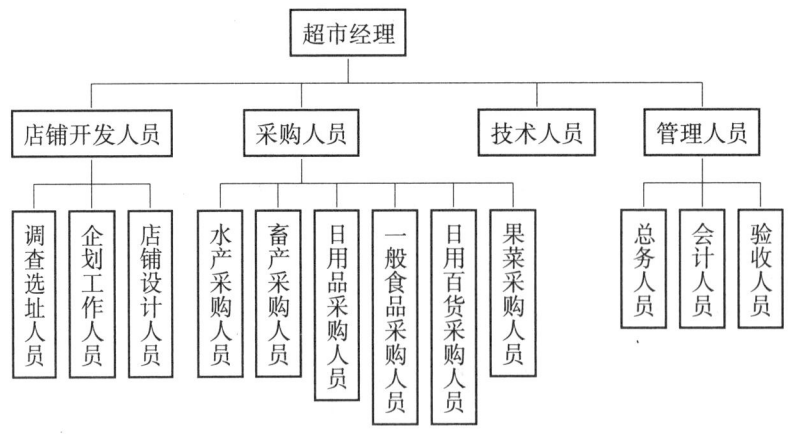

图 6-2　开店人员配置图

2. 确定开店组成人员的工作职责

（1）店铺开发人员的工作职责。① 调查选址人员及店铺设计人员的职责：开业日期的选定，开店决策过程的拟订，平面配置图的设计，店铺设施的导入，店铺内外装饰工程的进行。② 企划工作人员的职责：商圈分析，预算设定，店铺经营计划拟定，统计分析取样。

（2）采购人员的工作职责：商品采购种类构成的确定，商品采购的价格设定，竞争店重点商品售价调查，选择合作商与商品，进货管理规定的拟订，采购时间表的制定，订货、验货等步骤的管理规定，物流搬运工具设施的准备。

（3）总务人员的工作职责：人事招募，各部需求准备与分配，人事规章制度的制订，营业执照及其他证照的办理。

二、店铺开业的建设计划

建设计划是依据市场调查、立地条件及经营方针的综合分析结果，为实现经营效果所实施的门店建筑作业，其中包括主体店铺的建设计划及关联设施建设计划。店铺建设计划又可分成建筑计划、设备计划、装潢计划、物品计划及关联设施建设计划，重点如下。

1. 建筑计划

有关建筑计划的重点，大致可以分成三方面：

（1）店铺配置及面积的决定。对于建筑法规的规定事项如容积率、高度限制等，以及周围环境的状况、建筑施工的安全问题及施工障碍问题的克服等均要统筹考虑。在整个建筑面积的运用上，对于卖场面积及后勤诸设施的空间与配置，乃至于将来扩建的可能因素等，均必须配合资金状况、管理体制而作整体性的规划。

（2）平面计划的决定。这是决定店铺经营效率的重要因素，对于出入口及动线的处理，关系到整个商店入口及商品的流量，诸如顾客出入口、职员出入口、商品出入口以及楼面的顾客动线、职员动线及商品运送动线等，都必须考虑使卖场面积有效运用，从而作详细的规划。

（3）建筑物外装的决定。为求整个建筑物能具有吸引力而加深顾客对商店的印象，对于建筑物的外观设计以及使用的建材要予以考虑，要树立一个观念，建筑物并不仅仅具有容纳商品及防风雨的功能，还具有销售促进的功能。

2. 设备计划

设备对于顾客、工作人员及商品三者均具有相当的重要性。对顾客而言，要为他们提供适当且愉快的购物环境；对员工而言，要为他们提供提高工作效率及安全感的工作环境；对商品而言，要有一个具有保管功能及展示商品的空间。因此设备计划必须包括：① 空调设备；② 给水与排水设备；③ 电力照明设备；④ 通信设备；

⑤ 运送设备；⑥ 消防安全设备等项。

3. 装潢计划

首先要确定的装潢计划就是商品的配置，在建筑计划阶段将卖场与非卖场区分之后，对于卖场要进一步划分成销售空间（如一般商品卖场、特殊商品卖场等）、服务提供空间（如休闲区、咖啡座等）、商品陈列空间、作业空间（如收银台、包装台等），对于每个空间在装潢上要考虑采取固定式或移动式，以配合顾客动线、商品动线、售货员动线以及楼面的视觉。

其次就是装潢的施工，主要内容为：

（1）各楼别天顶、墙壁、柱子、地面色彩系列的运用，达到楼面别与卖场的变化。

（2）对于天顶、墙壁、柱子、地面等装潢材料的使用，要配合商品特性的表现。

（3）地毯、陈列器材等使用的场合与色彩的决定，要力求卖场变化及气氛的塑造。

（4）照明器材种类的决定及位置的配备，要发挥卖场整体的灯光效果。

除此之外，对于卖场内意外事件的避难通路及安全消防设施，均必须配合设备计划实施。总之，在店铺的装潢计划上，有三点原则应予注意：① 设计的个性化及标准化。在单店时可以考虑店铺的个性化，以强调特性，但如果成立连锁店时，则同时也必须考虑标准化，以建立整体企业形象。② 低成本化。力求以最低的装潢成本，表现出最佳的店铺效果。③ 无公害化。做到令来店的顾客及工作人员均有安全感，提供舒适的营业空间。

4. 物品计划

物品计划与装潢计划是一体的，但对于物品的几项基本功能，在从事设计时必须加以考虑：

（1）商品管理功能。除了做到商品的保管外，还必须强调商品展示功能，表现出商品特性及诉求重点，以引起顾客的购买欲望。

（2）顾客动机引导功能。对于物品功能的组合，能在卖场上发挥引导作用，使顾客对商品能够容易看见、容易接触且在选购上能够方便。

（3）卖场环境塑造功能。利用物品的配合，表现出卖场的气氛与格调，以便给顾客提供满意的购物环境。

设计时要配合商店形象的一致性，而在装潢形式及材料的使用上作统一的决定。

5. 关联设施建设计划

在关联设施方面，诸如停车场、配送中心、员工宿舍等，有必要配合资金的状况运用，而在进行设施计划时，要考虑与店铺本身的关联性，以便在业务上或使用上更为方便。

三、店铺开业的收支、资金计划

收支、资金计划是将整个开店的计划用数字表示出来,虽然收支、资金计划可能会随着用地计划与建设计划的变更而发生变动,但对于整体的收支、资金计划的设定是开店计划实施上的目标数值。因此,在实际进行时,应力求朝着设定的目标数值进行,以免造成太大的出入而影响资金的运用。当然对于中途各项难以预测的突发事件,在从事计划时,也要考虑临时营运措施的准备。

（一）收支、资金计划的构成

对于整体的收支、资金计划大致可以分成：① 收支计划、② 利益分配计划、③ 资金计划等三个部分。其中值得注意的重点是开店前可能需要大量的资金,而在开店后收支情况对资金的运用则有很大的关系。所以,对于有关经营环境、业界动向乃至公司本身的经营能力等,在从事收支、资金计划时,均要多方面地进行检查,慎重地制订计划,因此开店后 5 年乃至 10 年的中、长期计划有必要列入整体的考虑。

1. 收支计划

（1）营业额推算。对于第一年度的营业额依照市场调查结果、卖场面积、卖场构成以及本店的立地条件、经营能力与同业之比较而加以估算。第二年度以后则根据国民收入与消费支出增长状况,配合已设商店的年度增长状况予以估算。当然中途若再有扩建计划时,对于营业额的预估也要予以计入。

（2）收入面推算。在毛利额方面可以依据毛利率及营业额进行估计,其他的收入方面,如利息收入、其他类收入或租赁收入等则依可能发生情况予以推算。

（3）费用支出推算。根据经营的需要,费用支出可分成变动费用与固定费用,变动费用是依营业额的高低而按比例发生的,如包装费、营业税等,固定费用则包括人事费、水电费、广告费、邮电费、事务用品费及其他各项管理费等,当然在固定费用内也有部分费用仍与营业额的高低多少有连带关系。除此之外,固定资产等折旧的计提及开办费的制订拟提等应列入经营费用内。

2. 利益分配计划

有关公司的利益分配方面,除了缴纳各项税款外,可依公司营运的需要提取公积金,或是作为股东、员工的红利分配之用。

3. 资金计划

资金计划可以分成资金使用计划及资金调配计划。

（1）资金使用计划。又可分为开店前计划及开店后计划,开店前使用计划可包括用地费、建筑费、有关保证金、开办费及商品准备费等。开店后使用计划则包括经营运转资金、商品采购费、贷款利息或扩建费等。在资金的运用计划上必须针对各费用项目的必需时期、金额、内容等作明确的划分。

(2) 资金调配计划。可分成开店前计划及开店后计划、开店前调配计划是配合开店前资金使用的需要而准备,来自自有资本或借入资金,若调配时能确实控制,对于投资成本的降低甚有帮助。开店后调配计划是配合营业活动情形,对于扣除经营费用的剩余金、折旧摊销额以及各项应收、应付费用等作一调配,以实现资金的灵活运用。

(二) 收支、资金计划表

为求整体资金的收支状况能表现出连续性,如表 6-3 收支、资金计划表所示,有关表内项目的增减,可以配合公司营运的实际情况加以变动。

表 6-3 收支、资金计划表

区 分			摘要	开店	年度	年度	年度	年度	年度	年度	年度
收支计划		营业额									
		商品利益									
		利息收入									
		收入合计									
		人事费									
		事务费									
		宣传费									
		水电费									
		其他费									
		折旧摊提									
		利息支出									
		支出合计									
		本期纯益									
利益分配计划	利益	前期转入									
		本期纯益									
		合 计									
	分配	税 金									
		股东红利									

(续表)

	区 分		摘要	开店	年度	年度	年度	年度	年度	年度	年度
利益分配计划	分配	员工红利									
		内部保留									
		转入后期									

第三节 开业活动的营销策划

一、开店宣传活动计划

开店宣传活动的内容包括开店日期、宣传主题、宣传标语、宣传期、重点宣传地区、媒体运用、商品企划配合等。

(一) 开店宣传计划的进度

(1) 宣传活动计划的立案与决定。最理想的是在开店前2个半月能够立案,在开店前2个月能定案。开店日期(年、月、日)、宣传主题与重点、宣传文案、宣传期、商圈的重点地区、店铺特性、行政业务等均应在计划中加以考虑。

(2) 开店实施前的引导宣传。如召开招商会、工程及内装修进度发表会、记者招待会、工地现场标示及筹备情况说明会等,以通过各种媒体展开开店前的公共关系活动。

(3) 开店宣传活动的实施。在开店前1个月左右展开,在开店当天达到活动的高潮。其实施方式与内容要与员工对商圈内家庭的访问、各种广告媒体的运用、公共关系活动的开展、开店当天庆祝活动的实施以及所提供的特别服务项目相结合。

(4) 开店后的宣传活动。开店后的宣传活动配合上述系列宣传活动的内容,是开店宣传活动的持续,包括文化性活动、商品促销和服务性措施。

(二) 宣传活动开展的重点

(1) 开店宣传活动计划形成之际,应考虑公司内外的因素及预算情况,协调营业、总务、人事、财务等部门,经研究分析后再做调整或进入实施阶段。

(2) 在宣传活动的内容方面,应列出开店预定日、宣传标题、文案表现、店铺特性、楼层构成特色等开店诸项活动的重点。

(3) 施工现场外观和周围建筑物也可作为宣传之用。

(4) 在广告媒体的运用方面，应针对诉求对象进行有效组合，以求发挥最大的宣传效果。

专栏6-2

××百货开幕式流程

开幕时间定于本月10日

上午	时间	开幕活动	活动内容	备注
	8:50~9:30	迎宾	礼仪小姐迎宾，协助来宾签到，为来宾佩戴胸花；威风锣鼓与军乐队交替进行迎宾表演；音响播放迎宾曲	在两个迎宾签到处安排熟悉来宾的公司领导及工作人员，指导礼仪小姐区分贵宾、嘉宾；嘉宾签名礼品发放
	9:30~9:40	来宾就位	主持人请来宾在指定位置就座，主持人宣布在主席台上就座的领导及贵宾名单，礼仪小姐引导领导贵宾就座	乐队锣鼓齐奏
	9:40~9:48	典礼活动开始	主持人宣布正式开幕，介绍主席台上的嘉宾、明星	准备介绍名单
	9:48~9:50	升旗仪式	保安人员升国旗	准备国旗、国歌
	9:50~10:10	开幕致辞	总经理致词 领导致辞 嘉宾致辞	致辞人员安排 致辞内容
	10:10~10:20	醒狮点睛、表演	4位领导及贵宾点睛	点睛人员安排，6个红包
	10:20~10:30	剪彩仪式	礼仪小姐协助领导贵宾剪彩	第一排就座的领导及贵宾剪彩；施放礼花
	10:30~10:40	××百货诚信服务宣言	宣言结束；礼炮齐鸣、锣鼓齐奏；员工摇晃手中气球	气球：①送给小孩，②员工或礼仪小姐拿气球，顾客入场时要有大量保安维持，分段入场，以免人多挤坏商品

(续表)

上午	时间	开幕活动	活动内容	备注
	10:40~ 10:50	剪彩完毕请嘉宾入场参观	主持人宣布典礼仪式结束,请嘉宾入场参观;导购小姐前面带路;礼仪小姐站在入口两侧	乐队奏乐 威风锣鼓进行表演,以吸引现场观众
	10:50	10分钟后顾客入场	主持人请顾客入场,并介绍10分钟后将进行精彩的文艺表演	
	11:00~ 12:00	同时主持人宣布庆典演出开始	歌舞模特秀 少儿舞蹈	
下午	13:00~ 15:00	促销活动 文艺演出	文工团专场	
晚上	18:30~ 22:00	大型群星演唱会		

（1）开幕前要做好维护秩序工作,员工、保安定员定岗。
（2）舞台上主席台由10张办公桌拼成两排摆放。
（3）舞台正前方摆放椅子500把。
（4）舞台周围鲜花摆放。
（5）买满就送礼品放置总服务台。

二、开业典礼的策划与实施

以超级市场开业典礼为例,其策划主要包括三项内容:广告宣传策划、试营业策划及开业典礼仪式策划。

（一）广告宣传策划

1. 超级市场开业广告的内容

一般包括:一是告诉顾客开业的准确日期和所处位置;二是告诉顾客开业后有哪些酬宾活动。

2. 媒体选择

超级市场的开业广告,一般适合选用路牌、入户传单等媒体,小范围、高密度地进行信息传播。采用路牌广告需设置在商圈范围内,传单则可直接送入居民的信箱。最好不选择电视、广播、报纸等媒体。因为选择其中任何一个,都不能保证所有目标顾客都能看到,而且费用较高。

3. 超级市场开业广告的实施时间

超级市场的开业广告,最好在开业前 1 个月开始实施,商圈范围较大的大型超级市场可以提前 3 个月实施。这样,既可以不花费过多的广告费,又能使信息传播相对集中,赢得开业的较大人流。

4. 超级市场开业广告实施情况评估

AEI 是广告效果指数的缩写,它通过收集广告促销对象在接受广告宣传后的情况来反映广告促销效果的。对广告宣传对象进行抽样调查时,只要求回答两个问题,看没看过(听没听过)广告,去没去过刚开业的超市,见表 6-4。

表 6-4 超市广告效果调查表

	接触过广告	未接触过广告	合计人数
去过超市	a	b	$a+b$
未去过超市	c	d	$c+d$
合计人数	$a+c$	$b+d$	

根据表中所列数据,应用下面公式计算开业广告效果指数:

$$AEI = \frac{1}{N}\left[a - (a+c) \times \frac{b}{b+d}\right] \times 100\%$$

式中 a——看过广告并到过超市的人数;

b——未看过广告而到过超市的人数;

c——看过广告而未到过超市的人数;

d——未看过广告而且也未到过超市的人数;

N——被调查的总人数。

AEI 的变化范围是 0~1,AEI 值越大,说明广告效果越好。

例如:某超市做过某种产品的广告之后,随机抽选了 200 名消费者进行调查,结果如表 6-5 所示。

表 6-5 某超市广告效果调查表

	接触过广告	未接触过广告	合计人数
去过超市	100	30	130
未去过超市	25	45	70
合计人数	175	75	200

根据表 6-5,可以计算出广告效果指数为:

$$AEI = \frac{1}{200} \times \left[100 - (100+25) + \frac{30}{30+45}\right] \times 100\% = 25\%$$

(二)试营业策划

许多超级市场在正式开业前 5 天左右,都要进行试营业。规模越大的超级市场,涉及的部门与环节越多,试营业就越有必要。商家可以通过试营业来发现问题、评价优劣、及时进行调查与改进,为正式营业打下良好基础。

1. 试营业的内容策划

试营业的目的非常明确,就是保证正式开业的圆满成功。时间一般半天或一天即可。试营业时,可以让顾客自由进入选购,也可以邀请部分嘉宾光顾,凭请柬入场。在试营业后,超市应拿出 3~5 天时间进行总结,以利于正式营业的成功。

某超市试营业计划安排表见表 6-6。

表 6-6 某超市试营业计划表

时 间	营 业 内 容
12:20~12:30	超市营业人员进入卖场
12:30~12:45	清洁卖场和整理商品
12:45~12:55	各部例会并进行服务演练
12:55~13:00	各就各位准备营业
13:00	开始试营业
13:00~13:30	贵宾参观
13:30~14:30	记者招待会
16:30~18:00	晚餐
19:50~20:00	关门预告
20:00	试营业结束
20:00~20:30	结账及清理卖场
20:30~21:00	安全检查
21:00	清场下班

2. 试营业需注意的问题

只有将试营业视为同正式营业一样重要,才能达到试营业的目的,存在的问题才会暴露出来,并得到及时修正。因此,在试营业中必须注意以下问题:

(1) 一切活动按正式营业加以约束与要求,不允许有丝毫的例外和特殊。如超市营业人员必须按规定路线行走、穿着制服、佩戴证章等。

(2) 在试营业前的例会中,必须提高全体员工对试营业的认识,讲明应注意的事项,要求其兢兢业业地工作。

(3) 对于试营业中暴露出来的问题要随时记录,并加以具体说明,以供参考。

(4) 理货员与收款员各就各位,按照规范的操作程序进行运作,并摸索相应的工作量情况。

(5) 试营业中,各种设备都要启动起来,进行安全检查时不得走过场,而应一项一项地进行核对与检查,特别是防火、防盗系统的检查更应认真仔细。

(三) 开业典礼仪式策划

在选择开业典礼时通常要考虑到超市企业良好形象的树立。一般有以下几种常用形式可供选择,如表6-7所示。

表6-7 超市开业常用形式

形　式	活动内容	优　点	缺　点
一般型开业典礼	致词与剪彩	易于控制、操作费用少	公关作用较差,消费者不易参与
公关型开业典礼	现场服务咨询、赞助公益事业、演出、消费者联欢等	新闻宣传性强、易造成轰动效应	安全不易控制与把握
实惠型开业典礼	无正式开幕式,可以用酬宾、特卖、抽奖等来代替	省却费用、消费者易参与、比较实惠	传播作用较弱

(1) 开业典礼仪式的准备。无论是选择一般型开业典礼还是选择公关型开业典礼,都必须进行精心的准备。尽管其准备的重点不同,但有些工作是共同的:

一是请好嘉宾。嘉宾的构成及出席率是开业典礼是否成功的重要影响因素。超级市场开业典礼邀请的嘉宾应是在业内有影响力的人物,社区内各居委会的成员应成为被邀请的对象,因为他们有评价和传播店铺形象的作用与爱好。还应邀请社区内的工商、环保、公安、税收等部门的人员。请柬一般应在一周之前发出,如是名人需要提前预约。

二是拟好程序。一般开业典礼的程序是:宣布典礼开始、介绍到场来宾、致开幕词、欢迎词、来宾贺词、剪彩、进店。另外,需要确定致词人员,并准备好简短的发言稿;剪彩人员也需要事先确定好。

三是布置好现场。超级市场开业典礼一般在店前举行,应事先安排好现场,确定各种接待及服务人员。例如,客人签到、领取赠品、休息、就餐等。剪彩、摄影、播音、音乐等各方面人员也要有良好的安排。

(2) 开业典礼程序安排。超级市场开业典礼,不仅包括仪式,还包括店堂的正式营业,必须进行统筹安排。

某超市开业典礼程序安排表见表 6-8。

表 6-8 某超市开业典礼程序安排表

时间	内容
8:30~8:40	店员进入卖场
8:40~9:00	清洁卖场、整理商品
9:00~9:20	各部举行例会并进行仪表检查
9:20~9:30	各就各位,准备开业
9:30~9:55	超市店长及主管进行巡视检查
9:55~10:00	行政部门进行典礼前的最后准备
	来宾就位
10:00	开业典礼开始:致辞、剪彩
11:30~13:00	午餐

本 章 小 结

连锁企业的开店工作从决定立项之日起开始筹备,直到开业当日为最终的期限。开店工作进度总表是整体控制与管理开店工作的表格,一般的内容应包括任务的起止时间、项目的具体内容、执行者的名称,需要特别注明的内容应在备注栏中加以说明。店铺开业基本计划的立案过程有以下程序:基本方针、基本目标的设定、前提条件的整理、具体内容的立案、经济性的审核、实施组织的设定、实施计划的调整和效果评价。

一般来说,组织一个完整的开店计划,应完成以下几个方面的内容:确定进行开店工作所需的人员;确定开店组成人员的工作职责。建设计划是依据市场调查、立地条件及经营方针的综合分析结果,为实现经营效果所实施的门店建筑作业,其中包括主体店铺的建设计划及关联设施建设计划。店铺建设计划又可分成建筑计划、设备计划、装潢计划、物品计划及关联设施建设计划。收支、资金计划是将整个开店的计划用数字表示出来,虽然收支、资金计划可能会随着用地计划与建设计划的变更而发生变动,但对于整体的收支、资金计划的设定是开店计划实施上的目标数值。因此,在实际工作中,应力求朝着设定的目标数值进行,以免造成太大的出入而影响资金的运用。

收支、资金计划是将整个开店的计划用数字表示出来,虽然收支、资金计划可能会随着用地计划与建设计划的变更而发生变动,但对于整体的收支、资金计划的设定是开店计划实施上的目标数值。因此,在实际进行时,应力求朝着设定的目标数值进行,以免造成太大的出入而影响资金的运用。超级市场开业典礼的策划主要包括三项内容:广告宣传策划、试营业策划及开业典礼仪式策划。

1. 简述店铺开业流程。
2. 怎样确定进行开店工作所需的人员?
3. 怎样制定开店宣传计划的进度?

新店开业的人员合理调配

某新店即将开业,因为新店位于一个人口稠密的住宅区,周围同一层次的商场还没有,因此区域总监意识到开业鲜食客流会非常大,决定在周围的兄弟店安排多一些鲜食技工到该店进行开业支援。

在开业的前夕,鲜食副总召开了本店的鲜食管理层会议,明确地提出开业的主力军是本店的鲜食同事,希望管理层安排好本店同事与支援同事的工作,切勿让支援同事一天忙个不停,而本店同事却找不到事情做。会后各鲜食管理层都各自计划本部门的人手,当然,担当主力的自然是本店的技工了。

在开业的当天,果然在鲜食部门人潮汹涌,加上鲜食品种丰富、价格有吸引力,吸引了越来越多的顾客光顾。鲜食区域也是开业当天管理层关注的重点,区域总经理在巡视肉类部时,发现支援店的肉类技工正在计价台前不断地打称,感觉很不解。因为这位技工是肉类部的王牌技工,到这里来怎么只做计价台的工作呢?

区域总经理把这位同事叫了出来询问究竟,这位同事一开始就抱怨了起来,说部门主管在班前的会议上说,部门的技工活已经有足够人手了,希望支援的同事能在计价台服务顾客。但事实上该店的技工分割技术不熟练,外面的台面经常是等米下锅。所以这位技工抱怨说,很多支援的同事都感觉到自己是多余的人手,希望尽快离开回到该店。

讨论题:

1. 你认为该店在新店开张期间对于人力资源的分配存在哪些问题?
2. 该新店应怎样合理进行人员的分配?

第七章 店铺外观设计

1. 掌握店面的类型；
2. 了解店名设计的原则；
3. 掌握店标的概念及作用；
4. 了解店标的种类及设计原则；
5. 掌握出入口的类型及设计要点；
6. 了解招牌种类及设计要求；
7. 了解橱窗的类型及设计要求；
8. 了解停车场及楼梯的设计要求。

【引导案例】

鲁广购物中心的改扩建计划

　　武汉鲁巷广场的改扩建工程启动了。根据计划,华美达酒店和鲁广购物中心(简称鲁广)主体基本不变,在鲁广的后面新建一座连体商场,高度与现有商场相同,均为6层。两座商场实行错位经营,类似于目前的中南商场和中商广场。含两层地下室,地下二层为车库,地下一层为超市及商铺。

　　鲁广因为长期"本地独此一家",曾经红火过好几年。自打光谷步行街开街后,它的客流就明显流失到步行街那边去了。鲁广扩建的决心,来自它拥有地铁出入口的独特优势,该地铁站就位于鲁广的后门、卓豹路(虎泉街)的马路底下。新鲁广的地下室直接与地铁站相连,地铁客流一出来,就可以马上进入鲁广的新地下超市,极其便捷。相比之下,从地铁站到大洋百货和家乐福的步行距离超过500米,这可不是一个可以忽略的距离,对于搭地铁来到光谷广场的人来说,如果时间不充裕的话,很可能选择就近购物,懒得往前走。当然了,地铁的优势不能过分夸大,因为还有大量从华工、地大、民院等高校来的人流不一定经过这个地铁站,而鲁广的口碑明显不及大洋百货和家乐福,所以能否达到预期效果还存在一定的不确定性。

第一节 店名和店标设计

连锁企业的店铺设计是一个比较复杂的问题,涉及光学、声学、心理学、美学等多门学科,需要运用多门学科知识进行整体规划,主要包括店铺的外观设计、店内环境设计及商品陈列设计等内容。其中商品陈列设计的内容在《连锁企业营运管理》中介绍,本书主要讲解店铺的外观设计和店内环境设计的相关内容。

连锁店的外观组成部分可细分为如图 7-1 的要素。以下详细介绍这些要素的设计策略。

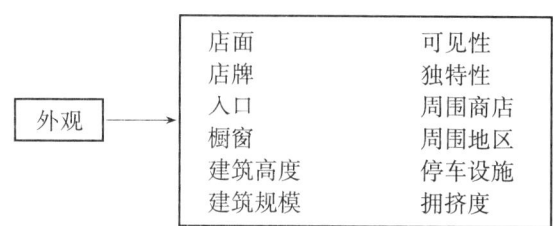

图 7-1 连锁店外观组成要素

一、店面类型

连锁企业的经营业态和经营方式多种多样,其店面外观也不尽相同,一般地,店面外观有三种类型。

1. 全封闭型

入口尽可能小一些,面向大街的一面用陈列橱窗或有色玻璃遮蔽起来。

经营高级照相机、宝石、金银器等贵重商品的连锁专卖店,宜采取这种类型。因为到这里买东西的顾客被限定为一部分人,需要顾客安静、愉快地选购商品,不能随随便便地把顾客引进店内,所以不需要从外面看到店内。

2. 半开放型

入口稍微小些,从大街上一眼就能看清商店内部,通过橱窗配置,使橱窗对顾客具有吸引力、尽可能无阻碍地把顾客诱导到店内。

在经营化妆品、服装、装饰品等商品的百货商店,采用这种类型比较适合。购买这类商品的顾客预先都有购买商品的计划。在这个范围内,目标是买与自己的兴趣和爱好一致的商品,突然跑进特定商店的例子是很少的。一般是顾客从外边看到橱窗,对商店经营的商品发生了兴趣,才进入店内,因而开放度不要求很高,顾客在店内可以安静地挑选商品。

3. 全开放型

这是指把商店的前面,即面向马路一边全开放的类型。

适合于出售食品、水果、日用杂品等的日用品商店、超级市场。购买这类商品的顾客并不关心陈列橱窗,而希望直接见到商品和价格,所以不必设置陈列橱窗,而多设开放入口,使顾客出入商店没有任何障碍,可以自由地出入。前面的陈列柜台也要做得低一些,使顾客从街上很容易看到商店内部和商品。

二、店名设计

好的店名能给人留下生动、清晰的印象,能够增强连锁店的吸引力,可以增强目标市场上消费者的口碑传播效应,有利于扩大连锁店的知名度,增加顾客流量,也能将企业的经营理念传输给顾客。连锁企业经营人员在为连锁店设计名称时,一般应遵循以下原则:

(一)易读、易记

易读、易记原则是对连锁店店名的最根本的要求,连锁店店名只有易读、易记,才能高效地发挥它的识别功能和传播功能。例如"美佳"超级市场、"佳思客"超级市场等。为了使连锁店店名易读、易记,要求连锁企业经营者在为连锁店取名时,要做到以下几点。

1. 简洁

名字单纯、简洁明快,易于和消费者进行信息交流,而且名字越短,就越有可能引起顾客的联想,含义反而更加丰富。绝大多数知名度较高的连锁企业的店名都是非常简洁的,这些名称多为2～3个音节。冗长和复杂的店名,不易被人辨识和记忆,例如,有一家超级市场连锁店,名称为"121～万德万",这名字就让人难以理解。

2. 独特

名称应具备独特的个性,力戒雷同,避免与其他连锁店店名混淆。如"7-Eleven"超级市场连锁集团,其店名就非常独特。据悉,我国现在两个字的企业名称已经用尽了,为避免与他人重复,必须用3个字以上企业名称,而且三个以上的名称,必须避免有两个字与他人重复。例如,目前风行的"客隆"命名方法,就给人以雷同之感,北京已有京客隆、利客隆、亿客隆等,再发展下来,就容易引起人们的误解。

连锁店的店名与产品品牌的名称都具有同等的标识与传播作用,它们的命名原则是相一致的。以产品品牌命名为例:日本索尼公司(SONY)原名为"东京通信企业公司",本来想取该名称的前三个字的第一个拼音字母组成的 TTK 作名称。但产品将来要打入美国,而美国的这类名称多如牛毛,如 ABC、NBC、RCA、AT&T等。公司经理盛田昭夫想,为了企业的发展,产品的名称一定要风格独特、醒目、简洁,并能用罗马字母拼写。再有,这个名称无论在哪个国家,都必须保持相同的发音。遵循上述想法,盛田昭夫查了不少字典,发现拉丁文中"SONUS"是"SOUND"(英文,意为"声音")的原型;另外"SONNY"一词非常流行,是"精力旺盛的小伙子"、"可爱的小家伙"之意,正好有他所期待的乐观、开朗的含意。同时,他又考虑到该词如果照罗马字母的拼法,发音正好与日文中的"损"字相同,这将引发不利的产品联想。突然,盛田昭夫灵机一动,将"SONNY"的一个字母去掉,变为"SONY"。"SONY"既是"JSOUNS"的谐音,又有"SONNY"之意,简直太棒了。盛田昭夫将"SONY"作为公司生产的所有产品的注册商标,并将公司名称由"东京通讯企业公司"改为"SONY 公司",这一名称使 SONY 公司财运亨通,而且也成为消费者爱不释手的名牌商标。

3. 新颖

这是指连锁店店名要有新鲜感,赶上时代潮流,创造新概念。如柯达(Kodak)一词在英文字典里根本查不到,本身也没有任何含意,但从语言学角度来说,"K"音如同"P"音一样,能够给人留下深刻的印象,同时"K"字的图案标志新颖独特,消费者第一次看到它,精神会为之一振。这就更进一步加深了消费者对 Kodak 的记忆。

4. 响亮

这是指连锁企业店名要易于上口,难发音或音韵不好的字,都不宜用作名称。响亮的店名也易于流传,易于扩大其知名度。

5. 高气魄

这是指连锁企业店名要有气魄,起点高,具备冲击力及浓厚的感情色彩,给人以震撼感。如珠海的海蓉贸易公司,为了使其生产的服装打入国际市场,参与世界竞争,公司决定改名。通过对几个方案的比较,最后决定用"卓夫"作为公司的名称。"卓夫"是英语"Chief"的音译,英文含义为"首领"、"最高级的"(名词或形容词);中文含义为"卓越的大丈夫"。中英文合二为一,演绎出一种高雅、俊逸、不同凡响的风格。正如设计者所言:"作为产品,它是高级、高档、质量的象征;作为企业,它是卓越领先、超众的代表。"

（二）暗示商店经营属性

连锁店店名还应该暗示商店经营商品的属性和类别。但问题是，店名越是描述某类经营商品的属性，那么这个名称就越难向其他经营范围上延伸。因此，连锁企业经营者在为连锁店命名时，不应使连锁店店名过分暗示经营商品的种类或属性，否则将不利于企业的进一步发展，连锁店店名也会因此而失去特色。

（三）启发消费者对连锁企业联想

连锁店店名要有一定的寓意，让消费者能从中得到愉快的联想，如"物美"超级市场，会使顾客联想到超级市场出售的商品物美价廉。

（四）支持店标

连锁店店标是指连锁店中可被识别但无法用语言表达的部分。店标是连锁企业经营者命名的重要内容，需要与连锁店店名联系起来一起考虑。当连锁店店名能够刺激和维持连锁店店标的识别功能时，连锁店店面识别系统的整体效果就加强了。例如：当人们听到"苹果"超级市场时，立刻就会想起那只明亮的能给人带来好运的苹果，这样，"苹果"这一超级市场在消费者心目中就留下了根深蒂固的印象。

（五）适应市场环境

连锁企业店名要适应市场，要适合该市场上消费者的文化价值观念。连锁企业店名不仅要适应目前目标市场的文化价值观念，而且也要适应潜在市场的文化价值观念。

文化价值观念是一个综合性的概念，它包括风俗习惯、宗教信仰、价值观念、民族文化、语言习惯、民间禁忌等。不同的地区具有不同的文化价值观念。因此，连锁企业经营者要想使连锁店进入新市场，首先必须入乡随俗，有一个适应当地市场文化环境并被消费者认可的店名。

不同的国家和地区，在文化上具有很大的差别。如同样的植物或动物，具有不同的象征意义。例如：熊猫在我国乃至世界上多数国家和地区均颇受欢迎，是"和平"、"友谊"的象征，但在伊斯兰国家或信奉伊斯兰教的地区，消费者则忌讳熊猫；仙鹤在我国与日本都被视为长寿的象征，而在法国则被看成是蠢汉或巫妇的代表；菊花在意大利被视为国花，但在拉丁美洲，有的国家则视菊花为妖花，只有在送葬时才会用菊花供奉死者，法国人也认为菊花是不吉利的象征。

鉴于此，连锁企业策划者在为商店命名时，应本着适应性原则，要把眼光放远一点，给商店起一个被目标市场认可的名字，这样才有利于连锁企业的发展。

（六）受法律保护

连锁企业经营者还应该注意，绞尽脑汁得到的连锁企业店名一定要能够注册，受到法律的保护。要使连锁企业店名受到法律保护，必须注意以下两点：

(1) 该连锁企业店名是否有侵权行为。连锁企业经营者要通过有关部门查询是否已有相同或相近的连锁企业店名被注册。如果有,则必须重新命名。美国有一种叫"伊丽莎白·泰勒热情"专卖香水的连锁店,销售业绩非常好,但其连锁专卖店发展到第55家时,就被迫停卖。因为与它竞争的一家店的产品叫"热情香水",对方向法院起诉,最后"伊丽莎白·泰勒热情"连锁店不得不改弦易张,重新命名,原先的广告促销活动也付之东流。

(2) 该连锁企业店名是否在允许注册的范围以内。有的连锁企业店名虽然不构成侵权行为,但仍无法注册,难以得到法律的有效保护。如1915年以前德国商标法规定仅有数字内容的商店名称是不能注册登记的。连锁企业经营者应向有关部门或专家咨询,询问该连锁企业店名是否在商标法许可注册的范围内,以便采取相应的对策。

(七) 其他

连锁企业经营者在给企业命名时,除了查找字典,引经据典外,还应采用以下的一些方法:

(1) 人名。人名作为店名,与众不同,会使人感到熟悉和亲切,很多饮食店、理发店、时装店都是采用此法。

(2) 数字名。以数字名作为店名使人易记易识。如"7 - Eleven"便利店,88眼镜店等。

(3) 动植物名。以动植物命名,会使人产生对动植物的联想,如"牡丹服装店"就容易使人想到其高贵典雅。"野马"汽车,使人联想到西部草原纵横驰骋的奔马,暗示其强劲高速与自由随意。

(4) 组字名。即借用一些字和词组构成店名。例如:华联、联华、康佳等。要注意的是,一般不要用地名作企业名,一则不利于企业今后向外地的发展;二则商标法规定,县级(含县级)以上的地名不得作为企业商标和名称。

企业命名可以集思广益,通过多种途径进行征集与筛选。诸如采用发动自己单位职工为本企业命名、委托专业公司起名和向全社会有奖征集企业名称等方式。

专栏 7-1

莎莎的店名设计

莎莎公司作为专门经营化妆品、护肤品、健康食品的连锁店,在成立之初就构思了一个非常好的名字"莎莎"。一看就知道是售卖个性用品的商店,同时读起来也很响亮,给人以亲切的感觉,再看她的英文名字"SaSa",只有短短的4个字母,读音响亮,字形又十分优雅,字母S和a都由圆滑的曲线构成,毫无棱角,给人以柔和的感觉。

再看莎莎的招牌,也十分有特色。粉红的底色配上白色的中英文字。粉红色代表女性,即红粉佳人。而白色代表女性追求美丽、美白。可见,在店名和招牌设计方面莎莎是费了不少心思的。

三、连锁企业店标的概念与作用

连锁企业店标是指连锁企业店面标识系统中可以被识别,但不能用语言表达的部分,也可以说是连锁企业店面标识的图形记号。

据考古发现,早在公元前79年,在古罗马的庞德镇,人们用色彩在外墙上画一个壶把,表示是茶馆;画有牛的地方表示牛奶店或牛奶厂;画有常春藤的是油房;画石磨的是面包店等。由此可见,店标的标识作用由来已久。连锁企业店标与商店名称都是构成完整的商店标识系统的要素。连锁企业店标自身能够创造商店认知、商店联想和消费者的商店偏好,进而影响商店体现出的质量与顾客的商店忠诚度。连锁企业店标的作用如图7-2所示。

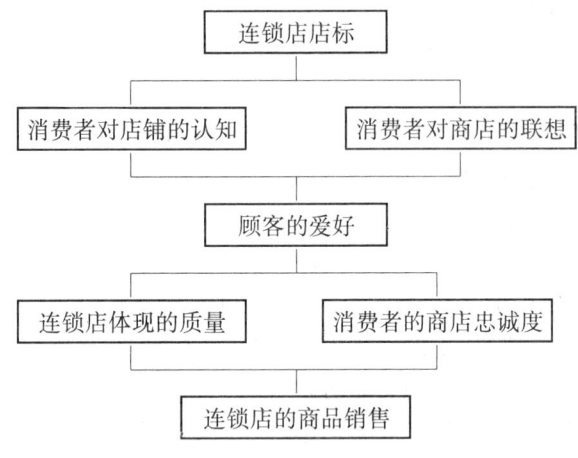

图7-2 连锁店店标的作用

连锁企业店标的作用具体有以下几点:

(1)连锁企业店标能够引发消费者产生商店联想。尤其能使消费者产生有关商店经营商品类别或属性的联想。

(2)连锁企业店标能够促使消费者产生喜爱的感觉。风格独特的标识能够刺激消费者产生幻想,从而对该商店产生好的印象。例如,米老鼠、快乐的绿巨人、康师傅方便面上的胖厨师以及凯勃勒小精灵等。这些标识都是可爱的、易记的,能够引起消费者的兴趣,并使他们对其产生好感。而消费者都倾向于把某种感情(喜爱或厌恶)从一种事物上传递到在与之相联系的另一事物上。因此,由于连锁企业店标而使消费者产生的好感,在某种意义上可以转化为积极的商店联想,这非常有利于连锁企业经营者开展市场营销活动。

(3) 连锁企业店标是公众识别商店的指示器。风格独特的连锁企业店标是帮助消费者记忆的利器。检验连锁企业店标是否具有独特性的方法是认知测试法,即将被测连锁企业店标与竞争商店的店标放在一起,让消费者辨认。辨认花费的时间越短,就说明标识的独特性越强;反之亦然。一般来讲,风格独特的商店标识会被很快地找出来。

四、连锁企业店标的种类

连锁企业店标是一种"视觉语言"。它通过一定的图案、颜色来向消费者传输某种信息,以达到使消费者识别商店、促进销售的目的。

不同的商店有不同的连锁企业店标,其中最明显的是几何图形。以图7-3而言,上段标识图形似曾相识,故认知率较高,下段标识图形很少见,所以认知率较低。以上段图形而言,有月牙、皇冠、星星、十字形。但下段图形表示何种意义,不甚明了。具有意义的图形,能够助长记忆。因此,在设计连锁企业店标时,赋予一定的图形以特殊意义就显得非常重要了。

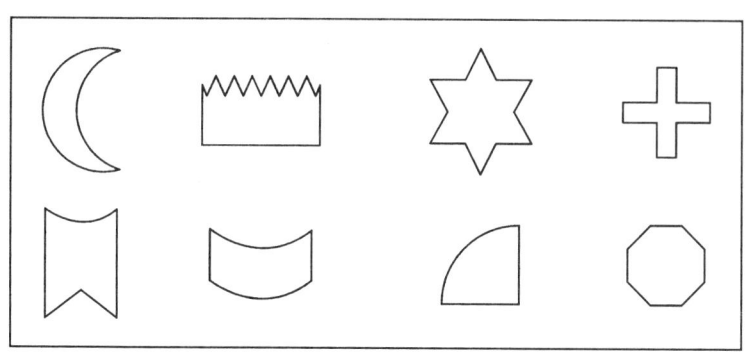

图7-3 常见的几何图形

(一)根据标识的形态可划分为表音标识、表形标识和图画标识

1. 表音标识

表音标识就是表示语言音素及其拼合的语音的视觉化符号。大小写字母、汉字、阿拉伯数字、标点等我们日常用的文字或语素、音素等都是表音标识。表音标识的特点是简洁明了、歧义性低,但过于普遍,个性不突出,标识能力低。因此连锁

企业经营者要在表音标识的构形上多花心思,使其造型新颖、别致、颜色醒目、突出。表音标识又可分为连字标识、组字标识和音形标识三种。

(1) 连字标识,即音素、字母、汉字连接而成的相对完整的词语或句子。这种连锁企业店标意义明确,很难产生歧义,但标识能力弱,给人留下的印象不突出。使用时要加些背景图案、装饰、形象性文字等变化。

(2) 组字标识,即取企业名称的字头字母组成表音标识。这种标识的图案性较强,可利用字母的变形和排列来加强标识性,简洁而表现力丰富,但有歧义性。由于它图案性较强,很容易与表形标识结合起来,可取得更好的视觉效果。

(3) 音形标识,它是表音标识与表形标识的组合。表形的要素可以是抽象的,也可以是象征性的;表音的要素可以是连字,也可以是组字。通常,组字和抽象结合得较多,其表现力强,印象性和辨识性也较高,同时也避免了歧义性。

2. 表形标识

表形标识通过几何图案或形象图案来表示标识。表形标识靠形而不靠音,因而形象性非常强。通过适当的设计,能以简洁的线条或图形来表示一定的含义,同时利用丰富的图形结构来表示一定的喻义。缺点是没有表音标识,不利于消费者将连锁企业店标与连锁企业的名称联系起来。因此在使用表形标识时,最好能配之以企业名称。

表形标识的设计要求充分抓住事物的本质、感觉特征、运动规律以及几何图形自身的组合结构规律,充分研究几何图形中的点、线、面、单形、复形的形态组合和几何骨骼组织。它的设计要有意境、情调。几何形态也不是呆板的,而是在变化中寻求动感、丰富和灵活,具备美的韵味,形有限而意无穷,表现出无限的生命力。表形标识又可分为抽象标识、形征标识和象形标识三种。

(1) 抽象标识,即用非象形图案或几何图形来表达一定事物的某种意义或概念。这种标识的设计最重要的是处理好线条。线条的短长、粗细、直斜等均能影响消费者的心理反应。

(2) 形征标识,即抽象标识与象形标识相结合,在抽象中加象形,使标识从整体上削弱了呆板的感觉,使其显得生动活泼,含义也更易于理解。

(3) 象形标识,即直接表达企业特征的符号性标识,也可以称为图案画标识。特点是形象生动活泼、含义清楚、歧义少,因其来源于现实生活,因而能给消费者留下深刻的印象。

3. 图画标识

图画标识直接以图画的形式来表达企业特征的标识,早期有些商店标示用图画来表示,后来日渐简化,逐步向象形标识靠拢,这种标识的特点是画面复杂,不利于传播。

(二)根据标识的内容可划分为名称性标识、解释性标识和寓意性标识

1. 名称性标识

名称性标识,即连锁企业店标就是商店名称,直接把商店名称的文字、数字用独特的字体表现出来。这类连锁企业店标通常将名称的第一个字母或字艺术化地放大,以使其突出、醒目。这类标识的设计要注重色彩问题,以增强其标识性。

2. 解释性标识

解释性标识,即对商店名称本身所包含的事物、动植物、图形等,用名称内容本身所包含的图案作为商店的标识。解释性标识又可分为图案标识和符号标识两种。

(1) 图案标识,即以一定的图案来解释名称的标识。如苹果电脑(Apple Computer)的那只成熟诱人的苹果;彪马(Puma)服装的那只勇猛无比、威风凛凛的美洲豹;骆驼牌香烟上的那只在浩瀚无垠的沙海里昂首阔步的骆驼等。图案标识的特点是形象生动、真实,但其表达的含义常产生歧义。

(2) 符号标识,即用特定的符号作为连锁企业店标。这种标识大多来自简单的几何图形的组合。符号标识可以是商店名称的演变转化,也可以与商店名称无直接的关系。商店名称转化的符号标识与商店名称有着直接的关系。与商店名称无直接联系的符号标识,有时也可称为寓意性标识,它是企业经营理念的一种图形表达,但对广大消费者而言,它只是某产品的代表符号。

3. 寓意性标识

寓意性标识,即以图案的形式将商店名称的含义间接地表达出来的标识。这种标识根据文字、图形等组合因素的不同,又可分为名称字母式标识、名称线条式标识和图画标识三种。

(1) 名称字母式标识,即在商店名称前面、后面或中间加上一个字母,以构成独特的连锁企业店标。

(2) 名称线条式标识,即在商店名称周围艺术化地加上一段线条的标识。这种标识充分利用了几何图形的内在美感,增加了连锁企业店标的艺术性,也就强化了标识的视觉效果。

(3) 图画标识,即对商店名称进行加工和提炼,然后再以一定图画的形式将其表现出来的标识。许多世界性的商店多采用这种连锁企业店标。

五、连锁企业店标的设计原则

1. 简洁鲜明

连锁企业店标不仅是消费者辨认商店的标志,也是提高商店知晓度的一

种手段。连锁企业店标在设计上其图案与名称应简洁醒目,易于认知,易于理解和记忆。同时,还要求设计风格特色鲜明、新颖,使标识具有独特的面貌和出奇制胜的视觉效果,产生强烈的感染力,易于捕捉消费者的视觉,以引起其注意。

我国不少商店的标识,线条繁杂曲折,让人眼花缭乱,不得要领,非常不利于发挥它的标识功能。因此,在设计时要正确贯彻简洁鲜明的原则,巧妙地使点、线、面、体和色彩结合起来,以达到预期的效果。下面扼要介绍一些图形所代表的特征。

（1）直线：果断,坚定,刚毅,力量,有男性感。

（2）曲线或弧线：柔和,灵活,丰满,美好,优雅,优美,抒情,纤弱,犹疑,有女性感。

（3）水平线：安定,寂静,宽阔,理智,死亡,大地,天空,有内在感。

（4）垂直线：崇高,肃穆,无限,悲哀,宁静,激情,生命,尊严,永恒,权力,抗拒变化的能力。

（5）斜线：危险,崩溃,行动,冲动,无法控制的感情与运动。

（6）参差不齐的斜线：闪电,意外事故,毁灭。

（7）锯齿状折线：紧张,压抑,痛苦,不安。

（8）螺旋线：升腾,超然,脱俗之感。

（9）圆形：圆满,简单,结局,给人以平稳感和控制力。

（10）圆球体：完满,持续的运动。

（11）椭圆形：妥协,中和,不安定。

（12）等边三角形：稳定,牢固,永恒。

2. 独特新颖

连锁企业店标既用来表达企业的独特个性,又以此为独特标记,要让消费者识别出独特的品质、风格和经营理念。因此,在设计上必须突出独特新颖的原则,别出心裁,使标识富有特色,个性明显,使消费者看后能留下耳目一新的感觉。

3. 准确相符

准确相符原则是指连锁企业店标的寓意要准确,商店名称与标识要相符。在设计连锁企业店标时,要巧妙地赋予寓意,形象地暗示,使之耐人寻味,这样的店标才有利于扩大商店的知名度。

4. 优美精致

优美精致原则是指连锁企业店标造型要符合美学原理,要注意造型的均衡性,使图形给人一种整体优美、强势的感觉,保持视觉上的均衡。并在线、形、大小等方面做造型处理,使图形能兼具动感及静态美。

5. 稳定适时

连锁企业店标要为消费者熟知和信任,就必须长期使用,长期宣传,在消费者的心目中扎下根,但也要不断改进,以适应市场环境变化的需要,这就是稳定适时原则。有的标识用得过久,已不能与时代的步伐合拍,其发挥的作用也就大打折扣了。日本花王公司的月亮标识,就随着时代巨轮的转动,不断地演进。自1890年创业至今,共有7次重大的变化,从演进的轨迹来看,显示出越来越靠近现代,越来越符合现代人的感受。

第二节 出入口设计

一、出入口的类型

零售卖场设计的第一关是出入口的设计。招牌漂亮只能吸引顾客的目光,而入口才能吸引顾客进店。入口选择的好坏是决定零售卖场客流量的关键。不管什么样的卖场,其出入口都要易于出入。卖场的出入口设计应考虑商店的规模、客流量大小、经营商品的特点、所处地理位置及安全管理等因素,既要便于顾客出入,又要便于商店管理。

卖场出入口按其开放程度的大小,可分为开放型、半开放型和封闭型。

1. 开放型出入口

开放型出入口是将卖场临街的一面全开放的类型。顾客从街上就能很轻易地望见卖场内部陈设及商品,顾客出入卖场没有障碍。这种出入口方便顾客出入,并有利于充分显示卖场内商品,从而可提高购买速度。同时,卖场内自然光充足,减少了灯光方面的开支,具有节约电能、节省费用的优点。但这种类型的入口受外界环境的干扰大。

2. 封闭型出入口

封闭型出入口则是指面向大街的一面用橱窗或有色玻璃遮掩起来,出入口尽可能小,让顾客在橱窗前品评陈列的商品后再入卖场参观选购。这种店门可以隔绝噪声,阻挡寒暑气和灰尘,能为顾客提供一个较舒适的选购空间,延长顾客在卖场内逗留时间。但这种卖场不易出入,可能会让顾客产生不够亲切的心理感受,而且安装推拉玻璃门支出较昂贵,会造成经营费用的增加。

3. 半开放型出入口

半开放型出入口是介于开放和封闭两种类型的中间状态,出入口大小适中,玻璃明亮,橱窗倾斜配置或低位设置,顾客能从大街上看清卖场内部,不知不觉被吸引进入卖场。

二、出入口的设计要点

卖场出入口应精心设计,并且要做以下三个主要决定。

1. 决定出入口的数量

很多小商店只有一个出入口,大百货商店可能有4～8个或更多的出入口。卖场如果希望吸引驾车者和步行者,应至少有两个出入口(一个在店前吸引步行者;另一个在店后,紧挨停车场)。店前出入口和店后出入口有不同的作用,所以要分别设计。应当注意出入口过多会造成商品失窃率上升,一些都市的卖场为节约保安费用而少开出入口。

2. 选择出入口的形式

其中店门可以选择旋转门、电动门、普通推拉门或温度控制门,后者是有暖或冷"空气门帘"的敞开式出入口,可使出入口同卖场有相同温度。这种出入口使卖场具有吸引力,减少行人拥挤,并使顾客看到卖场情况;出入口地面可以挑选水泥式的、瓷砖式的和地毯式的;灯光可以选择传统的或荧光的,白色的或彩色的,闪光的或不闪光的。

3. 考虑店内通道的问题

宽敞、大方的通道营造出与狭窄、压抑的过道完全不同的气氛和情绪。在店面的设计中,必须给走廊留有足够的空间。大的橱窗陈列可能具有吸引力,但如果没有足够的空间使顾客舒服地进入卖场,顾客是不会感到愉快的。

出入口驱动原理认为,在商店设置好的顾客通道中,出入口是驱动消费流的动力泵,好的出入口设计要能合理地推动消费者从入口到出口,有序地浏览全场,不留死角。

图7-4和图7-5是较为理想的出入口例子,出入口能驱动消费流循环一周,光顾全店不留死角。

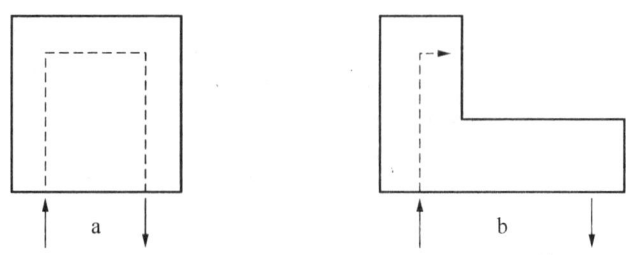

图7-4 规则商店合理的出入口

图 7-5 异形商店合理的出入口

图 7-6 和图 7-7 是不合理的货架布局,易造成消费死角,不易有效循环。

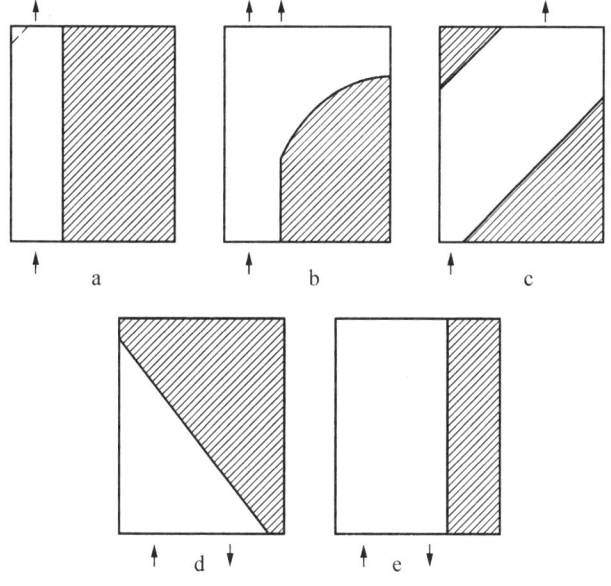

图 7-6 规则商店不合理的出入口

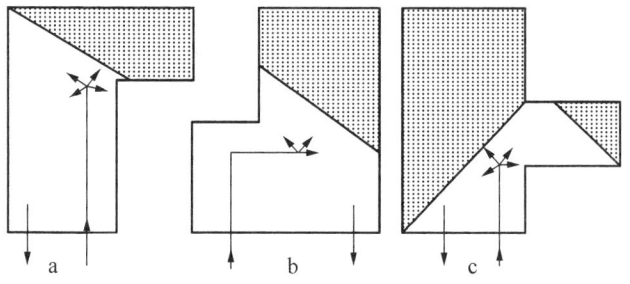

图 7-7 异形商店出入口的不合理布局

三、几种零售卖场的出入口设计

1. 日用杂品卖场的出入口设计

这类卖场的出入口设计可以遵循全开放原则。因为购买这类商品的顾客并不太关心橱窗陈列,而希望直接见到卖场和价格。经营此类商品的卖场不必设置橱窗陈列和特价台,堵塞出入口,使之很难看到卖场内部,倒不如前面的陈列台做得低一些,使顾客能看到卖场内部全貌则更好。

2. 日用必需品卖场的出入口设计

这类卖场主要是指销售衣着、装饰品的卖场,它们的顾客一般预先都有购买商品的计划。在这个范围内,目标是买到同自己的兴趣和爱好一致的商品。一般是顾客从外面看到橱窗,对卖场的商品感兴趣,停下脚步,愉快地进入卖场。这种卖场的出入口设计最重要的是卖场的结构和陈列橱窗。出入口的开放度不要很高,只要能看到店内,知道经营的是什么商品就可以。所以开放程度以半开放型为原则,货架和柜台都要有利于活跃卖场的气氛,并要从外面能看见里面的商品。

3. 专卖店的出入口设计

经营高级照相器材、金银首饰、宝石等贵重商品的卖场,出入口的设计原则上应采用封闭型。并且要做到以下几点:

(1) 出入口外观要豪华,要给顾客足够的信任感。

(2) 卖场内要美观,要使在这里购买商品的顾客具有与众不同的优越感,觉得在这样的卖场购买商品是很自豪的。

(3) 橱窗等不必太突出,也不必从外面看到卖场内。

第三节 招牌与橱窗设计

一、招牌设计的要求

连锁店的招牌在客观上要起到宣传的功效,这就要求它的设计能使消费者对企业的经营内容与特色一目了然。因此,招牌一般应包含如下内容:连锁店的名称、连锁店的标志、连锁店的标准色、连锁店的营业时间。在具体制作招牌时,要特别考虑以下几个问题。

1. 招牌的色彩

消费者对于招牌的识别往往是先从色彩开始再过渡到内容的,所以招牌的色彩在客观上起着吸引消费者的巨大作用。因此,要求色彩选择应温馨、明亮而且醒目突出,使消费者过目不忘。颜色一般应采用暖色或中色调,如红、黄、橙、绿等色,同时还要注意各色彩之间的恰当搭配。例如有的超市的招牌为红、绿、白三色;还有的超市招牌为红、白两色,或以红、蓝色为主色调设计。它们都较好地体现了上述原则。

2. 招牌的内容

连锁店招牌的内容要求在表达上简洁突出,而且字的大小要考虑到中远距离的传达效果,具有良好的可视度及传播效果。

3. 招牌的材质

招牌要使用耐久、耐雨、抗风的坚固材料,如木、塑料、金属、石等,或以灯箱来作招牌。在各种材质选择时,要注意充分考虑全天候的视觉识别效果,使其作用发挥到最大。

二、招牌的种类

招牌的种类多样,如图 7-8 所示,常用的有以下几种:

1. 广告塔
2. 横置招牌
3. 壁面招牌
4. 突出招牌
5. 遮幕式招牌
6. 窗面招牌
7. 小型突出招牌
8. 遮篷式招牌
9. 悬挂式招牌
10. 立式招牌

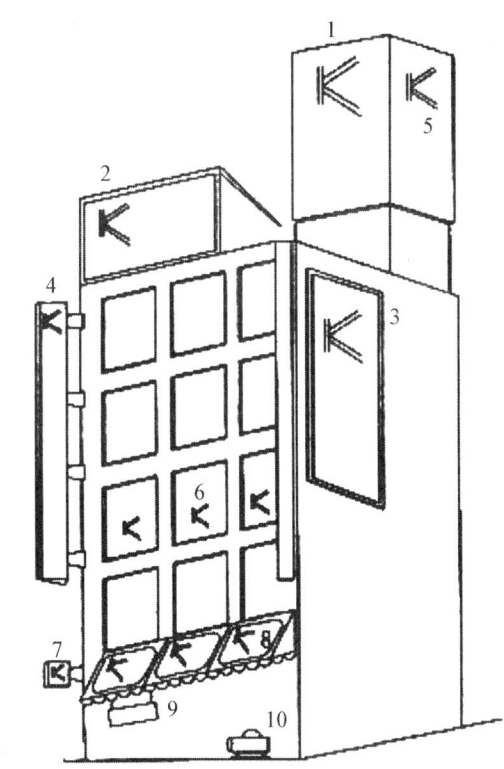

图 7-8 招牌的种类示意图

(1) 广告塔,即在建筑顶部竖立广告牌,以其来吸引消费者、宣传自己的店铺。

(2) 横置招牌,即装在连锁店正面的招牌,这是连锁店的主力招牌,通常对顾客吸引力最强,如增加各种装饰,如霓虹灯、荧光照射等,会使其效果更加突出。

(3) 壁面招牌,即放置在超市正面两侧的墙壁上,将经营的内容传达给两侧的行人的招牌。通常为长条形招牌或选择灯箱形式加以突出。

(4) 立式招牌,即放置在连锁店门口的人行道上的招牌,用来增加对行人的吸引力。通常可以用灯箱或商品模型、人物造型来做招牌。

(5) 遮幕式招牌,即在连锁店遮阳篷上施以文字、图案,使其既成为招牌,又起到遮蔽日光、风雨及宣传的双重功效。

三、招牌的位置选择

连锁店招牌应有良好的位置选择,这样才能充分发挥其宣传作用,招牌本身设计的大小、色彩等是影响位置设置的主要因素。

一般的研究认为:眼睛与地面的垂直距离为1.5米左右,以该视点为中心上下25~30度的范围为人视觉的最佳区域,在此区域内放置招牌效果最佳。如图7-9所示。

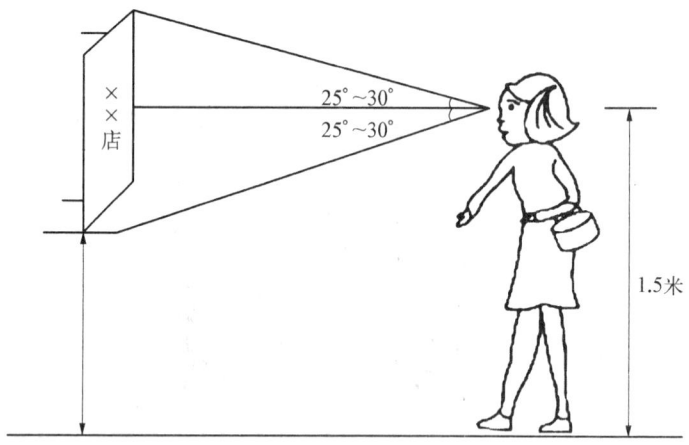

图7-9 招牌设计位置图

四、招牌材料的选择

(一) 招牌面材料的选择

(1) 水泥细石面:包括水泥面、石子面、卵石面等,具有简朴粗犷、自然原始等风格。如加工细致些,则会增加一份细腻感,装饰效果亦不错。

(2) 油漆或涂料面：以木板、墙面、铁皮作为底衬并涂上鲜艳的油漆或涂料制成，多彩多样、活泼，且经济易行，但要定期重新油漆或喷刷涂料。另外，也可采用喷塑形式。

(3) 大理石、马赛克、贴砖、墙砖、大理石砖等招牌面：这种装饰效果较好，或沉稳庄重，或豪华气派，或纯洁清晰。

(4) 金属板材面：如银色或古铜色的铝合金面，给人以大方、俊美、高雅之感。

(5) 有机玻璃面：加工方便，成品色泽鲜艳，装饰效果好，但有机玻璃强度弱，加工易受损。

(6) 拼接玻璃面、镜面、茶色玻璃面是广为流行的招牌衬面。明亮整洁，色泽对比强的招牌字或图案在其衬托下，格外醒目，空间感强烈。

(二) 招牌字及图案的种类

(1) 金属字及图案：有铜质、不锈钢及其他金属字或图案，华丽高贵、生动醒目。通常要通过招牌面上有承载能力的挂钩、铁钉及其他与承件连接到字内壁挂孔和骨架上，得以与招牌面紧密衔接。

(2) 塑料、有机玻璃字及图案：色泽艳丽，制作简便，通常由塑料字或图案薄片贴在泡沫上，再粘贴、固定在招牌面上。但这种字形耐久性差，时间一长，光泽退失而且易老化变形。

(3) 玻璃或镜面字及图案：由小块玻璃或镜面组成。通过强力胶贴在招牌面上。其招牌面底部应安装相应宽度的金属薄板制成边沿，以防玻璃块脱落发生不测。

(4) 水泥字及图案：由水泥浇铸而成，自然质朴，但因分量太沉而安装不便。

(5) 贴塑或油漆字及图案：简单易行，但是需要经常维修上漆。

五、橱窗的类型

橱窗是商品陈列宣传的重要手段，临街橱窗对于展示门店的经营类别、重点推销商品、吸引消费者购买意义重大。橱窗的类型可从不同角度进行划分。按橱窗展示的时期可以分为定期展示橱窗、节令展示橱窗、临时展示橱窗；按设计表现手法，可分为环境型、想象型、抽象型及综合型；按所陈列商品的品种可分为综合式橱窗陈列、系统式橱窗陈列、专题式橱窗陈列、特写式橱窗陈列和季节式橱窗陈列等。

(一) 综合式橱窗陈列

综合式橱窗陈列是将许多不相关的商品综合陈列在一个橱窗内，以组成一个完整的橱窗广告。这种橱窗陈列由于商品之间差异较大，设计时一定要谨慎，否则就会给人一种"什锦粥"的感觉。综合式陈列方法主要有：

(1) 横向橱窗陈列。将商品分组横向陈列，引导顾客从左向右或从右向左顺序观赏。

(2) 纵向橱窗陈列。将商品按照橱窗容量大小,纵向分成几个部分,前后错落有致,便于顾客从上而下依次观赏。

(3) 单元橱窗陈列。用分格支架将商品分别集中陈列,便于顾客分类观赏,多用于小商品。

(二) 系统式橱窗陈列

大中型连锁企业的橱窗面积较大,可以按照商品的类别、性能、材料、用途等因素分别组合陈列在一个橱窗内,这就是系统式橱窗陈列,这种方法又可具体分为:

(1) 同质同类商品橱窗陈列,即同一类型同一质料制成的商品组合陈列,如冰箱、自行车橱窗。

(2) 同质不同类商品橱窗陈列,即同一质料不同类别的商品组合陈列,如羊皮鞋、羊皮箱包等组合的羊皮制品橱窗。

(3) 同类不同质商品橱窗陈列,即同一类别不同原料制成的商品组合陈列,如杏仁蜜、珍珠霜、胎盘膏组成的化妆品橱窗。

(4) 不同质不同类商品橱窗陈列,即不同类别、不同制品却有相同用途的商品组合陈列,如网球、乒乓球、排球、棒球组成的运动器材橱窗。

(三) 专题式橱窗陈列

专题式橱窗陈列是以一个广告专题为中心,围绕某一特定的事情,组织不同品牌或同一品牌不同类型的商品进行陈列,向媒体受众传输一个诉求主题,如节日陈列、绿色食品陈列、丝绸之路陈列等。这种陈列方式多以一个特定环境或特定事件为中心,把有关商品组合陈列在一个橱窗中,又可分为:

(1) 节日陈列。以庆祝某一个节日为主题组成节日橱窗专题,如中秋节以各式月饼、黄酒等组成的橱窗,圣诞节以圣诞礼品、圣诞老人模型等组合的橱窗,既宣传了商品,又渲染了节日的气氛。

(2) 事件陈列。以社会上某项活动为主题,将关联商品组合在一起的橱窗,如大型运动会期间的体育用品橱窗。

(3) 场景陈列。根据商品用途,把有关联性的多种商品在橱窗中设置成特定场景,以诱发顾客的购买行为,如将有关旅游用品设置成一处特定的旅游景点场景,以吸引过往顾客的注意力。

(四) 特写式橱窗陈列

特写式橱窗陈列是运用不同的艺术形式和处理方法,在一个橱窗内集中介绍某一连锁企业的产品,如单一连锁企业商品特写陈列和商品模型特写陈列等,这类陈列适用于新产品、特色商品的广告宣传,主要有:

(1) 单一商品特写陈列。在一个橱窗内只陈列一件商品,以重点推销该商品,如只陈列一台电冰箱或一架钢琴。

（2）商品模型特写陈列。即用商品模型代替实物陈列，多适用于体积过大或过小的商品，如汽车模型、香烟模型橱窗。某些易腐商品也适用于模型特写陈列，如水果、海鲜等。

（五）季节式橱窗陈列

季节式橱窗陈列是根据季节变化把应季商品集中进行陈列，如冬末春初的羊毛、风衣展示，春末夏初的夏装、凉鞋、草帽展示。这种手法满足了顾客应季购买的心理特点，有利于扩大销售。

商店的橱窗多采用封闭式，以便充分利用背景装饰，管理陈列商品，方便顾客观赏。橱窗规格应与商店整体建筑和店面相适应。

橱窗底部的高度，一般离地面80～130厘米，以成人眼睛能看见的高度为好，所以大部分商品可从离地面80厘米的地方进行陈列。小型商品从100厘米以上的高度陈列。电冰箱、洗衣机、自行车等大件商品可陈列在离地面5厘米高的部位。

连锁企业经营者可根据连锁企业规模的大小、橱窗结构、商品的特点、消费需求等因素，选择具体的橱窗陈列广告形式。

六、橱窗设计要求

连锁店橱窗陈列具有特殊的立体空间，要求制作者注意以下几点：

1. 背景要求

背景是橱窗广告制作的空间，对背景的要求，类似室内布置的四壁。形状上，一般要求大而完整、单纯，避免小而复杂的繁琐装饰。颜色上，尽量用明度高、纯度低的统一色调，即明快的调和色（如粉、绿、天蓝等色）。如果广告宣传商品的色彩淡而一致，也可用深颜色作背景（如黑色）。总之，背景颜色的基本要求是突出商品，而不要喧宾夺主。

2. 道具要求

道具包括布置商品的支架等附加物和商品本身。支架的摆放越隐蔽越好。现在常用有机玻璃和无机玻璃材料作支架。如果是服装模特道具，其裸露部分如头脸、手臂、腿等部位的颜色和形状，不一定同真人一样，可以是简单的球体，灰白的色彩，或者干脆不用头脸，这样反而比真人似的模特更能突出服装本身。

商品的摆放要讲究大小对比和色彩对比，其构图及背景色彩，都可以先在纸上画出平面或立体效果图，以突出广告商品为原则，同时注意形式上的美感。

商品名称、企业名称或简洁的广告用语，可以安排在台架上，亦可悬挂起来或直接粘贴在橱窗玻璃等突出的部位。一个橱窗最好只做某一厂家的某一类产品广告。

3. 灯光要求

光和色是密不可分的。按舞台灯光设计的方法,为橱窗配上适当的顶灯和角灯,不但能起到一定的照明作用,而且还能使橱窗原有的色彩产生戏剧性的变化,给人以新鲜感。对灯光的一般要求是光源隐蔽,色彩柔和,避免使用过于鲜艳、复杂的色光。尽可能在反映商品本来面目的基础上,给人以良好的心理印象。例如:食品橱窗广告,用橙黄色的暖色光,更能增强人们对所做广告的食品的食欲;而家用电器橱窗陈列,则用蓝、白等冷色光,能给人一种科学性和贵重的心里感觉。

值得注意的是,现代橱窗陈列的布置更加强调其立体空间感和空间布置的肌理对比。例如:由于商品的摆放多集中于橱窗的中下部分,上部空间往往利用不足,此时便可以利用悬挂装饰物的办法增加其空间感。另外,装饰物、背景和橱窗底面的材料也应充分讲求与广告商品的肌理对比。例如:电冰箱橱窗陈列应以皮、毛类材料作背景,颗粒材料作底面,更能突出电器产品的表面金属质地感。

还有的橱窗陈列设计,利用滚动、旋转、振动的道具,给静止的橱窗布置增加了动感,或者利用大型彩色胶片制成灯箱,制作一种新颖的画面等。总之,现代橱窗广告制作随着科学的发展,设计思想的更新,从形式、内容等方面不断充实,其醒目程度日益提高。但是,如果在设计制作上只注意形式上的变化,忽略了广告宣传的目的而造成喧宾夺主的后果,这样的橱窗设计注定是不会成功的。

专栏 7-2

"冠生园"食品店的橱窗设计

20 世纪 30 年代"冠生园"食品公司门市部在中秋月饼的宣传中,在橱窗内创作了"莺莺拜月"的生动场景,橱窗中以月饼为主体,莺莺小姐对月焚香,立在假山背后的张生不时探头窥视。古老的文学故事,诱人的月饼及传统的中秋佳节相互呼应,让人在品味月饼的同时,也能细细嚼出其中蕴含着的美味无穷、沁人心脾的食文化。那次橱窗展示吸引了众多行人与顾客,在当时颇为轰动。

第四节 停车场与楼梯设计

许多连锁企业大型卖场的产生、发展是与小汽车的普及相伴随的,因而停车场成为连锁企业吸引顾客的重要砝码。在西方流传着一句大家都接受的格言:"没有停车场,就没有好生意。"

一、停车场规模的设计

假如连锁店位于城市的公寓区,顾客几乎全是徒步购物,故不需要设立停车场。但是,在郊区开设的连锁店必须考虑停车场的配置,因为顾客几乎全部是开车而来。停车场规模与连锁店规模有一定的关系。美国超级市场专家布朗教授认为,假设来超级市场的顾客全部是开车族,停车场的面积应是店铺面积的 5 倍,即两者之比为 5∶1,这是标准性数据。

在日本 LEC 东京法思株式会社所编的《怎样经营零售店铺》一书中提供的标准是:"销售场地面积与停车场停车辆数的比例为 30 平方米一辆车。"即每 30 平方米的销售面积,应配有停放一辆车的停车场面积。

在法国,除小型卖场不配置停车场外,大中型超级市场都配有充足的停车场。对于大型卖场而言,停车场面积则是巨大的。法国流行的标准是:每 100 平方米销售面积要有 220 个车位。平均每个大型卖场有 1100 个车位。当然该车位不仅为大型卖场顾客而设,而且也是为整个购物中心的顾客准备的。

由上可知,西方各国在确定卖场停车场规模时,方法不一,数额也有差异,需依具体情况进行具体分析。

二、停车场位置选择

尽管有专家说"停车场=销售额",但并不是有了停车场就自然地产生销售额,停车场的位置与配置必须保证顾客进出方便。

停车场的位置最好在店铺周围,停车后,顾客能便利地进入卖场,购物后,能轻松地将商品转移到车上。具体要求是:

(1) 停车场要邻近公路,易于进出;
(2) 入口处要面向道路;
(3) 车辆出入口应避开十字路口;
(4) 分开车辆的入口和出口;
(5) 主停车场与卖场入口在 180 米范围内;
(6) 用箭头和副线展示并排定停车顺序(见图 7-10)。

如果零售卖场相邻区域没有空地,也可将停车场设置在道路的对面,但必须容易到达。停车场与卖场之间的道路可以通过架天桥、地下通道紧密地衔接起来。

如果卖场周围停车场不足,对面又没有空地,可考虑向空中发展,建立立体停车场,这在国外也是很普遍的。

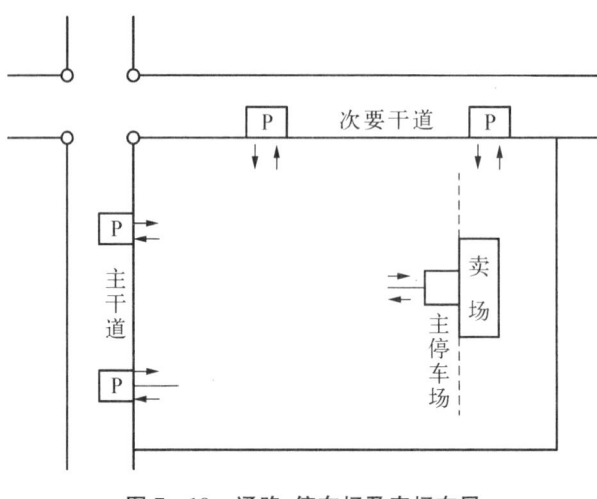

图 7-10　通路、停车场及卖场布局

三、车位的设置

停车场车位的设置要尽量采取直线型。目前普遍存在的斜面式停车位(见图 7-11)并非是好的选择,如果不是受地形的限制,应避免这种斜面式停车位,而采取直线形停车位(见图 7-12)。它不仅可以节约占地,而且便于出入。

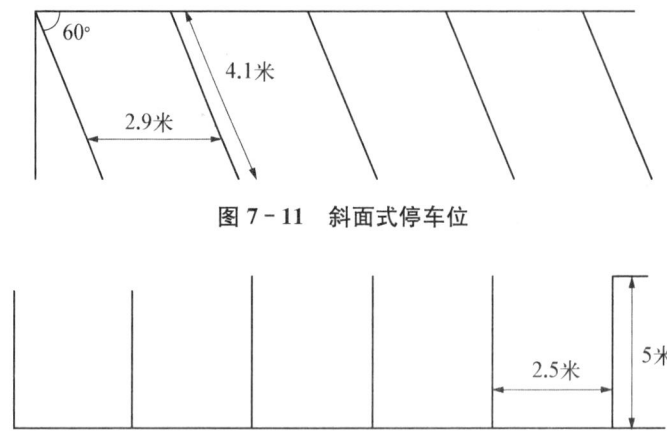

图 7-11　斜面式停车位

图 7-12　直线形停车位

除了进出口要分开之外,还要保证进出口直接面向公路,并且有足够的宽度,一般为 5~6 米。

停车场有时需要附设一些汽车服务设施。诸如,在法国一些大型卖场的停车场附设有加油站、汽车用品店、自动洗车间和汽车修理部等,可以为汽车进行一条龙服务。

四、停车场的类型

连锁企业都有自身的商圈范围,大型连锁企业的商圈半径可达到5~10千米,因此,连锁店必须提供一定的停车场以吸引远处的顾客。一般来说,常用的停车场有以下几类:

(1) 平面停车场,包括平地停车场、地下停车场(自走式、机械式)、屋顶停车场(自走式、机械式)。

(2) 立体停车场,包括停车楼(自走式)、停车塔(机械式)。

连锁企业可根据自身的销售场地大小决定停车场的面积。一般情况是每30平方米的销售场地配备一辆车的车位。根据资料,停车场距离连锁店的范围为100~180米以内。

五、楼梯的种类

常见的楼梯种类有四种(见图7-13):

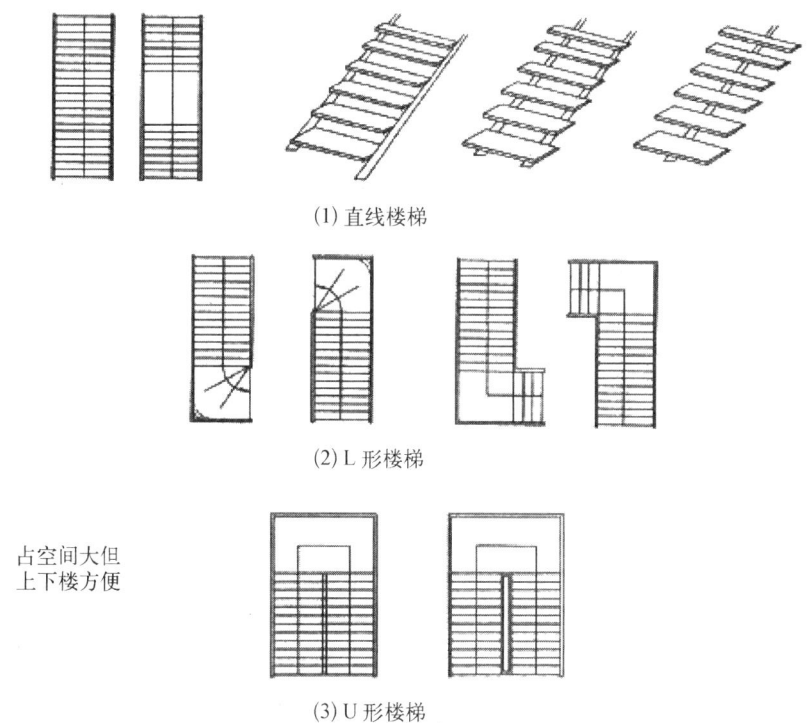

(1) 直线楼梯

(2) L形楼梯

占空间大但上下楼方便

(3) U形楼梯

图 7-13

占空间小但上下楼不方便

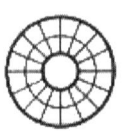   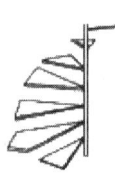 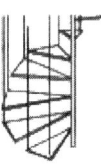

(4) 螺旋楼梯

图 7-13 常见的楼梯种类

楼梯各部分的尺寸及形状要求见表 7-1。

表 7-1 店铺楼梯各部分的尺寸及形状(有关法规摘要)

楼梯种类	各部分尺寸	楼梯中间的间歇平台(厘米)	每级阶梯之间的高度(厘米)	阶梯踏面尺寸(厘米)	可不设间歇平台的楼梯高度(米)
1	经营物品销售业(包括物品加工修理业)的店铺地板面积合计超过 1 500 平方米的楼梯	140 以上	18 以下	26 以上	3 以下
2	店铺场地上方的居室地板面积合计超过 200 平方米的地上部分楼梯 居室地板面积合计超过 100 平方米的地下部分楼梯或地下工作间的楼梯	120 以上	20 以下	24 以上	4 以下
3	1~2 以外的楼梯	75 以上	22 以下	21 以上	4 以下
4	直通室外的楼梯	90 以上	依 1~3 而定		
5	4 以外的室外楼梯	60 以上	依 1~3 而定		
6	连通电梯机械室的楼梯	—	23 以下	15 以上	—

资料来源:[日]彰国社的《设计用建筑法规手册》,中国建筑出版社 2000 年版。

本 章 小 结

连锁企业的店面外观有三种类型:全封闭型、半开放型和全开放型。连锁企业经营人员在为连锁店设计名称时,一般应遵循以下原则:易读、易记;暗示商店经营属性;启发消费者对连锁企业联想;支持店标;适应市场环境和受法律保护等。

连锁企业店标是指连锁企业店面标识系统中可以被识别,但不能用语言表达的部分,也可以说是连锁企业店面标识的图形记号。连锁企业店标是一种"视觉语言"。它通过一定的图案、颜色来向消费者传输某种信息,以达到使消费者识别商店、促进销售的目的,在设计时应遵循一定的原则。

零售卖场设计的第一关是出入口的设计。卖场出入口按其开放程度的大小,可分为开放型、半开放型和封闭型。卖场出入口应精心设计,并且要做以下三个主要决定:出入口的数量、出入口的形式、店内通道的问题。

招牌一般应包含有如下内容:连锁店的名称、连锁店的标志、连锁店的标准色、连锁店的营业时间。在具体制作招牌时,要特别考虑招牌的色彩、内容与材质。超市招牌应有良好的位置选择,一般的研究认为:眼睛与地面的垂直距离为1.5米左右,以该视点为中心上下25~30度的范围为人视觉的最佳区域,在此区域内放置招牌效果最佳。橱窗的类型可从不同角度进行划分。按橱窗展示的时期可以分为定期展示橱窗、节令展示橱窗、临时展示橱窗;按设计表现手法,可分为环境型、想象型、抽象型及综合型;按所陈列商品的品种可分为综合式橱窗陈列、系统式橱窗陈列、专题式橱窗陈列、特写式橱窗陈列和季节式橱窗陈列。

停车场的位置最好在店铺周围,停车后,顾客能便利地进入卖场,购物后,能轻松地将商品转移到车上。停车场车位的设置要尽量采取直线型,如果不是受地形的限制,应避免斜面式停车位。

1. 简述店面的类型。
2. 简述店名设计的原则。
3. 什么是店标?有什么作用?
4. 出入口的设计要注意哪些要点?
5. 招牌的最佳放置位置在哪里?
6. 简述橱窗的分类。
7. 停车场位置选择有什么要求?

海天购物中心整体布局的调查分析

在湖南乃至整个零售行业里,海天购物中心是一颗璀璨的"明星",其总面积为11 000平方米,拥有员工600余人。海天购物中心充分发挥自身规模优势,信息优势和分工优势，向消费者提供新鲜、卫生的食品及日用百货，并以舒适的环境、周到的服务、丰富的物品、较长的开放时间、过硬的质量适应了多元化、多层次的消费者的需要，以"一流设施、一流环境、一流服务、一流管理"的崭新姿态，展示在三湘大地上，占据了极大的市场份额。

海天购物中心的装潢、商品的陈列、营业厅的分配都是以顾客"购物在海天、享受在海天"为目标来设计的。

首先是它的店面设计。俗话说："树有皮，人有脸。"树若没皮，就会干枯死掉；不少人由于有一张俊俏的脸而备受朋友们的喜欢。一家店的店面也有同样的作用，其店面的设计主要包括：出入口、招牌、橱窗等方面。海天购物中心的出入口设计，本着既方便顾客又美观大气的原则，采用了轻型玻璃门式自动门，这样可以避免老人、小孩等顾客开启不便。设置的出入口并排正对着街道，且大小是一样的，这样在实际使用当中，其"出"、"入"两个大门可以很好地起到互补的作用，又显得很大气。海天购物中心招牌是向顾客传递信息的一种形式，不仅要追求艺术上的美感，更重要的是内容准确。海天购物中心的店名和店标被镶在购物大楼的顶端（即广告塔形）和正对街道的正门上方（即横置屋顶式），淡黄色的主色调，金属质料，立体有致，远远地就能吸引人们的视线，使人们产生兴趣和偏爱。海天购物中心正对街道的外墙全部采用透明无色的玻璃，上面适当地张贴一些海报、广告等有关超市的信息，顾客既能从中得知购物中心的信息，又能透过玻璃看到室内灯火通明的柜台。

其次是它的楼层设计。海天购物中心分为上、下两层。走进购物中心，往左可以看到大约100平方米的顾客休闲区，里面设有桌椅，电脑照相和热、冷饮料，这往往是顾客在逛完超市后选择的最佳休息区。往右是非自选区，经营的产品有各种高档化妆品、珠宝首饰、名贵钟表、摄影照相器材以及自办的美容院等，这些产品均属于高档商品，一般价格较高、顾客购买的频率较低、选择时间较长，而且又是一些比较轻便的商品，因此这些商品的专柜都安排了导购人员和相关的专家。

通过电梯上到二楼，就进入了海天购物中心的自选区。站在缓缓上升的电梯上就可以看到名为"香江之声"的音像制品专卖店，这里聚集了许多爱好音乐的人。四条主通道、几条次通道纵横交错地（像个"井"字）贯穿了整个第二层。首先，纵向的两条主通道串起了各种商品，依次看去分别为：家电类、营养保健品、酒类、奶粉类、日用塑料品类、厨房用品类、办公室用品类等、饮料类、饼干类、方便面类、糖果类、膨化食品类、休闲食品类、日化用品类、女性用品类、纸类等。然后，横向的次通道则展现了每一种商品的不同品牌。

综上所述，海天购物中心正是通过它的独特的店面设计、楼层设计和商品陈列来吸引顾客的。

讨论题：

1. 企业在进行店面设计时应考虑哪些因素？
2. 海天购物中心的店面设计有何特点？
3. 海天购物中心的成功给我们带来哪些启示？

第八章　店内布局与环境设计

学习目标

1. 了解店内设计的要素和原则；
2. 了解店内面积与楼层分配；
3. 掌握连锁店的店内布局形式；
4. 掌握百货店和专卖店的店内布局形式；
5. 掌握磁石配置原理；
6. 了解照明和色彩的设计；
7. 了解声音与通风设施的设计。

【引导案例】

北京赛特的设计风格

著名的北京赛特购物中心在环境设计中十分强调以"人"为中心的设计思想，明确了卖场明朗通透的风格。为确保这一风格，在寸土寸金的销售黄金区域购物中心，坚持通道的宽敞，主通道不低于2.3米，自选区设施间的距离亦在1.3米以上；为形成视野宽敞的商品展示，所有陈列设施高度在1.4米左右；柱面实施简单喷白处理。整个卖场宽阔异常，具有强烈的通透感；赛特还采用多层次的立体照明，组合光线柔和明亮，进一步确保了店堂明亮的格调。在这种环境下，顾客能从卖场内任一位置体验卖场整体布局，宽广的视野令顾客精神振奋、愉悦，进而增进其购买欲望。

第一节　店内布局设计

一、店内设计的原则

连锁企业的卖场是消费者用"货币选票"表现其偏好的舞台,这个舞台应该能够使消费者舒适地购物,并产生一定的店堂忠诚感,进而产生重复购买行为,为连锁企业带来丰厚的利润回报。日本零售专家就这一问题对一个具有5.2万名顾客的商圈进行了随机调查,并发放了2 000份调查问卷,在回收的1 600份有效问卷中,顾客对零售企业有关项目的关心程度为:① 商品容易拿到占15%;② 开放式,容易进入占25%;③ 商品丰富占15%;④ 购物环境清洁明亮占14%;⑤ 商品标价清楚占13%;⑥ 服务人员的态度占8%;⑦ 商品价格便宜占5%;⑧ 其他占5%。

其中"开放式,容易进入"占25%;"购物环境清洁明亮"占14%,而这两项正是连锁企业卖场设计的具体内容。

科学合理地设计连锁企业卖场环境,对顾客、对企业自身都是十分重要的。它不仅有利于提高企业的营业效率和营业设施的使用率,还有利于为顾客提供舒适的购物环境,满足顾客精神上的需求,使顾客乐于光顾本店购物、消费,从而达到提高企业经济与社会效益的目的。在设计卖场环境时,应遵循以下原则。

1. 便利顾客,服务大众

卖场环境的设计必须坚持以顾客为中心的服务宗旨,满足顾客的多方面要求。今天的顾客已不再把"逛商场"看作是一种纯粹的购买活动,而是把它作为一种集购物、休闲、娱乐及社交为一体的综合性活动。因此,卖场不仅要拥有充足的商品,还要创造出一种适宜的购物环境,使顾客享受最完美的服务。

2. 突出特色,善于经营

卖场环境的设计应依照经营商品的范围和类别以及目标顾客的习惯和特点来确定,以别具一格的经营特色,将目标顾客牢牢地吸引到卖场里来。使顾客一看外观,就驻足观望,并产生进店购物的愿望;一进店内,就产生强烈的购买欲望和新奇感受。例如:日本品川区的T茶叶·海苔店在店前设置了一个高约1米的偶像,其造型与该店老板一模一样,只是进行了漫画式的夸张,它每天站在门口笑容可掬地迎来送往,一时间顾客纷至沓来,喜盈店门。

3. 提高效率,增长效益

卖场环境设计要科学,要能够合理组织商品经营管理工作,使进、存、运、销各个环节紧密配合,使每位工作人员能够充分发挥自己的潜能,节约劳动时间,降低劳动成本,提高工作效率,从而增加企业的经济效益和社会效益。

二、店内设计的要素

连锁店的内部组成要素如图8-1。以下详细介绍这些要素的设计策略。

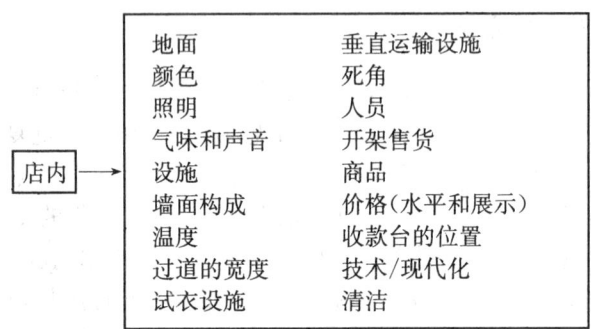

图8-1 连锁店内部组成要素

地面可以是水泥的、木质的、油地毡的、地毯的等。漂亮的厚地毯能创造一种温暖、高贵的氛围,而水泥地面能创造另一种轻松、自在的氛围。顾客会利用多种线索形成对卖场的认知。

颜色和照明也影响卖场的形象。亮丽鲜明的颜色表现出与轻柔的颜色或平淡的白墙壁完全不同的氛围。照明可以是直接的或间接的、白色的或彩色的、持续的或闪烁的。

气味和声音同样影响顾客的情绪。卖场中慢节奏的音乐能使人们走得更慢。餐厅利用食品气体来增加顾客的食欲。

商店建筑设施的设计不仅要基于它们的实用性,而且要从美学角度审视它们。管道、通风、柱子、门、储藏间以及货架和桌子,在内部装修时都应统一考虑。

墙面构造可以提高或损害卖场形象。例如,有声誉的零售企业经常使用漂亮的、花纹凸出的墙纸;百货商店更可能采用平面墙纸,而折扣商店可能是裸墙。高档次商店很可能有精致的枝形吊灯,而折扣商店可能只是些简单照明。

顾客的情绪受店内温度及获得该温度方式的影响。如果冬天不够热,夏天不够凉快,顾客会感到很不舒服,这样会缩短顾客的购物时间;另外,卖场的形象也会受使用温控设施的影响,如中央空调、分体空调、风扇或敞开窗户。

过道的宽度影响零售形象。宽敞的、不拥挤的过道要比较狭窄的、拥挤的过道创造更好的氛围。如果闲逛和观看商品时不用推挤,人们会逗留更长的时间、花更多钱。

试衣间可以是精心设计的或普通的,或根本就没有。有声誉的零售卖场使用铺着地毯的私人试衣间;中等质量的零售卖场使用油毡地面、半私人间;折扣商店使用小隔间或根本没有试衣间。一些购买服装的顾客认为试衣间设施(及其保持)是他们选择去哪一家商店购物的主要因素,对他们而言,氛围和试衣间设施紧密地连在一起。

商店员工的数量、举止及外表影响商店的氛围。礼貌、修饰好、有知识的店员产生积极的氛围;而举止不雅、修饰不佳、无知识的店员造成消极的影响。卖场利用自助服务减少店员,但产生了低质、冷漠的形象。如果卖场采用自助服务,那么它就不可能形成有声誉的形象。商店销售的商品和服务影响其形象。优质商品产生一种形象,低质商品则产生另一种形象。顾客的情绪随之变化。

商店价格影响形象有两种方式。首先,价格水平在顾客心目中产生对商店形象的认知;其次,展示价格的方式是氛围的关键部分。有声誉的商店很少或没有价格展示,而是依靠独立的价格标签,不强调销售量;折扣商店重视价格展示,并且用较大印刷体显示商品价格。

卖场使用的技术及建筑和设施的现代化也影响其形象。具有先进技术的零售企业,如计算机收款和自动补货程序,以其营运效率和速度给顾客留下印象,而使用低级的、过时的技术的商店可能出现顾客排队,使顾客不耐烦。具有现代建筑(新的店面和标牌)和新设施(照明、地板和墙)的商店比使用过时设施的商店产生更为有用的氛围。

最后,也是必不可少的是,为保证零售卖场的清洁制定工作计划。不管零售卖场的外观和内貌多么吸引人,不整洁的零售卖场会让顾客感觉不好。

三、店内面积与楼层分配

(一)店内面积分配

商店场地面积可分为营业面积、仓库面积和附属面积三部分。各部分面积划分的比例应考虑商店的经营规模、顾客流量、经营商品品种和经营范围等因素。合理分配商店的这三部分面积,保证商店经营的顺利进行对各零售企业来说是至关重要的。

通常情况下,商店面积的细分大致如表8-1所示。

表8-1 商店面积细分

总面积	营业面积	陈列、销售商品面积 顾客占用面积(包括顾客用餐厅、茶室、更衣室、服务设施、楼梯、电梯、卫生间面积等)
	仓库面积	店内仓库面积 店内散仓面积 店内销售准备场所面积
	附属面积	办公室、休息室、更衣室、存车处、饭厅、浴室、楼梯、电梯、安全设施占用面积

根据上述细分，一般来说，营业面积应占主要比例，大型商场的营业面积占总面积的 60%～70%，实行开架销售的商店比例更高，仓库面积和附属面积各占 15%～20%左右。

在安排营业面积时，既要保证商品陈列销售的需要，提高营业面积的利用率，又要为顾客浏览购物提供便利。有些商店在营业场所中设置顾客休息场所和一定的自然空间，备有台阶或座椅供顾客使用，深受消费者的欢迎。

由于大型商场楼层高、面积大、客流多，顾客在购物时极易产生生理和心理上的疲劳，十分需要有一定的休息场所来缓解疲乏，稍事休息，继续浏览购物，实现在"同一屋顶下完成购买"的心愿。有些门店还借助于室内造园的手法，在一楼大厅布置奇山异石、移种花草树木、引进喷泉流水，满足人们回归自然的心理需求，同时，也引得一些顾客欣欣然留影纪念。还有一些商店的经营者本着为顾客服务的宗旨，还特意为儿童设立了游戏的场所，并配有玩具和各种游戏设施，派专人看护，方便带小孩的顾客购物，虽占用了一些营业面积，但也带来了不可低估的社会效益。

（二）店内楼层分配

有的大型商店拥有几个层次，各层货位的分布，应遵循如下原则：

（1）地下层多配置顾客购买次数较少的商品，如家具、灯具、装潢饰品、车辆、五金制品。

（2）一层为保持顾客客流顺畅，适宜摆放挑选性弱、包装精美的轻便商品。如日用品、烟、酒、糖、食品、副食品、茶叶、化妆品、服饰、小家电及特别推荐的新产品。

（3）二、三层摆放选择性强，价格较高并且销售量较大的商品，如纺织品、服装、鞋帽、玩具、钟表、眼镜、家电、珠宝首饰等。

（4）四、五层分别设置各种专业性柜台。如床上用品、照相器材、文化用品、餐具、工艺美术品、药品、书籍。

（5）六层以上应摆放需要较大存放面积的商品，如运动器具、乐器、电器、音像制品、高档家具等商品，还可设置休息室、咖啡屋、快餐厅以便利顾客需要。

由于各个商场的经营状况不同，在实际操作中可根据客观条件和市场变化情况予以适当变化，突出商店的布局特色。

四、连锁店店内布局

商品的销售方式是连锁店采取的向顾客销售商品的基本形式，它在很大程度上制约和影响着连锁企业门店的货架布局形式。当前我国连锁店采用的销售方式主要为隔绝式和敞开式两种类型。

（一）隔绝式销售方式下的布局形式

隔绝式销售方式（或称柜台式销售方式）是用柜台将顾客与营业员隔开，顾客不能进入营业员工作现场,顾客选购商品是依靠营业员传递的售货方式。这种销售方式可使消费者通过营业员获得更多的商品信息,而门店则能有效防止商品的丢失和损坏,便于营业员管理,但不利于顾客选购商品,易引发顾客与营业员之间的矛盾。目前,隔绝式销售方式下的货架布局形式主要有以下几种。

1. 附墙式

附墙式,即货架、柜台等陈列器具顺应墙面排列。由于一般商店的墙面多为直线,所以附墙式布局中,架柜常为直线形布置,沿商店四周顺序排列。

采用这种布置形式的主要优点为:能创造清新明朗、高效率的卖场形象,且营业现场陈列和储备的商品较多;对于顾客来说,便于顾客迅速发现并走近所需商品的柜台购买和选购商品;对于营业员来说,则有利于营业员的现场补货和营业员之间相互协作,因而节省了人力;同时还便于连锁企业门店工作现场的安全管理。其主要的缺点是只适用于小型的连锁商店,如小型烟草专卖店、药店等。对于大中型的连锁商店来说,如采用该方式其营业现场中间部位的面积处于闲置状态,会造成了不必要的浪费。

2. 岛屿式

岛屿式即连锁商店营业现场以岛状分布,在门店的卖场中央围成一个闭合空间,中间设置货架。连锁企业可视门店的具体情形或不同的促销季节,将该闭合空间变换布置成正方形、长方形、圆形、三角形等多种形式。

岛屿式的柜台周边较长,陈列的商品也较多,同时又便于顾客观赏和选购商品,因此顾客的流动较灵活,所销售商品也产生了有一定"体积"和"量"的视觉效果。为便于随时补充商品,也可将中间的货架拉开,作为临时仓库。这种方式也只适用于小型的连锁商店,如小型连锁化妆品专卖店。在隔绝式销售方式下,大中型连锁商店的货架布局通常是将附墙式和岛屿式两种布置形式结合起来运用,以达到良好的卖场布局效果。

3. 斜角式

斜角式即将货架和柜台等设备与门店的建筑格局网成斜角布置。斜角式布置是卖场货架布局的一种辅助形式,主要是针对异形柜台来讲的,采用异形柜台要注意因地制宜,根据商店建筑格局来布置安排。

一般来说,三角形柜台放置在商店营业现场的角落,占地省,能满足食品、日用百货等商品的出售要求。斜角式布置能使营业现场视距拉长而造成更为深远的视觉效果,这种斜角式柜架,使门店营业现场既有变化又有明显的规律性,可获得良好的效果。众多的三角形柜台还可排列成半圆形、圆形或扇面形布局,给门店的总体布局带来美感。而梯形柜台也主要是为改变隔绝式销售柜台与柜台之间衔接的生硬感而设计的,尤其是商店拐角处采用梯形柜台,可改变普通柜台之间衔接成

90度、显得生硬、容易带来不安全的因素，使得柜台的衔接比较自然，同时又能有效利用门店的营业面积。半圆形柜台是为了充分利用营业面积以展示商品，使顾客充分看到商品全貌而设计制作的。多边形柜台是根据营业现场情况，填补陈列商品的空当或为了沿起伏变化的门店营业场所边线而设计制作的。

所有这些异形柜台的斜角式布置方式，形成了独具特色的连锁商店形象。值得注意的是：一些中小型连锁商店在货架布局时，要根据连锁企业的实力量力而行。如果过于追求标新立异，就可能得不偿失，应该在其他方面，采用少花钱、多办事的原则来树立本连锁企业的企业形象。

（二）敞开式销售方式下的布局形式

敞开式销售方式在中国的兴起，是社会经济发展的产物，是零售商业营销策略和售货方式同国际现代售货方式接轨的必然趋势。它将商品展放在营业现场的柜架上，允许顾客直接挑选商品，是营业员工作现场与顾客活动空间完全交织在一起的一种销售方式。它的主要优点是：消费者可充分享受购物自由的乐趣，任意逗留，接触商品，从容挑选，有满足感，刺激了消费者的购买欲望，从而提高了连锁企业门店的销售效应。其主要的货架布局形式如下。

1. 线条式

线条式也称格子式，是将陈列商品的柜架或其他设备在门店营业现场中呈纵向或横向平行排列，形成多个线条。

采用这种布局形式，门店的利用面积大，能陈列较多的商品，同时便于营业员的商品补货，有利于连锁门店加强对商品的安全管理。但其缺点是不方便顾客在商店内自由流动，不利于营业员之间开展协作。因此线条式布局形式，主要适合于营业面积较小或营业面积呈矩形的连锁商店采用，如连锁超级市场、便利店等。

2. 网状式

网状式是将陈列商品的柜架或其他设备在营业现场中呈纵横交叉状排列，呈网状分布。

采用这种布局形式，能方便顾客在营业现场中流动，有利于营业员之间开展协作，便于营业员进行商品的补货。而其缺点与线条式正相反，它不利于加强商品的安全管理。因此，网状式布局形式适用于营业面积较大或营业面积呈正方形的连锁商店采用。

3. 散点式

散点式也称曲线式，是将营业现场的柜架等陈列器具随客流密度和客流走向变化情况灵活布置，呈无规则的散点式。

采用这种布局形式最大的优点是营业现场气氛显得轻松活泼，消费者能够在悠闲的漫步中游逛商店，能无拘无束地挑选商品，因此消费者的即兴购买较多。其主要的缺点是浪费顾客时间,有可能使顾客产生混乱,浪费门店的营业面积,门店的存货控制和安全防卫难度较大,需较多的劳动力,费用较大。由于散点式的这些优缺点,因而比较适宜小规模的百货商店或服装专卖店采用,也有利于这类连锁门店的商品陈列管理。如果门店营业面积过大,会显得店内陈列器具的繁琐和无序,而陈列器具的杂乱无章是恶化环境的主要因素,也会给连锁经营的统一管理工作造成困难。

4. 单元式

单元式是将营业现场划分为若干个相对封闭的营业小空间,每个小空间经营某一类别或某一档次的商品,而其内部柜架的布置方式多为线条式或散点式。

这种布局形式尤其适合门店营业面积相对较大的大中型连锁企业采用。它不仅能有效地减少营业现场内的噪声,集中顾客的注意力,而且能使门店内的顾客合理分流,也使整个连锁体系体现整齐划一、新颖独特的货架布局形式。

五、百货商店的店内布局

所谓百货商店,是指在一个大建筑物内,经营的商品繁多,根据不同商品部门设销售区,开展各自的进货和营运,满足消费者对时尚商品多样化选择要求的零售业态。百货商店是以经营日用工业品为主,通常依规模大小分为三类:大型百货商店,营业面积5 000~10 000平方米,经营品种1.5万~4万种;中型百货商店,营业面积1 000~2 000平方米,经营品种1万种左右;小型百货商店,营业面积200平方米左右,经营品种几百种至数千种。

1. 直线式

直线式是指货架和通道呈矩形分段布置的形式。如图8-2所示。

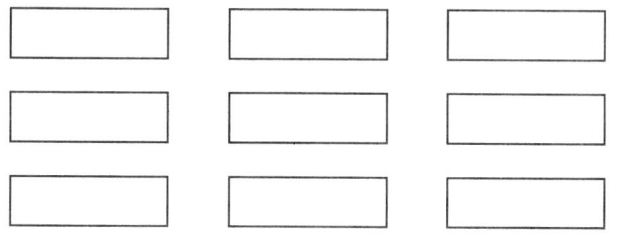

图8-2 直线式

这种规则化布置,使顾客易于寻找货位,一般采用标准化货架,但这种布置形式容易使人产生冷冰冰的感觉,顾客的自由浏览也会相应受到限制。

2. 斜线式

斜线式是指货架和通道呈菱形分段布局的形式。如图8-3所示。

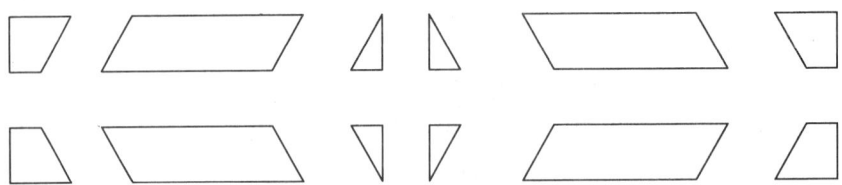

图 8-3 斜线形

这种布置形式可使顾客看到更多的商品,使得百货商店的整体销售气氛比较活跃,顾客的流动也不受拘束,但斜线式布局不如直线式布局能充分利用营业现场的面积。

3. 曲线式

曲线式是指通道呈不规则曲线的形式,可任意布置货位。如图 8-4 所示。

开架式销售常采用这种布置形式,它能创造出百货商店卖场活跃、温馨的销售气氛,顾客在卖场内四处浏览无拘无束,他们被鼓励到达百货商店的任何地方,并且随便采用什么路线,从而增加了顾客随意购买的机会性,但这种布局易浪费场地面积,顾客寻找货位也不够方便,因此这个布局方式通常要求百

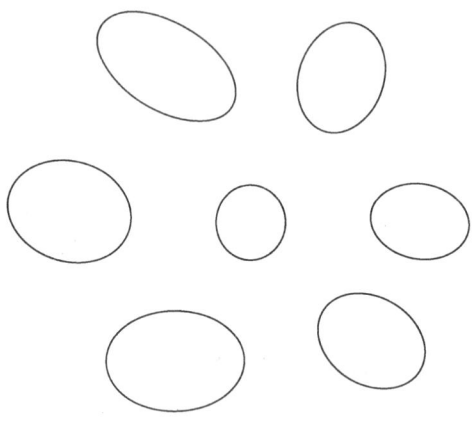

图 8-4 曲线式

货商店的规模不要太大。而规模较大的百货商店会采用曲线式与单元式相结合的方式进行货架布局,在营业现场中央采用曲线式布置形式,销售的是中低档商品;而高档类商品或品牌商品则采用单元式布置形式,安排在一个个相对封闭的营业小空间内销售。这样不仅使顾客合理分流,而且使整个卖场布局体现整齐中有活泼,毫无杂乱无章的感觉。

六、专卖店的店内布局

最早的店铺零售店大多是专业商店。专业店是指专门经营某一类,甚至某一种商品的商店(如时装店、化妆品店、家用电器店、首饰珠宝店等),它是百货商店的分化形式。随着商标的广泛应用,各国相应制定了保护商标专用权的法律,这就为经营某种特定商标(品牌)产品的专卖店的诞生奠定了基础。现代,随着人民生活水平的提高,对特殊商品的需求向纵深发展,专卖店在现实生活中的魅力剧增。而

那些拥有著名品牌的制造商相继开发了同品牌的系列产品,从而使专卖店所经营的产品也不断增加。因此,专卖店发展的弹性很大,最红火的商店可能是一家专卖店,最萧条的也可能是专卖店。专卖店货架的合理布局和适宜的商品陈列配合,能吸引各种类型的过往顾客停下脚步,仔细观望,吸引他们进店购物。因此,专卖店的货架布局应该新颖别致,同时配合合理的商品陈列,就能创造出专卖店独特的清新典雅的风格。

针对现代专卖店也多采用开架销售方式的特征,其销售场地一般由销售岛、柱围、壁面和通道四个部分组成。销售岛位于营业现场中的岛屿状销售区;柱围是指场地支柱周围的销售区;壁面则是由墙壁上和墙壁前构成的销售区;各销售区之间构成了卖场的通道。在营业现场中,各个销售区陈列器具的组成与布局如下。

1. 销售岛区域

销售岛一般由陈列柜、桌和货架等陈列器具组成。一般来说,较好的空间环境应当形成两个合理的高度和梯度,即从通道到桌或到货架再到销售岛或柱围的由低至高的梯度,从通道到桌或货架再到壁面也是由低到高的梯度。销售岛一般高135厘米,即控制在一般女性眼睛高度135厘米左右,同时依照陈列商品的种类和商品量选择合适的陈列排架。要考虑到如排架长度太长,是否会遮挡管理动线,一般以能保证通道使顾客流动方便和商品安全管理为好。在整个商店内,在通道前的销售岛宜小些、低些,而深处的销售岛可大些、高些,从而达到由浅入深、由小到大的最佳视觉效果。

2. 柱围区域

柱围一般也由陈列柜、桌和货架组成,如果是服装专业店,挂放器具则相应多些。柱围是连锁专卖店的脸面,其运用得好效果差别会很大。柱围的高度一般不超过180厘米,以人手能拿取的高度为好,陈列器具的形式要尽可能整齐划一,同一种商品尽可能使用同一规格的标准化陈列器具,这样既有利于减少陈列器具的种类和规格,也有利于连锁专卖店的门店统一陈列管理。

3. 壁面区域

壁面前面主要是陈列柜和架。壁面上部多为挂放器具,使商品从远处便能看清楚,从而对顾客产生很大的吸引力。而陈列架的高度一般不超过180厘米,应方便顾客拿取,同时陈列货架结构应较稳固,而且大小应与所展示的商品相协调,严格按照连锁企业总部的规范化要求布置陈列器具。

此外,在设计连锁专卖店的卖场布局时,最好留有依季节变化而进行随时调整的余地,使顾客不断产生新鲜和新奇的感觉,激发其不断来光顾的愿望。一般来说,专卖商店的货架布局最多只能延续3个月时间。目前,月月变化已成为许多连锁专卖商店总部统一策划的重要促销措施之一。

七、通道设计原则

为了使顾客容易进行商品的选购以及方便各个门店管理者对卖场的管理,在进行连锁企业门店内部通道的安排上,要避免出现死角,而且动线的规划要灵活应用,使顾客在卖场内能够自由地浏览,进而顺利地接触到卖场内的所有商品。

一般来说,卖场上的动线可以分为顾客动线、销售人员动线以及管理动线三类。顾客动线是门店为顾客提供的店内活动空间。在设计顾客动线时,除了要考虑到顾客往返行走的通路外,还应顾及顾客站立在柜台或货架前挑选、购买商品时所需的必要空间。因此,理想的顾客动线要长,而且要保持一定的流畅性。这样既能方便顾客直接接触商品,又可能刺激顾客"顺便购买"的欲望。以此最大限度地提高连锁企业门店的销售量。理想的销售人员动线的设计与顾客动线的设计正相反,应尽量缩短门店内销售人员移动的距离,这样可以减少销售人员的疲劳感,便于销售人员更好地招呼顾客,自始至终保持较高的工作效率。而管理动线是后勤人员与卖场上联系时所需移动的路线,如新商品入库或上柜等,因此,管理动线也应尽量缩短,管理动线距离越短,工作上的执行和配合就越方便,工作的效率就越高。

一般来说,不管门店采用何种销售方式,都必须极力避免顾客动线与门店销售人员动线的交叉。卖场上顾客通道的宽度视连锁企业业态模式的不同而有所不同,应该根据各连锁企业门店的业态类型、门店内销售商品的性质和种类,以及其顾客的人流和数量来确定的。卖场上顾客使用的通道可分为主通道和副通道。通道是指顾客在卖场内购物行走的路线。主通道是诱导顾客移动的主要通道,而副通道是顾客在店内移动的支流。选择适宜的顾客通道宽度,对顾客和连锁商店本身都是十分重要的,如果顾客通道太宽,则会影响到连锁企业门店本身的经济效益;如果顾客通道太窄,则容易造成门店卖场内的人流阻塞,给门店的管理带来麻烦。由于通常副通道的客流量比主通道的少,因此通常卖场内副通道比主通道来得狭窄。卖场内主副通道的设置不是根据顾客的随意走动来设计的,而是根据卖场商品的配置位置与陈列来设计的。良好的通道设计,就是要引导顾客按设计的自然走向,走遍卖场的每一个角落,让顾客接触到各种商品,使卖场空间得到有效的利用。以下各项是设计卖场通道时所要遵循的基本原则。

(1) 足够的宽度。所谓足够的宽度,即要保证顾客提着购物筐或推着购物车能与同行的顾客并肩而行或顺利地擦肩而过。不同规模卖场通道宽度的基本设定值见表 8-2。

表8-2 不同规模卖场通道宽度的基本设定值

单层卖场面积(平方米)	主通道宽度(米)	副通道宽度(米)
300	1.8	1.3
1 000	2.1	1.4
1 500	2.7	1.5
2 000	3.0	1.6

对大型仓储式超市来说,为了保证更大顾客容量的流动,其主通道和副通道的宽度可以基本保持一致。同时,也可适当放宽收银台周围通道的宽度,以保证最易形成顾客排队的收银台的通畅性。

(2) 笔直。卖场通道要尽可能避免迷宫式的布局,要尽可能地设计笔直的单向道设计。在顾客购物的过程中,尽可能依货架排列方式,按照商品不重复、顾客不回走的设计方式布局。

(3) 平坦。通道地面应保持平坦,处于同一层面上。有些门店由两个建筑物改造连接起来,通道途中要上或下几个楼梯,有"中二层"、"加三层"之类的情况,令顾客不知何去何从,不利于门店的销售。

(4) 少拐弯。事实上,一侧直线进入,在沿同一直线,从另一侧出来的店铺并不多见。这里的少拐弯,是指拐角尽可能少,即通道中可拐弯的地方和拐角的方向要少,有时需要借助于连续展开不间断的商品陈列线来调节。

(5) 照明度比卖场明亮。通常,通道上的照明度起码要达到500勒克斯(lx),卖场里要比外部照明度增强5%。尤其是主通道,相对空间比较大,是客流量最大、利用率最高的地方。

(6) 没有障碍物。通道是用来引导顾客多走、多看、多买商品的。通道应避免死角。在通道内不能陈设、摆放一些与陈列商品或特别促销无关的器具或设备,以免阻断卖场的通道,损害购物环境。要充分考虑到顾客走动的舒适性和宽松感。

八、连锁超市的通道设计

通道设计的好坏直接影响到顾客能否顺利地进行购物,影响到企业的商品销售业绩。对于超级市场而言,卖场中的通道可以分为直线式通道和回形式通道两类。

(一) 直线式通道设计

直线式通道也被称为单向通道。这种通道的起点是卖场的入口,终点是超级市场的收款台。顾客依照货架排列的方向单向购物,以商品陈列不重复,顾客不回头为设计特点,使顾客在最短的线路内完成商品购买行为。图8-5是一种典型的直线式通道。

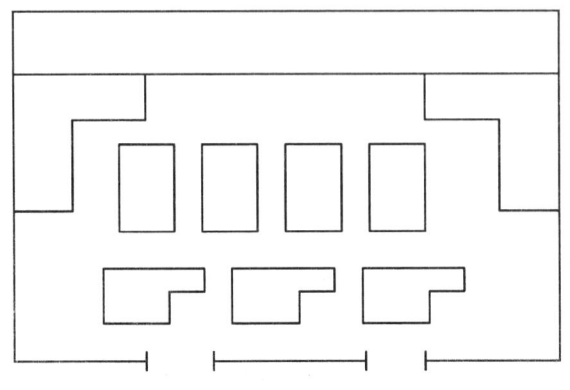

图8-5 超级市场直线式通道

(二)回形式通道设计

回形式通道又称环形通道。通道布局以流畅的圆形或椭圆形按从右到左的方向环绕超级市场的整个卖场,使顾客依次浏览商品,购买商品。在实际运用中,回形式通道又分为大回形和小回形两种线路模型。

(1)大回形通道。这种通道适合于营业面积在1 600平方米以上的超级市场。顾客进入卖场后,从一边沿四周回形浏览后再进入中间的货架。它要求卖场内部一侧的货位一通到底,中间没有穿行的路口,具体如图8-6所示。

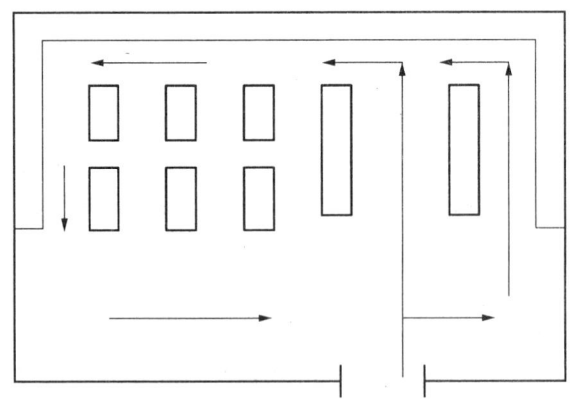

图8-6 超级市场的大回形通道

(2)小回形通道。它适用于营业面积在1 600平方米以下的超级市场。顾客进入超级市场卖场,沿一侧前行,不必走到头,就可以很容易地进入中间货位。图

8-7是一种典型的小回形通道。

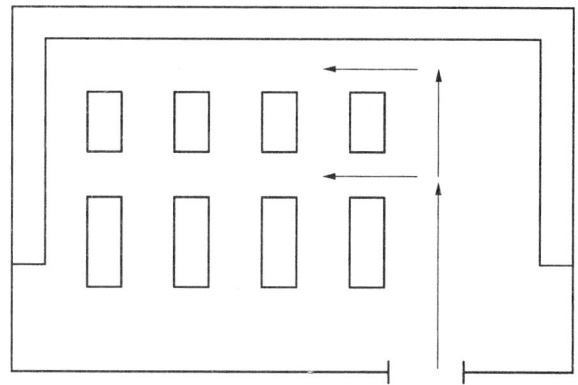

图8-7 超级市场的小回形通道

在设计超级市场卖场的通道时,应注意通道要有一定的宽度。适当的通道宽度不仅便于顾客找到相应的商品货位,而且便于仔细挑选,也有助于营造一种宽松、舒适的购物环境。图8-8是来店顾客移动路线图。一般来讲,营业面积在600平方米以上的超级市场,卖场主通道的宽度要在2米以上,副通道的宽度要在1.2~1.5米之间。最小的通道宽度不能小于90厘米,即两个成年人能够同向或逆向通过(成年人的平均肩宽为45厘米)。

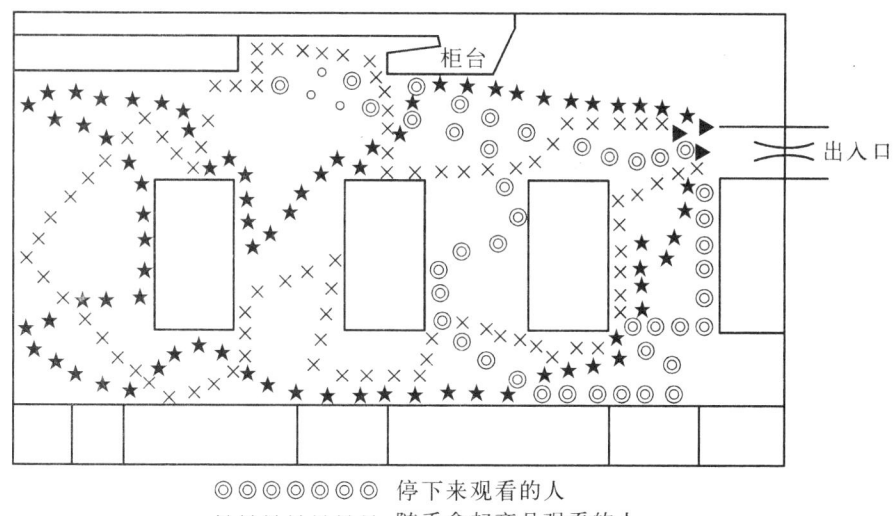

图8-8 来店顾客移动路线图

在设计通道时还应注意不能给卖场留有"死角"。"死角"就是顾客不易到达的地方，或者顾客必须折回才能到达其货位的地方。实践证明，顾客光顾"死角"货位的次数明显少于其他地方，非常不利于商品销售。

九、卖场商品的磁石配置原理

所谓磁石，是指超级市场的卖场中最能吸引顾客眼光注意力的地方，磁石点就是顾客的注意点，要创造这种吸引力是依靠商品的配置技巧来完成的。卖场布局中磁石理论运用的意义是，在卖场中最能吸引顾客注意力的地方配置合适的商品以促进销售，并且这种配置能引导顾客逛完整个卖场，达到增加顾客冲动性购买率比重的目的。

超市卖场磁石点通常分为五个（见图8-9所示），应按不同的磁石点来配置相应的商品。

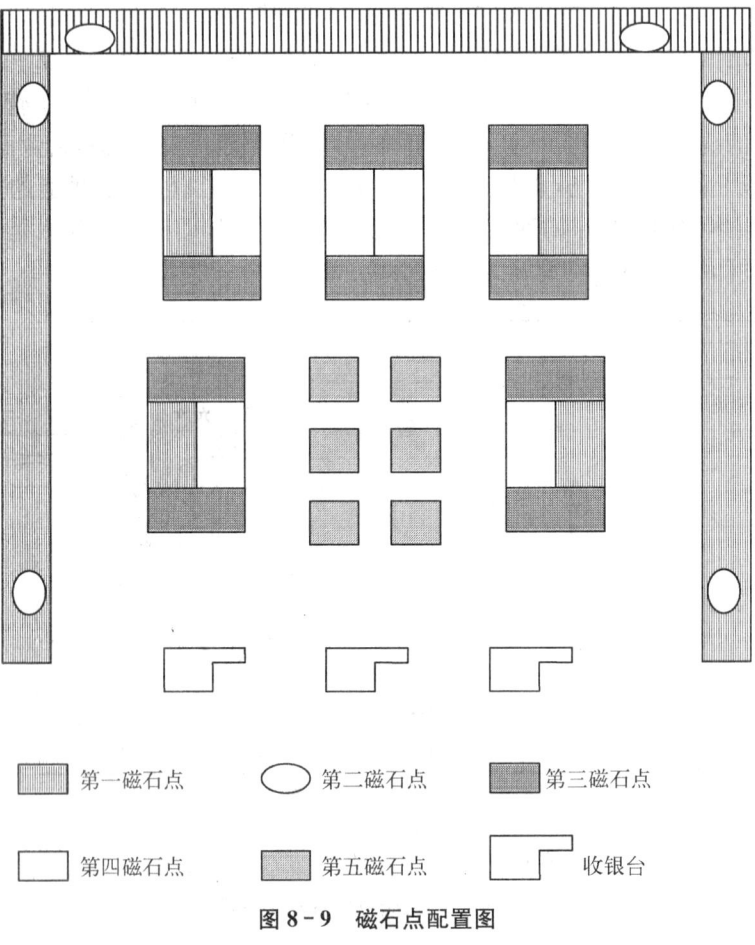

图8-9 磁石点配置图

1. 第一磁石点

它位于卖场中主通道的两侧,是顾客必经之地,也是商品销售最主要的地方。此处配置的商品主要有:

(1) 主力商品。

(2) 购买频率高的商品。

(3) 采购力强的商品等。

这类商品大多是消费者随时需要、时常要购买的,如蔬菜、肉类、日配品(牛奶、面包、豆制品等),应放在第一磁石点内,可以增加销售量。

2. 第二磁石点

它穿插在第一磁石点中间,一段一段地引导顾客向前走,第二磁石点在第一磁石点的基础上摆放,主要配置下列商品:

(1) 流行商品。

(2) 色泽鲜艳、引人注目的商品。

(3) 季节性强的商品等。

第二磁石点需要超乎一般的照度和陈列装饰,以最显眼的方式突出表现,让顾客一眼就能辨别出其与众不同的特点。同时,第二磁石点上的商品应根据需要隔一定时间便进行调整,以保持其基本特征。

3. 第三磁石点

第三磁石点指的是超市中央陈列货架两头的端架位置。端架是卖场中顾客接触频率最高的地方,尤其是靠近入口处的货架,其中一头的端架又对着入口,十分引人注目。因此配置在第三磁石点的商品,就要刺激顾客,留住顾客,所以通常可配置下列商品:

(1) 特价商品。

(2) 高利润商品。

(3) 季节性商品。

(4) 厂家促销商品等。

值得特别提出的是,我国目前仍有一些超级市场不太重视端架商品的配置,因而失去了很多盈利机会,一些超级市场仍不舍得废弃创建初期所采用的端头为半圆形的货架,所以根本无法很好地进行端架商品的重点配置,这些都应积极地加以改进。

4. 第四磁石点

第四磁石点通常指的是卖场中副通道的两侧,是充实卖场各个有效空间的摆设。这是个要让顾客在长长的陈列线中引起注意的位置,因此在商品的配置上必须以单项商品来规划,即以商品的单个类别如洗衣粉类、洗发水类等来定位配置。

为了使这些单项商品能引起顾客的注意,应在商品的陈列方法和促销方法上对顾客进行刻意的诉求表达,主要配置下列商品:

(1) 热门商品。

(2) 有意大量陈列的商品。

(3) 广告宣传的商品等。

5. 第五磁石点

位于收银处前的中间卖场。各门店可按总部安排,根据各种节日组织大型展销、特卖活动的非固定卖场。其目的在于通过采取单独一处多品种大量陈列方式,造成一定程度的顾客集中,从而烘托连锁企业门店的气氛。同时由于展销主题是不断变化的,因而也不断给消费者带来新鲜感,从而达到促进销售的目的。

由于连锁企业门店面积与模式的不同,各种超市业态在布局上是存在差异的。例如,传统食品超市一般不设特别展示区,吸引力强的冷冻品和冷藏品都布局在卖场的最里面,端架上一般只配置向导性商品(表明其后的陈列架上陈列的是什么商品)。标准食品超市因其主力商品是生鲜食品,所以把果菜、冷冻品和冷藏品布局在进口处,并把生鲜品集中配置在一起,以达到吸引顾客并方便其一次性购买的效果。大型综合超市和仓储式商场的卖场面积大,在布局上一般采取五种方法:

(1) 食品与非食品区域分开,甚至实行不同楼层和不同通道的分开。

(2) 副通道配置一般商品。

(3) 主通道两侧只配置促销商品。

(4) 用较大面积的特别展示区来配合其频率很高的促销活动。

(5) 生鲜食品区布局在主通道末端,以保证生鲜食品与收银区的最短距离。

便利店由于卖场面积很小,其布局的特点是,进口处和收银台合设在一起,以节约卖场面积和增强顾客的通过速率。货架和陈列道具采取由低到高的层次性展开,使顾客对卖场陈列的商品一览无余,很快辨明白是何公司商品的位置。附壁区布局的透视性主要靠卖场里的墙壁区配置冷藏、冷冻柜,并且靠进口处的壁区配置矮型书报杂志架,以此增强卖场外面对里面的透视度。

第二节　店内环境设计

一、照明设计

卖场内部环境的美化与装饰可以增加其整体的吸引力,使顾客在优雅的购物环境中流连忘返,购买自己满意的商品。同时也有利于减轻工作人员的疲劳度,提高劳动效率。

卖场内部照明的目的是正确地传达商品信息,展现商品的魅力,吸引顾客进入卖场,达到促销的目的。

(一)卖场照明的功能

(1)对通过店前的行人,引起其注意,进而驻足观赏。

(2)突显在店面前陈列的商品形状、颜色、质感,以引人注目。

(3)以照明诱导顾客入内。

(4)使销售处显眼,提高气氛,引起顾客购买欲。

一般来说,卖场的照明设计主要有两种:① 向目标顾客传输商品信息的"商品照明";② 营造良好购物气氛,增强陈列效果的"环境照明"。

从照明学上讲,商品照明应为环境照明的 2~4 倍,这样才能提高商品吸引顾客的效果。一般来说,白炽灯的光耀眼而又显得热烈,荧光灯的光柔和。所以灯光的使用要因地制宜,一般两者并用为好。从商品的色彩看,冷色(青、紫等)用荧光灯较好,暖色(黄、橙等)用白炽灯更能突出商品色彩的鲜艳。服装店、化妆品店、鞋店、蔬菜水果店等用白炽灯和聚光灯,对突出商品的色彩、创造热烈的气氛效果理想,用荧光灯效果要差些。表 8-3 是不同灯具所具有的光的特征说明。

表 8-3 光的特征

灯 具	特 征	备 注
白炽灯	耀眼、直射光	能表现商品的光泽、质地和形状,具有热烈的气氛
荧光灯	不耀眼、间接光	朦胧、柔和

(二)卖场照明的类型

对于超级市场而言,经常按照基本照明、重点照明和装饰照明三种照明来具体设计卖场照明。

1. 基本照明

基本照明是确保整个超级市场的卖场获得一定的能见度,方便顾客选购商品和工作人员办公而进行的照明。在超级市场里,基本照明主要用来均匀地照亮整个卖场。例如,天花板上的荧光灯、吊灯、吸顶灯就是基本照明。

基本照明用来营造一个整洁宁静、光线适宜的购物环境。一般来讲,自然光是最好的基本照明,它对人眼没有任何刺激,又可以展现商品的本色和原貌。

2. 重点照明

重点照明也称为商品照明,它是为了突出商品优异的品质,增强商品的吸引力而设置的照明。常见的重点照明有珠宝首饰上的聚光照明、陈列器具内的照明以及悬挂的白炽灯。在设计重点照明时,要将光线集中在商品上,使商品看起来有一定的视觉效果。

在超级市场里,食品,尤其是烧烤及熟食类应该用带红灯罩的灯具照明,以增强食品的诱惑力。

3. 装饰照明

装饰照明是超级市场为求得装饰效果或强调重点销售区域而设置的照明。一般主要指装饰商店内外的灯光照明,在节假日或其他一些重要日子里,显得尤为壮观,平时一些大中型商店在夜间也天天使用。装饰照明常是超级市场塑造其视觉形象的一种有效手段,被广泛地用于表现超级市场的独特个性。常见的装饰照明有:霓虹灯、弧形灯、枝形吊灯以及连续性的闪烁灯等。

(三) 卖场不同区域的照明要求和效果

1. 卖场不同区域的照明要求

卖场照明设计的基本要求就是明亮,使顾客能看清商品。其次,如果光线平均分配,没有重点,没有吸引力,顾客同样不会产生购买欲望。由此可见,应该合理设计照明,使之取得良好的效果和层次感,使陈列的商品产生极大的魅力。

卖场照明设计要注意保持适当的亮度,最好比附近的商店明亮。卖场的照明度一般要求达到 700 勒克斯(lx)。从视觉效果上说,照明度越高,东西越看得清楚,但同时应注意塑造整个卖场的气氛,不能将照明度平均分配,应体现视觉效果的层次性,而不仅仅是表现商品的特性。

一般卖场出口、入口或主要通道的场所,更需要特别明亮;在营业场所最里面的地方,其明亮度最少也要达到 1 000 勒克斯(lx)以上。如果整个卖场的照明层次感能很明确地显现出来,那么,卖场内陈列的各类商品的特色也能具体地表现出来,使商品富有新鲜感,吸引顾客从外到里走遍整个卖场,并且始终保持较大的选购兴趣。

在设计超级市场的照明时,并不是越明亮越好。在超级市场的不同区域,如橱窗、重点商品陈列区、通道、一般展示区等,其照明光的照度是不同的。具体要求如下:

(1) 普通走廊、通道和仓库,照度为 100～200 勒克斯。

(2) 卖场内一般照明、一般性的展示以及商谈区,照度为 500 勒克斯。

(3) 店面和卖场内重点陈列品、POP 广告、商品广告、展示品、重点展示区、商品陈列橱柜等,照度为 2 000 勒克斯。其中对重点商品的局部照明,照度最好为普遍照明的 3 倍。

(4) 橱窗的重点部位,即白天面向街面的橱窗,照度为 5 000 勒克斯。

表 8-4 是在设计超级市场的照明时,经常会遇到的一些专业术语。

表 8-4 超级市场照明设计中的有关术语

术语名称	定义	单位名称	具体含义
光束	光亮	流明(lm)	光源整体的亮度
光度	光的强度	卡登拉(cd)	光源指向地时,光的反射强度
辉度	光辉	卡登拉每平方米(cd/m^2)	光源周围 1 平方米的光的强度
照度	场所的明亮度	勒克斯(lx)	1 平方米所照的光亮,100 瓦的白炽灯的正下方距离处的亮度为 100 lx
光束发散度	物的明亮度	拉多勒克斯(lx)	每平方米发散的光亮

资料来源:[日]商店建筑社:《商业建筑企划资料集成》,1996 年出版。

2. 不同位置的光源所产生的照明效果

要取得良好的视觉效果,应慎重选择照明设备。为了达到照明度的均衡,卖场照明可采用日光灯,灯管的排列走向应与货架保持一致。日光灯管应安装在天花板内,使天花板形成光面,让店堂内灯光通明。值得注意的是,在光面天花板空间中陈列的商品有时可能造成逆光现象,因此需要有比例地使用垂直下吊的照明设备。对展示台陈列的生鲜商品,如鲜鱼、鲜肉等可用射灯之类的照明设备,突出商品的新鲜,增进顾客的食欲。而付款处则可悬挂吊灯,制造舒适的气氛,同时保持收银台的光亮度,加快收银员的工作效率。

另外,不同位置的光源,能使商品所具有的气氛产生很大差别。

(1) 从外上方照射的光:这种光线下的商品,像在阳光下一样,表现出极其自然的气氛。

(2) 从正上方照射的光:从正上方接受太阳照射的,除赤道以外别无他地。所以这种光线可以制造一种非常特异的神秘气氛。高档、高价产品常采用这种光源。

(3) 从正后方照射的光:在这种光线照射下,商品的轮廓十分鲜明。欲强调商品外形时宜于采用。在离窗户距离较远的地方也应采用这种光源。

(4) 从正前方照射的光:在这种光线的照射下,顾客不可能正面平视商品。如果正面平视商品,就会挡住光源,在商品上留下影子。因此,这种光线不能起到强调商品的作用。

(5) 从正下方照射的光:从正下方照射的光能够造成一种受逼迫的、具有危机感的气氛,电影、电视就用从下面向上打光的方法表现恐怖。

以上各种光源的位置,对于商品照明来说,会产生不同的效果和气氛,其中最为理想的是"斜上方"和"正上方"的光源,使用这种光源照明可以收到满意的销售效果。

需要注意的是,有时仅仅变换照明器具,就可创造完全不同的气氛。所以对于使用的旧灯具要善于常换常新。例如更换一个壁灯,改变一个吊灯灯伞的颜色,都可以表现出与过去完全不同的气氛。

专栏8-1

商场照度和亮度要求

根据《商店建筑设计规范》(2011)JGJ48-88中6.3.6的要求,商店建筑营业厅内的照度和亮度分布应符合下列规定:

1. 一般照明的均匀度(工作面上最低照度与平均照度之比)不应低于0.6。
2. 顶棚的照度应为水平照度的0.3~0.9。
3. 墙面的照度应为水平照度的0.5~0.8。
4. 墙面的亮度不应大于工作区的亮度。
5. 视觉作业亮度与其相邻环境的亮度比宜为3:1。
6. 在需要提高亮度对比或增加阴影的地方可装设局部定向照明。

二、色彩设计

色彩是组成卖场环境的一个重要方面。一种爽目、洁净的色调能给消费者以良好的购物感觉,心情舒畅地进行购物活动。反之,暗淡、昏冷的色调会赶走客源,从而无法实现企业的经营目标。尤其是超级市场是顾客自助式服务的零售业态,良好的购物环境的营造尤为重要。所以要下力气搞好超市"色彩工程"。

研究表明:人观察物体的色彩对,物体的背景色感应为物体颜色的衬色,以使人的眼睛获得休息和平衡。例如,当肉品货柜背景色彩偏红时,肉色给人的感觉就不那么新鲜;如改成淡蓝色或草绿色,肉就会显得新鲜红润。因此,在大量陈列着色彩纷呈商品的超市营业空间中,环境色彩应尽量采用中性色,突出衬托商品,并可防止出现因补色的影响而改变商品的色感现象。对作为休息、逗留、观赏的共享空间,可采用强烈、欢快的色彩基调,造成热烈、亲切宜人的气氛效果,以激起顾客兴奋活跃的心情。但过分对比的色彩也易令人疲劳,故在具体处理时,对于大面积的运用应慎重考虑。

红色、黄色、橙色,美术家和艺术家们认为是"暖色",这是在希望有温暖、热情、亲近这种感觉时使用的色彩,餐馆应该运用这些色彩,并使用烛光和壁炉,这样可以对顾客的心境产生影响,使他们感到温暖、亲切;蓝色、绿色和紫罗兰色被认为是

"冷色",通常用来创造雅致、洁净的气氛,在光线比较昏暗的走廊、休息室以及超级市场中希望使人感到比较舒畅、比较明亮的其他场所,应用这些色彩,效果最好;棕色和金黄色被认为是泥土类色调,可以与任何色彩配合,这些色彩也可以给周日的环境传播温暖、热情的气氛。

不同的店内部分为了吸引消费者的注意,对色彩有着不同的要求。具体色彩选择如表8-5所示。

表8-5 超市色彩选择

店内结构组成名称	选择色彩要求	代表色
外观(建筑物、外墙)	明亮、冲击性强	红、黄、蓝色
店内地板	不易反光色	灰、淡粉、橘色
店内墙壁	较淡、平和的色彩	淡蓝、淡粉、白色
天花板	反光性好	白色
用具(货架、收款机等)	安宁、淡色	乳白色、灰色、蓝色

通过不同商品各自独特倾向的色彩语言,顾客更易辨识商品并对其产生亲近感。这种作用在超级市场里特别明显:暖色系统的货架,放的是食品;冷色系统的货架,放的是清洁剂;色调高雅、肃静的货架上,放的是化妆用品……这种商品的色彩倾向性,可体现在商品本身、销售包装及其广告上。有经验的人,一看广告的色调,就知道宣传的是哪一类商品。

不同的商品需要有不同的色彩来加以陪衬与烘托。所以在超市色彩选择时,要把商品的因素加以考虑。表8-6为一些常见的商品与色彩的组合。

表8-6 常见的商品与色彩组合

商品	广告目的	商品颜色	配色	颜色
医药品	可靠感、安全感	白、青	白、橙、象牙色	白、青
化妆品	可靠感、安全感	红、白	黄、淡粉、淡紫色	红、紫、白
玩具	快乐、明朗	红、黄、绿	粉红、米黄、青	白、绿
食品	新鲜、安全感	红、黄、黄绿	青绿、青、淡黄	白、橙
酒	别致、愉乐、舒畅	红、茶、青	米黄、绿、灰	黑、白、红
水果	新鲜、增进食欲	红、黄橙、黄绿	白、灰、青绿	红、白
书籍	庄重	黄橙、青、红	白、灰、绿、米黄	白、橙

(续表)

商　品	广告目的	商品颜色	配　色	颜　色
女用进口品	时髦、个性强	红、绿、黑、白	白	黄、黑、紫
男用进口品	时髦、个性强	青、白、黄、深蓝、红	灰、黄绿、青绿	红、白
儿童用品	时髦、可靠感	白、青、红、黄	分红、淡黄	白、红
乐器、唱片	欢快、时髦	红、茶、黄	白、米黄	红、绿
家庭日用品	可靠性、明快	白、红、茶、灰	黄、肤色、黄绿	黑、红

在设计连锁店内部环境色彩时,应注意以下方面。

1. 色彩感觉

人们对色彩的感觉来自物理的、生理的、心理的几个方面。由于火和太阳使人感到温暖,冰天雪地使人感到寒冷等原因,人们自然就形成了一种直觉的心理反应：红色给人以温暖的感觉；蓝色给人清冷的感觉；白色给人冷清的感觉；而黑色则是吸收光热的,能给人以暖和的感觉。色彩的冷暖是最基本的心里感觉。掺入了人们复杂的思想感情和各种生活经验之后,色彩也就变得十分富有人性和人情味儿。关于色彩感觉与色彩感情可以说是一门专业学科,这里只从超级市场营销的角度简要介绍,如表8-7所示。

表8-7　色彩设计中的色彩感觉与色彩情感

色彩种类	色彩感觉	色彩情感
红色	热	刺激
绿色	凉	安静
青色	较冷	较刺激
紫色	中性	少刺激
黄绿色	中性	较安静
青绿色	冷	很安静
紫绿色	较冷	较刺激
紫红色	稍暖	较刺激

一般来说,暖色给人以温暖、快活的感觉;冷色给人以清凉、寒冷和沉静的感觉。如果将冷暖两色并列,给人的感觉是:暖色向外扩张,前移;冷色向内收缩、后退。了解了这些规律,对超级市场购物环境设计中的色彩处理、装饰物品的大小、位置的前后等,都是很有帮助的,可以提高超级市场购物环境的整体效果。

卖场的颜色配置设计对商品的销售大有影响。如何根据零售企业的属性和顾客的爱好调和卖场的色彩,是个很关键的因素。零售企业大多向消费者提供大众化商品,一般要求采用较清新明亮的色彩,或者利用色彩的远近感,调配不同的色调"修饰"空间状况,扩展卖场的空间感,改变顾客对卖场的视觉印象,给予舒展开阔的良好感觉。

天花板的颜色一般采用反射率高的色彩,不要让天花板转移顾客的注意力,从而冲淡了店内陈列的商品对顾客的吸引力。墙壁被陈列的货架所倚靠,其颜色一般采用较淡的色彩,如白色或淡绿色,这样显得比较远,给人以面积扩大的感觉。地板也不要分散顾客的注意力,一般采用反光性低的色调,避免喧宾夺主。卖场颜色设计可参考表8-8。

表8-8 卖场颜色设计参考

主色	第一副色	第二副色	地板	天花板	墙壁	用具	照明器具	目的
黄色、橘色	红色	白色	灰色、橘色	白色	乳白、淡绿	乳白	橘色	丰富感

2. 商品形象色

商品形象色是指在不同大类商品上,经常使用的能促进销售和便利使用的色彩或色调。商品形象色虽未有强制性的规定,也称不上标准色,但在超级市场经营环境设计中不可轻易违反。

有些色彩,会给人以酸、甜、苦、辣不同的味觉感受和不同的嗅觉感受。例如,淡红色、奶油色和橘黄色,点缀少量的绿色等,是促进食欲的颜色,因而食品类的陈列普遍采用暖色系的配色,如果硬要标新立异,用青绿色调设计饼干的陈列,用银灰色设计午餐肉的陈列,势必使人初看之下就产生误解,细看之后会大生厌恶感,食欲减退。又如,美国一家无人售货商店发现肉类的销售量下降了,经过调查才发现,店里新安了一扇蓝色的窗子,蓝色使消费者对肉类感到反胃。

在消费者的消费习惯中，不同的商品具有不同的色彩形象。对此，在设计连锁店的内部环境时一定要考虑到，并给予正确处理(见表8-9)。

表8-9 不同商品陈列的习惯色彩

产品命名的方式	商品陈列的习惯色彩
以水果命名的产品	橘子色、柑橘色、李子色、桃红、苹果绿、葡萄紫、柠檬黄
以植物命名的产品	咖啡色、茶色、豆沙色、柳绿色、嫩黄色、玫瑰红、郁金香色、花青色
以动物命名的产品	鹦鹉色、黄鹂色、鼠灰色
以金属矿物命名的产品	铁锈色、银灰色、炭黑、金铜色、紫铜色、青铜色、铜绿色、宝石色、石绿、石青、钴蓝

下面是大类商品的习惯色调：

(1) 服装。讲求时尚与适合。除大路货和童装外，均取高雅的色调。男性服装，则取明快的色调显示活力强，有气魄，粗犷有力；女性服装，则取和谐、柔和的色调，烘衬温柔的女性美。

(2) 食品。讲求安全与营养，多采用暖色系列。

(3) 化妆品。为烘托其护肤美容的功能，多采用中性色调和素雅色调。例如，淡淡的桃红色，给人以健康、优雅与清香感。

(4) 工矿机电产品。讲求科学、实用与效益。多采用稳重、沉静、朴实的色调，稍加有活力的纯色，如用红、黑、蓝色，给人以坚固耐用的感觉。

(5) 玩具和儿童文具。讲求兴趣与活泼感。多用鲜艳活泼的对比色调。

(6) 药品。讲求安全与健康，多采取中性色彩系列。偏冷色调给人以安宁不燥之感；蓝色、银色给人以安全感；浅红、金红色给人以元气、阳气、健康与活力的感受。

3. 性别、年龄、文化与色彩

消费者的性别、年龄、文化水平等与超级市场内部环境的色彩有着密切的关系。一般来说，文化水平较低或经济不发达的国家或地区的顾客偏爱比较鲜艳的原色，尤其是纯色，配色也多为强烈的对比色调；经济发达或文化教育水平较高的国家或地区的顾客则对比较富丽、柔和的色调和淡淡的中间色有较高的兴趣与欣赏力。当然这也不是绝对的，因为人们的习惯偏好是由多种因素综合支配的。即使文化水平相同，不同年龄段的人，对色彩的兴趣偏好也不尽相同，通过调查可归纳如表 8-10 所示。

表 8-10　不同年龄段偏爱的色彩

年龄段	偏爱的色彩
幼儿期	红色、黄色（纯色）
儿童期	红色、蓝色、绿色、黄色（纯色）
青年期	蓝色、红色、绿色
中年期	紫色、茶色、蓝色、绿色
老年期	深灰色、暗紫色、茶色

专栏 8-2

T-Magi 零售茶店：独具茶叶的淡雅

丹麦哥本哈根的建筑事务所 WE architecture 最近为本地专门售卖法国茶叶品牌 Mariage Freres 的 T-Magi 茶店设计了非常有趣的零售空间。

屋内的货架、柜台以及墙面，都采用白色，全白的色调为茶叶的清淡增加了几许清新自然，也相当符合茶之精华。通过货架上整列的小孔排列成一个茶壶的形状，信息传达强烈而直接，在满足商业效果需求的基础上还保留了一丝茶的禅意。

从空间设计的角度出发，T-Magi 零售茶店空间设计的主要特点是光从镂空茶壶造型在柜台和背景柜台上射出。T-Magi 店面设计采用无色系的黑白来体现茶叶的淡雅，也独具创意性！

三、墙壁与天花板设计

大型卖场内的墙壁设计装潢的总体要求是坚固、廉价与美观。其使用的材质一般是灰泥，再涂上涂料或进行墙面喷塑。对壁面装潢的这种要求，是因为大型卖场的壁面绝大多数被陈列的货架和物品遮挡。由此，大型卖场商品陈列与壁面配合的效果要低得多，所以在大型卖场壁面装潢上尽可能节约一些，但必须坚固。大多数大型卖场都经营冷冻类食品，由此产生的水汽对壁面会有侵蚀作用。其他形式的零售卖场则应根据销量的商品、顾客的特征等来设计墙壁。

天花板的作用不仅仅是把卖场的梁、管道和电线等遮蔽起来，更重要的是创造美感，创造良好的购物环境。零售卖场的天花板力求简洁，在形状的设计上通常采用的是平面天花板,也可以是简便地设计成垂吊型或全面通风型天花板。天花板的高度根据卖场的营业面积决定,如果天花板做得太高,顾客就无法在心平气和的气氛下购物;但做得太低,虽然可以供顾客在购物时感到亲切,但也会使其产生一种压抑感,无法享受视觉上和行动上舒适和自由浏览的乐趣。所以,合适的天花板高度对卖场环境是甚为重要的。一般卖场天花板的高度见表 8-11。

表 8-11 一般卖场天花板高度

营业面积	天花板高度
300 平方米左右	3~3.3 米
600 平方米左右	3.3~3.6 米
1 000 平方米左右	3.6~4 米

天花板的设计装潢除了要考虑到其形式和高度之外,还必须将卖场其他与之相关的设施结合起来考虑。例如,卖场的色调与照明协调、空调机、监控设备(如确实需要)、警报装置、灭火器等经营设施的位置,都应列入考虑之列。

四、声音与音响设计

声音的密度指的是声音的强度和音量。声音的种类和密度可对卖场的气氛产生积极的影响,也可以产生消极的影响。音响可以使顾客感到愉快,也可以使顾客感到不愉快。令人不愉快的或令人难以忍受的音响,会影响顾客的购物情绪,甚至毁坏卖场刻意营造的购物气氛。这一类的噪声,通常来自外部,除非采用消音、隔音设备,否则企业是很难予以控制的。而柜台上嘈杂的声音,以及内部产生的噪声,是可以控制的。

令人愉快的音乐有益于产品促销,如果一家超级市场在入口处经常放有悦耳的音乐,门外的顾客会鱼贯地进入店内,不管是否有中意的商品需要采购。根据一项调查研究显示:在美国有 70% 的人喜欢在播放音乐的超级市场购物,但并非所有音乐都能达到此效果。在超级市场里播放柔和而节拍慢的音乐,会使销售额增加 40%,而快节奏的音乐会使顾客在商店里流连的时间缩短,从而购买的商品减少,这个秘诀早已被超级市场的经营者熟知,所以每天快打烊时,超级市场就播放快节奏的摇滚乐,促使顾客早点儿离开,好早点儿收拾,早点儿下班。

正常的、令人愉快的声音,还可以吸引人们对商品的注意。实践证明,钟表的滴答声、微风中的钟鸣声、立体声录音机、收音机以及电视机播放的声音,在各有关的售货场所,均是正常的声音,它们确实可以吸引顾客对这些商品的注意。

还有一种声音,即上面所讲的柜台上的嘈杂声。这是有意送入超级市场的背景声音,是为了压下其他的声音,克服死一样的沉寂,这种声音也是可以分散注意力的。在电梯、超级市场、办公室,以及餐馆中使用最广泛的是背景音乐。由于零售企业应用的背景音乐是如此之多,因此,它成为超级市场可以控制的最重要的声音之一。它有助于消除不想要的声音,并可同时对雇员的工作予以配合,但是,这种音乐如果掌握不好,声音过高,则会令人反感,声音过低,则不起作用。因此,音乐的响度一定要与超级市场力求营造的店内环境相适应。

在探讨音乐时需要考虑的另一个重要因素是音乐的种类。这要与超级市场想要创造的气氛相协调。例如:对超级市场来说,在行将打烊时,让员工听一听 E·波尔·比格斯演奏的"触枝曲"(一种形式自由、速度甚快的对位式风琴曲或古钢琴曲)和"遁走曲"(在一个乐曲中,有一个或一个以上的主题或旋律在不同部分重复演奏),员工会非常乐意,而顾客对此会连 5 分钟都不能忍受。

五、气味设计

卖场的气味,对创造最大限度的销售额来说,是至关重要的。如果卖场气味异常,那么,商品的销售是不会达到预期数量的;气味正常,则会吸引顾客购买这些商品。人们的味蕾会对某些气味做出反应,以致可以只是凭借嗅觉就可知道某些商品的滋味。例如巧克力、新鲜面包、橘子、玉米花和咖啡等。花店中花卉的气味,化妆品柜台的香味,面包店的饼干、糖果味,蜜饯店的奶糖和硬果味,超级市场礼品部散发香气的蜡烛,皮革制品部的皮革味,烟草部的烟草味,均是与这些商品协调的,对促进顾客的购买是有帮助的。

唐朝诗人李白闻香下马,香味对人的魅力,古今中外颇多趣闻轶事。美国国际香料公司采用高科技人工合成了许多令人垂涎的香味,包括巧克力饼干香味、热苹果派味、新鲜的比萨饼味、烤火腿的香味,甚至还有不油腻的薯条香味等。美国国际香料公司将各种人工香料装在精美的罐子中来销售。根据定时设置,香料罐子每隔一段时间会将香味喷在零售店内,以引诱顾客上门,实验结果表明这种方法效果奇佳。因此,这种喷香味的罐子在美国的销路非常好,许多零售店经营者用它们来吸引顾客、留住顾客。并且每天的花费只是几美分而已。

正如有令人不愉快的声音一样也有令人不愉快的气味,这种气味会把顾客赶走。令人不愉快的气味,包括地毯的霉味,吸纸烟的烟气,强烈的染料味,啮齿类动物和昆虫的气味,残留的尚未完全熄灭的燃烧物的气味,汽油、油漆和保管不善的清洁用品的气味,洗手间的气味等。邻居的不良气味,也像外部的声音一样,会给卖场带来不好的影响。这些气味不仅令人不愉快,与卖场的环境、气氛也不协调。比如:巧克力和坚果的气味飘入保健食品部,医生或牙科医生诊室的很浓的药品气味飘入面包店等。总而言之,卖场里的气味,一定要能够促进顾客购买。

如上述的对卖场气氛有影响的其他因素一样,对气味的密度(强度)也必须与它的种类一并考虑。如果是不好的气味,那么,企业应当用空气过滤设备力求降低它的密度(强度)。对正常的气味,密度不妨大一些,以便促进顾客的购买,但是,要适当控制使它不致扰乱顾客,甚至使顾客厌恶。例如,化妆品柜台周围香水的香味会促进顾客对香水或其他化妆品的消费需要,但是,香水的香味过于强烈,也会使人厌恶,甚至引起反感,这样,反而会把顾客赶走。

六、通风设施设计

对于超级市场而言,卖场内顾客流量大,空气极易污浊,为了保证店内空气清新通畅、冷暖适宜,应采用空气净化措施,加强通风系统的建设。通风来源可以分自然通风和机械通风。采用自然通风可以节约能源,保证超级市场内部适宜的空气,一般小型超级市场多采用这种通风方式。而有条件的现代化大中型超级市场,在建造之初就普遍采取紫外线灯光杀菌设施和空气调节设备,用来改善超级市场内部的环境质量,为顾客提供舒适、清洁的购物环境。

超级市场的空调应遵循舒适性原则,冬季应达到温暖而不燥热,夏季应达到凉爽而不骤冷。否则会对顾客和职员的身体产生不利的影响。如冬季暖气开得很足,顾客从外面进入超级市场都穿着厚厚的棉、毛衣,在店内待不了几分钟就会感到燥热无比,来不及仔细浏览就匆匆离开超级市场,这无疑会影响超级市场销售。夏季冷气习习,顾客从炎热的外部世界进入超级市场,会有乍暖还寒的不适应感,抵抗力弱的顾客难免出现伤风感冒的症状,因此在使用空调时,维持舒适的温度和湿度是至关重要的。

超级市场在选择空调机组的类型时,应注意以下要求:

第一,根据超级市场的规模大小来选择。大型超级市场应采取中央空调系统,中、小型超级市场可以设分立式空调,特别要注意解决一次性投资的规模和长期运行的费用承受能力。

第二,超级市场空调系统热源选择既要有投资经济效益分析,更应注意结合当时的热能来源,如果有可能采取集中供热,最好予以充分运用。

第三,超级市场空调系统冷源选择要慎重,是风冷还是水冷,是离心式还是螺旋式制冷都要进行经济论证,要特别注意制冷剂使用对大气污染的影响。

第四,在选择空调系统类别时,必须考虑电力供应的程度,详细了解电力部门允许使用空调系统电源的要求,避免出现设备闲置的状况。

超级市场的空气湿度参数一般保持在 40%～50%,更适宜在 50%～60%,该湿度范围使人感觉比较舒适。但对经营特殊商品的营业场所和库房,则应严格控制环境湿度,严防腐坏情况的发生。

七、地板设计

卖场地面的材料和设计都是很重要的,95%的超市采用树脂材料做地面,而94%的百货公司使用地毯。LensCrafters(一家光学仪器连锁店)采用枫木做地板并铺上蓝色地毯,营造出一种更加轻柔、温暖的风格,就是"为了创造友好的购物环境"。

在卖场中,顾客通行的地方和陈列售货的地方,地板可以做统一装潢,而不必用不同的材料铺设。但卖场内地板材质的选择,必须要求和天花板、墙壁选用的材料形成一个系列,三者之间应取得协调。另外,卖场内的地板是店堂基本装潢设施中和顾客接触最直接、最频繁的地方,要十分注意其带给顾客的良好触觉印象,还要顾及商品陈列与它的配合效果。

地板的图形设计上有刚、柔两种选择。以正方形、矩形、多角形等直线条组合为特征的图案,带有阳刚之气,比较适合经营男性商品的卖场使用;而以圆形、椭圆形、扇形和几何曲线形等曲线组合为特征的图案,带有柔和之气,比较适合经营女性商品的卖场使用。

地板的装饰材料,一般有瓷砖、塑胶地砖、石材、木地板以及水泥等,可根据需要选用。主要考虑超级市场形象设计的需要、材料费用的多少、材料的优缺点等几个因素。首先应对各种材料的特点和费用有清楚的了解,才利于作决定。瓷砖的品种很多,色彩和形状可以自由选择,有耐热、耐水、耐火及耐腐蚀等优点,具有相当的持久性;其缺点是保温性差。塑胶地砖价格适中,施工也较方便,还具有颜色丰富的优点,常被一般超级市场所采用,其缺点是易被烟头、利器和化学品损坏。石材有花岗石、大理石以及人造大理石等,都具有外表华丽、装饰性好的特点,在耐水、耐火、耐腐蚀等方面不用担心,是其他材料远不能及的,但由于价格较高,只有在营业上有特殊考虑时才会采用。木地板虽然有柔软、隔寒、光泽好的优点,可是易弄脏、易损坏,故对于顾客进出次数多的超级市场不大适合。用水泥铺地面价格最便宜,但经营中、高档商品的超级市场不宜采用。各种材料的具体情况、特点和注意事项见表 8-12。

表 8-12 各种材料的具体情况、特点和注意事项

选用材料	适用范围	特点	缺点
陶瓷地砖	一般都选用这种材料	材价相对较低,耐热、耐水、耐火及耐腐蚀,具有相当的持久性,形状大小可以自由选择	保温性差,对硬度的抗性太弱
塑胶地砖	常被一般卖场所采用	价格适中,施工较为方便,颜色丰富	易被烟头、利器和化学品损坏

(续表)

选用材料	适用范围	特点	缺点
水泥	一般不选用	价格最低,施工简单	不利于创造良好的购物环境,灰色调难以衬托商品陈列的效果
石材	经营较高档商品的卖场选用	花岗石、大理石以及人造大理石等外表华丽、装饰性好,耐水、耐火、耐腐蚀	价格较高
木地板	经营高档精品的卖场选用,对顾客进出较多的超级市场等不适用	柔软、隔寒、光泽好	易弄脏、损坏

本 章 小 结

商店场地面积可分为营业面积、仓库面积和附属面积三部分。各部分面积划分的比例应考虑商店的经营规模、顾客流量、经营商品品种和经营范围等因素。我国连锁店采用的销售方式主要为隔绝式和敞开式两种类型。百货商店的店内布局有直线式、斜线式和曲线式。专卖店的货架布局应该新颖别致,同时配合合理的商品陈列,就能创造出专卖店独特的清新典雅的风格。其销售场地一般由销售岛、柱围、壁面和通道四个部分组成。一般来说,卖场上的动线可以分为顾客动线、销售人员动线以及管理动线三类。不管门店采用何种销售方式,都必须极力避免顾客动线与门店销售人员动线的交叉。对于超级市场而言,卖场中的通道可以分为直线式通道和回形式通道两类。超市卖场磁石点通常分为五个,应按不同的磁石点来配置相应的商品。

一般来说,卖场的照明设计主要有两种:商品照明、环境照明。从照明学上讲,商品照明应为环境照明的2～4倍,这样才能提高商品吸引顾客的效果。对于超级市场而言,经常按照基本照明、重点照明和装饰照明三种照明来具体设计卖场照明。色彩是组成卖场环境的一个重要方面。一种爽目、洁净的色调能给消费者以良好的购物感觉,心情舒畅地进行购物活动。天花板的作用不仅仅是把卖场的梁、管道和电线等遮蔽起来,更重要的是创造美感,创造良好的购物环境。声音的密度指的是声音的强度和音量。声音的种类和密度可对卖场的气氛产生积极的影响,也可以产生消极的影响。通风来源可以分自然通风和机械通风。超级市场的空调应遵循舒适性原则。

1. 简述设计卖场环境的原则。
2. 连锁店的店内布局形式有哪些？
3. 百货店的店内布局形式有哪些？
4. 专卖店的店内布局形式有哪些？
5. 简述通道设计的原则。
6. 简述磁石配置原理。
7. 什么是商品形象色？举例说明。

麦德龙福州商场的货位分布如下图所示。

麦德龙福州商场的布局

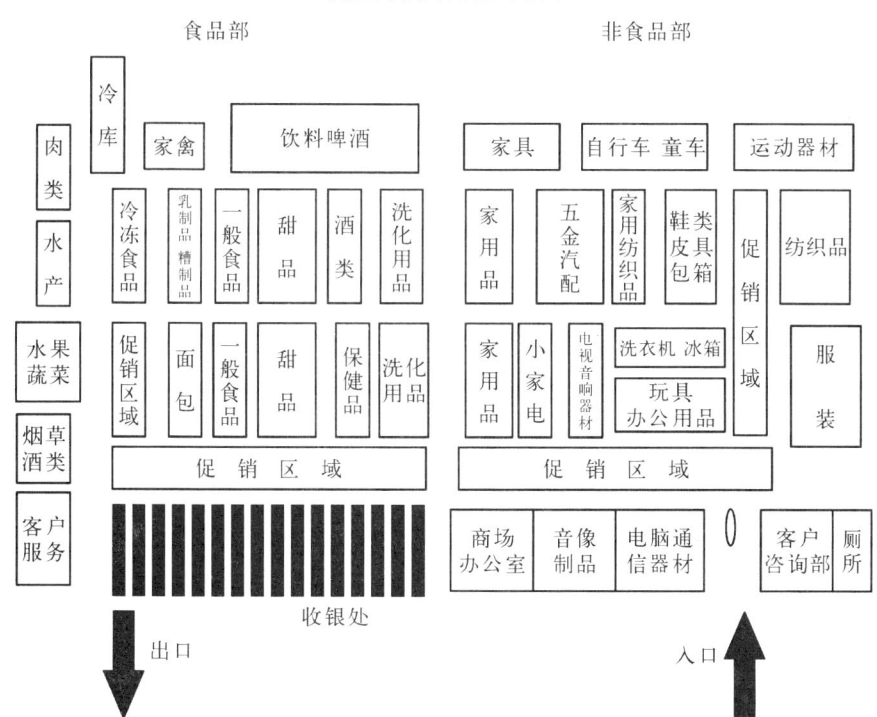

讨论题：

1. 该卖场整体布局分为几个区域？
2. 该卖场在布局上有何特点？
3. 分析该卖场动线的设计。

第九章 连锁店设施与设备

学习目标

1. 掌握连锁店设施与设备的分类；
2. 了解连锁店设备的发展规律；
3. 了解连锁店陈列、仓储设备和生产加工设备的使用；
4. 了解商品标识、待客设备和防损、收货设备的使用；
5. 了解节能减排、消杀、卫生和消防设备的使用。

【引导案例】

熟悉设备与设施类别

作为一名连锁超市的管理人员，小吴被公司赋予新的任务：去负责一家新门店的开张和建设。虽然对于店铺管理和经营有一定的了解和学习，但是对于整个店铺的建设和开张，他还是第一次，感到有点茫然。以前工作的时候，小吴已经非常熟悉店内既有的设备和设施，但是在新店建设过程中面对各种类型的店铺设备，他觉得比想象中复杂得多。于是，他认为第一步是先让自己熟悉设备的分类，然后再培训同事合理地使用和保养店内设备，这样才能使新的店铺顺利开业。

第一节 连锁店常用设备概述

一、店铺设备的发展规律

随着科技的进步，连锁经营企业的店铺设备、设施在使用过程也必须与时俱

进,与市场和科技进步联系在一起。总的来说,有以下几个发展规律:

(1) 科技含量越来越高,材料革新、电子科技、信息系统运用不断增加。

(2) 越来越开放、亲民,店铺设备在设计和服务方面更具有亲民和开放的特色,更加方便消费者。

(3) 在采购设备的费用分摊或设备的出资方面供应商承担越来越多的责任。特别是大中型连锁店铺,供应商设备进场占比更高。

(4) 环保理念不断增强,近年来在低碳环保理念的全球共识下,店铺设备设施在选择和使用过程中环保的观念不断增强。

(5) 设备设施更新换代的时间越来越短。如沃尔玛超市在中国的货架设备,20世纪末平均5~6年才更新,而如今每开张一家新店都会有部分货架设备进行更新换代。

毋庸置疑,一家连锁经营商店的店铺设备对商店形象、商店的功能和定位、顾客服务水平和员工工作效率都有着非常重要的意义。同时商店店铺设备的采购成本和摊销又关系到商店营运成本的高低。所以作为连锁经营企业合理平衡和选择店铺设备非常重要,要平衡长期利益和眼前利益,还要平衡供应商、顾客、业主和社区的综合关系。

二、店铺设备的分类和管理

(一) 店铺设备的分类

店铺设备主要包括以下几个方面:

(1) 商品陈列和仓储补货设备。用于陈列商品的货架、柜台、促销台和用于仓库库存商品的存放、运输工具,前者也是一家商店最基础的设备;后者包括后仓货价、卡板、叉车、平板车、楼梯等。

(2) 商品标识设备和待客设备,包括价格标签打印设备(如打价枪)、促销展示设备和商场内部服务顾客的设备,包括购物车、购物篮、收银机、价格查询器、磅秤等。

(3) 防损和收货检验设备,指的是为了防止损耗和偷盗而设立的设备,包括监控设备、报警系统设备和相关防盗扣等;以及为了保证收货质量和品质而设立的温度检测仪、农药残留检测仪器和称重设备。

(4) 生产、加工设备,主要指具备加工生产功能的店铺,为了自制食品或其他商品而设立的设备,包括生鲜食品加工和熟食、即食类产品加工设备。

(5) 空调系统和节能减排设备,包括整个店铺空调、冷冻库或冷藏库的空调系统(如果有设置)、节能照明设备、空调设备、供电设备。

(6) 消毒杀菌、卫生设备和消防安全设备,主要包括商场清洁卫生、消防、杀毒设备以及为消防安全而设置的消防栓、灭火器、紧急出口、消防应急指示灯等。

（二）店铺设备的管理

基于店铺设备对店铺的重要性，做好设备的日常管理也是连锁店重要的工作之一。设备的管理包括设备采购、设备进场、设备日常维护、设备报废处理。

（1）设备采购。如果是单价在人民币1 000元以上、使用期限在1年以上的设备需要作为固定资产购买和采购。连锁店铺在采购前需要得到总部或区域中心的许可，在购买后要进行固定资产台账记录。单价低于1 000元或使用年限低于1年的设备，不需要作为固定资产方式采购和管理。对于供应商提供使用的设备，店铺一般只提供日常管理和使用，保证顾客的基本安全，维护和采购都由供应商负责，不作为店铺设备登记。

（2）设备进场。所有设备进场均需要通过店铺的验收和入账登记。供应商设备入场，设备本身也应该符合国家相关标准。

（3）设备日常维护。包括设备盘点、设备保养和维修。对于店内设备应该编号，并定期盘点，专人负责设备的保养和维修工作。

（4）设备的报废。如果是固定资产，应严格按照国家有关固定资产报废的相关规定进行；如果不是，则按照正常程序更换和报废处理。

专栏9-1

设备的日常检查

某门店在安全小组巡店的过程中，在楼面发现了超过五个九节梯损坏，小组立即将这五个梯子集中存放在工程部进行维修。看上去这样避免了安全事故的发生，此时另一个棘手的问题出现了：那就是全商场总共九部九节梯，到现在为止只剩四部，影响了楼面同事补货时对梯子的需求。从这件事可以提示我们：如果每日都安排对梯子安全性能的检查，随时发现随时维修，这样就会避免集中维修，楼面梯子紧缺情况的发生。

第二节　连锁店陈列、仓储设备和生产加工设备

一、商品陈列设备

（一）正常货架陈列设备

目前主要商品陈列设备是以超市货架为主导的金属货架，主要有单面背网、双

面背网、单面背板货架和双面背板货架。这种货架可单双面相互结合,层面可以按照商品任意调节,同时多种辅助设施可以保证转角利用和陈列不规则商品和易碎商品。

有一些分类商品,例如服装、鞋类、书籍、碟片等,为了更好地展示商品特性,也使用一些具有特殊展示作用的货架。例如,书籍和碟片主要使用金属音乐架,服装主要使用圆形架、方型架和服装模特等。

（二）生鲜和冷冻商品陈列设备

用于生鲜食品和需要冷冻的商品使用特殊的冷链陈列设备。① 蔬菜、水果、五谷杂粮,主要使用篮筐式货架,便于存储一定的数量;② 海鲜、冰鲜和河鲜产品,海鲜、河鲜产品有相应的固定鱼池或移动鱼池,冰鲜则以冰台陈列为主;③ 肉类、冻品、冷藏奶类,根据不同温度的需要,主要使用卧式、立式和柜式冰箱或冰柜陈列,一般冷藏要求温度在 0℃~5℃,冷冻要求温度控制在零下 18℃。

（三）熟食和面包等即食食品陈列设备

对于热熟食,需要陈列在温度超过 60℃的热展柜内,冷熟食等非包装食品同样陈列在具有封闭的冷藏功能的展柜内,其他包装食品陈列货架一般和普通货架一致。

（四）促销陈列设备

促销除了正常货架,使用的设备还有地堆、方形陈列架、围板等陈列设施,随着连锁店铺促销的常态化和日益增强的竞争性,促销设备的外形和材料相对变化最快,也是最能体现门店整体形象的设备。

（五）特殊品类商品陈列专柜

对于化妆品、酒类(特别是高档酒)、电子产品、香烟等体积偏小、单价偏高的产品,在陈列上习惯使用相应专柜陈列。化妆品类主要以品牌集中陈列为主,陈列专柜也以展示商品品牌形象为主,所以大部分此类专柜由供应商自己制作提供。酒类、香烟,特别是高档烟酒类主要使用传统、相对封闭专柜为主。电子产品,如相机、手机、mp3 等,则主要使用传统玻璃专柜为主。

二、商品存储补货设备

仓储作为支持门店销售区的后盾,后仓商品的摆放、运输和补货设备对门店库存运转、工作效率同样具有重大的影响。

（一）存储设备

(1) 仓储货架。后仓存储货架相对于前场或卖场的顾客货架来说,在货架承重力度、稳定性、货架抗腐蚀性等方面的性能都会优越很多。目前仓储货架主要在仓储式卖场、量贩式卖场和普通连锁店后仓使用。

(2) 仓储卡板。木制两层或三层商品暂存设备。为了避免商品直接接触地面,不管是商品还是非食品都需要放置在货架或仓储卡板上。同时仓储卡板在仓库商品转运方面也起着非常重要的作用。通用卡板构成为三层结构(上层 7 块木材、中间横着 5 块木材、下面 3 块木材),目前整个行业还没有固定尺寸,可根据店铺实际的需求制作或订购。

(二) 补货和货物转运设备

(1) 机动叉车。一般为内燃式叉车,对于大型卖场或仓储式店铺,利用率较高的货物转运设备,运载能力在 5~10 吨。机动叉车使用需具有专门特种设备驾驶资格证,主要针对大批量或重量很大的商品小距离转运,是起吊升降作业和货柜卸货作业中最常用的设备。

(2) 电动手控叉车。手控充电液压叉车,相对于机动车,在运载能力和运载速度上都会下降很多。主要用于转运重量和体积相对较小的货物。在操作叉车的时候,操作人员同样需要经过培训,具备叉车行驶证方能上岗。在使用过程中,操作人员需穿反光背心,起步鸣笛,严格遵守设备操作指南。

(3) 手动液压叉车。运载重量低于 2 吨、体积偏小,用于门店常规补货、特卖商品补货、小型设备转移和仓库货物转移的设备。

(4) 平板车或手推补货车。主要为店铺货架补货、商品转移的小型设备。补货数量和重量相对都比较低下,但是使用方便,操作简单。

(5) 补货楼梯。为了节省仓储和店铺空间,大部分商家都会把商品存储在位置相对较高的货架或货架顶部。在商品整理和补货过程中,楼梯的使用频率会很高,楼梯也就成为常用设备之一。

(6) 载重货梯。对于不在同一楼层的收货和仓储作业,还需要通过载重电梯辅助货物正常转运到销售区域。载重电梯的使用需要满足以下几个注意事项:① 电梯需要具有专人操作负责;② 载重不能超过电梯最大载重;③ 电梯需要定期年检和保养,为防止电梯在使用过程中撞坏,还需要对电梯四周进行加固处理。

三、海鲜、鱼类和肉类加工设备

对于具有生产、加工食品的连锁店铺,在生产和加工相关生鲜和即食品时需要使用到相对专业的生产、加工设备。生产加工类产品具有投资相对较大、周转较慢的特点,连锁经营店铺应该根据自身的投资规模和预期受益,合理投资选购。在食品加工设备使用的过程中应该注意冷热分离、定时清洁、个人卫生,在维护保养过程中应该特别注意电器设备的保养。

海鲜、鱼类加工设备主要是指为了满足顾客需求,提供顾客鱼类、海鲜、冰鲜类产品的宰杀、分割、切片等服务而需要的一切加工设备,包括刀具、砧板、加工操作台以及为保护员工操作而设立的防切手套和刀具打磨设备。在作业操作时必须佩戴防切手套,以防止员工受伤,同时刀具和加工操作台必须每天清洁,刀具要定期打磨。

肉类加工主要包括肉类分割、切片、骨头分离、肉糜搅碎和肉卷制作。所以相应的加工设备包括分割设备、切片设备、锯骨设备、绞肉机器和肉卷制作机器,防护设备包括防切手套等。分割切片设备主要包括普通分割刀具和切片刀具;骨头分离设备包括剁骨刀和锯骨机,用于肉类产品骨头的分割和锯断;肉糜绞肉机器主要用于搅碎肉类,可以根据需要调整肉糜的大小;肉卷制作工具主要是指在制作火锅肉类原料牛、羊肉卷的使用工具。

四、面包、蛋糕制作设备

(一)面包制作设备

具有面包制作功能的连锁店铺,需要配置大量的面包制作设备,主要包括和面设备、搅蛋设备、发酵设备、烘烤设备和相关模具。

(1)和面设备。作为制作面包的基础,和面设备主要包括和面机器、打面机器、面包型机器。和面机器用于面粉的搅拌以及面粉和其他配料的搅拌,作为面包制作最基础的设备,在面包制作过程中至关重要。

(2)搅蛋设备。包括打蛋机器、搅蛋机器和蛋黄分离机器。鸡蛋作为面包最常用的原料之一,在面包制作过程中使用很频繁,因此面包搅蛋设备的应用也十分广泛。从普通的打蛋器、搅拌棍到专门的打蛋器和强力搅拌器,从人工蛋黄分离操作到专业蛋黄分离设备。

(3)发酵设备。发酵作为面包制作的一个流程,发酵的效果对面包成型和口感的影响是很大的。发酵的温度、湿度、时间的控制直接关系到发酵的效果,因此发酵的设备应该是相对封闭、可自动调节温度的面团陈列设备。

(4)烘焙设备。面包烘焙设备,主要包括可以自动调节温度的电烤炉和电烤箱等。连锁店可以根据自己的规模和生产量配置合适的设备。

(5)面包模具和装饰工具。为了增加面包的外观美观度和陈列的便利性,需要对面包的形状和外观进行相关装饰,因此需要相关的模具和装饰工具。模具主要是为固定面包在烘焙过程中的形状而设立的不锈钢材质的面包容器,装饰工具主要是指面包雕刻、裱花等工具。

(二)蛋糕制作设备

以上面包制作的设备在蛋糕制作的过程中将会起着同样的作用,特别是蛋糕打底面包的制作完全依靠以上设备。而同时作为蛋糕制作也需要一些独特的设备,包括无菌封闭的操作空间、面包奶油等原料、半成品以及成品的冷藏设备以及蛋糕裱花设备。

在连锁店铺的固定资产投资中,面包制作设备相对投资较大,周转较慢,因此越来越多的连锁店铺,独立门店选择销售面包制品但是门店本身却并没有独立的生产部门。通过连锁企业统一集中生产、单独分店配送的方式进行操作。

五、熟食制作设备

和面包房相关设备一样,在连锁店铺中越来越多的小型连锁店铺本身并不具备加工熟食制品的能力,而是由一些专业配送中心或者是个别较大的连锁店铺提供。但是一些大型连锁超市或者是熟食制品连锁企业,往往有自己的熟食加工人员和相关设备。

(一)烧烤、油炸设备

为烧烤、油炸食品而准备的设备,包括烤炉、炸炉以及油温、油质监测设备。大型卖场熟食区销售的烧烤食品主要是以家禽类为主,通过热空气进行高温烹制食品,相对的设备以封闭或半封闭可自动调节温度的电烤炉或燃气炉为主,主要有卧式、立式两种;而电炸炉、油炸炉缸体采用优质钢材制作,可以油炸鸡腿、鸡翅、鱿鱼、香肠、薯条、炸鱼、鸡脚、牛排、汉堡、肉串、鸡柳、臭豆腐、蘑菇、蔬菜类等小吃。

(二)面点制作设备

与西式面点采取面包或蛋糕设备不同,中式面点有着自己的使用设备。中式面点种类繁多,因此在设备使用上面也是形式多样,品种繁复。有制作蒸煮食品,如包子、馒头、蒸饺等食品的电蒸笼或燃气蒸笼;有制作翻炒类食品,如炒面、炒粉等食品的设备;有制作煎炸等食品,如油条、炸花生等食品的燃气或电器设备;有制作卤水等食品原料的设备。

(三)小炒、配菜制作设备

在具有制作中式快餐类食品的连锁店铺,小炒、配菜类相应设备是基础熟食制作设备。主要有相应的刀具、洗配设施、炒锅、热展柜等设施和设备。

第三节 标识、待客和防损、收货设备

一、商品标识设备

商店标识设备,主要是为商店标识设计、制作、打印、张贴、悬挂而采购的设备。主要包括价格扫描设备、价格标签打印设备、促销标签打印设备、海报制作和悬挂设备。

(一)价格扫描设备

连锁店目前在价格扫描设备方面,通用的是无线终端设备,主要通过店内安装

信号发射点和主服务器相连,能够通过扫描商品条形码来查看商品价格、成本、库存、订货等相关信息,并通过有线或无线的方式连接打印机,打印相关价格标识。连锁店铺可以根据自己的需要,选择自己需要的设备,或是直接使用电脑终端作为价格查询设备。

（二）打印设备

商店在价格标签打印和促销标签、促销海报的打印方面,需要使用相应的设备。常用的设备有便携价格标签打印机和普通喷墨或激光打印机。连锁店铺可以根据店内自己的需要选择使用,可以充分考虑店铺自身的需求,考虑成本和规模合理使用。

（三）标识展示设备

商店在展示商品标识方面用到的设备,主要是相应的价格标签展示设备、促销标签展示设备和宣传海报、商品功能介绍展示设备。相对应于扫描设备和打印设备,标识展示设备具有价格低、相对流通快和易损耗的特点,主要是作为正常货价的辅助设备存在。

二、待客设备

待客设备则主要是指商店为接待顾客而装备的各种设备,包括购物车篮、价格辅助查询设备、计量设备、免费巴士、休闲座椅等设备。

（一）购物车篮

连锁商店可以根据实际对顾客购买商品数量和体积的预计和计算,选择合适的购物车或购物篮满足顾客购物需要。仓储式卖场选择体积较大的、坚固的购物车作为主要的购物设备,普通生活类超市以中小型购物车和购物篮相结合的方式满足顾客购物需求,一般小型连锁店根据实际的需求选择购物篮即可。

根据现代购物行为学的研究,顾客购买商品除了动机以外,顾客所持有的购物设备,也会潜意识影响顾客购买商品的数量。所以对门店所在商圈顾客购买商品数量的统计研究有助于选择合适的购物设备。

（二）收银设备

连锁店收银设备目前最流行和通用的就是POS收银系统,这里也主要介绍POS系统。POS系统(point of sales)又被称为"销售时点信息系统",是指通过自动读取设备(如收银机)在销售商品时直接读取商品销售信息(如商品名、单价、销售数量、销售时间、销售店铺、购买顾客等),并通过通讯网络和计算机系统传送至有关部门进行分析加工以提高经营效率的系统。POS系统最早应用于零售业,以后逐渐扩展至其他如金融、旅馆等服务行业,利用POS系统的范围也从企业内部扩展到整个供应链。能实现电子资金自动转账,它具有支持消费、预授权、余额查询和转账等功能,使用起来安全、快捷、可靠。

1. POS系统基本功能

（1）作业功能。POS系统在进行收银结算时,能自动记录商品销售相关资料;会自动存储、整理所记录的全部销售资料,反映每个时间段的销售信息;可以打印各时段相关销售报表;作为连锁店设备,还可以接收总部变价。

（2）管理功能。POS系统能够准确迅速获得商品销售信息,在商品管理上有助于调整进货数量和商品结构;为商品价格促销提供依据和参考;能够打印相关销售报表,准确提供参考信息。

2. POS系统基本框架

（1）独立收款机构成的POS系统结构。基于本身就具有商品交易处理、商品信息存储和管理性能的收款机,单台收款机和银行刷卡系统可构成独立POS系统。它一般是基于PC的收款机,主要是用于小型连锁店。

（2）收款机、服务器、主计算机组成的POS系统机构。多台收款机通过通信线路与服务器相连,服务器又通过网络和主计算机相连。服务器一般起到管理作用,收款机运行时需要的相关信息,先有主机系统下载到服务器,然后再传输到收款机;收款机则将商品销售信息传输到服务器,服务器再传送到主机系统。这种系统主要适用于大、中型连锁店铺。

（三）价格自助查询设备

在大型连锁店铺和商场,为了方便顾客查看商品价格,都有装配顾客自助查询设备。主要是一个带红外线扫描仪的终端显示设备,通过网络连接POS系统,能够方便顾客自动查询相关商品价格。

（四）计量设备

连锁店铺在销售需要称重计价商品时,需要能够对商品进行称重和计量的设备。主要通行的设备为磅秤,磅秤通过网络跟POS服务器或主机相连,传输商品价格和相关信息,磅秤同时会附带一个小型打印机,打印重量或相关价格标签。连锁店铺通用的磅秤,一般最大承重量在15千克左右。在使用设备之前,需要通过主机或服务器把相关商品信息设置到磅秤系统,并为不同的商品设置不同的代码。为了保证磅秤能够传输最新的商品价格,需要保证磅秤的在线时间。

（五）顾客休闲设备

小型连锁店铺基本没有设置相关顾客休闲设备,大型连锁超市或者商场为了提高顾客购物体验,解决顾客购物之余的行为都设置了相关顾客休闲设备。主要包括休闲椅、音像试听设备、母婴室、儿童乐园等。连锁店铺可以根据自身营业面积、客流情况,选择合适的设备。

（六）免费巴士

大型连锁企业、超市、卖场在不断竞争的市场情况下，为了取得更多的顾客源，纷纷开行免费巴士，对消费的顾客实行定点的接送。连锁企业可以根据自身需要，通过对客流和商圈的分析，选择座位一定的巴士，制定相关的路线和站点以及班次，并定期跟踪上位率和客单价，综合计算营运费用，适时调整相关路线。

（七）广播系统

店内广播系统是指应用于服务顾客和内部员工而设立的语音和音乐播放系统。由专人负责播音和管理，面对顾客主要播报顾客信息或商品促销信息；面对员工主要是员工调度或传递信息；大部分情况主要播放一些背景音乐。

三、防损设备

防损作为任何一家连锁店铺都必须关注的重要问题，损耗将直接影响着商店的盈利状况，单纯的人工防损已经不能满足现代社会的需求，防损设备也在不断进步，不断创新。

（一）监控系统

连锁经营店铺闭路监控系统是由多个监控镜头和电脑主机、终端显示器通过网络和线路连接一体的店内独立系统。监控镜头应该安置在贵重商品或明显位置，并提醒顾客有监控镜头。监控镜头的数量根据店铺营业面积的需要安装，但最基础的要求是在出入口、收银区、贵重物品区安装。电脑主机主要用于存储相关录像，用于回放和存储重要录像资料。由于录像资料内容庞大，需要占用大量主机硬盘容量，所以需要配置一定硬盘容量的主机并定期清理过期的录像。录像显示终端分为多频显示和单频显示。多频显示主要用于店铺人员同时查看多个镜头录像；单频显示则主要放置在店铺供顾客观看的单个镜头的录像显示，起到一定警示作用。

（二）报警系统

报警系统主要针对的是两个部分：与公安机关直接相连的紧急情况报警系统和店内商品盗窃引起的门禁报警系统。前者指的是按照公安机关的要求，在收银机的下方安置的红色报警按钮，在遇到抢劫等紧急情况时，按动按钮会直接连接到当地的公安机关，起到报警的作用。后者主要是由店内商品防盗磁性设备、消磁器和报警门一起构成的防止商品盗窃店内报警系统。这里主要介绍后者。

（1）商品防盗设备。主要指具有磁性并且可以安装在商品上面、不损害商品原来品质和功能的一次性或多次使用的小型设备和相关安装、取消设备。目前通用的磁性设备主要有：① 一次性磁条，主要粘贴在预包装食品和非食品上面，体积较小，磁性可以被消磁设备取消的小型磁条。② 反复使用的磁钉或者磁扣设备，主要使用在服装、鞋类、酒类、音像碟片、床上用品等不便于使用磁条的商品上面，可以反复使用，有专门的安装和拆卸设备。不同企业在此类设备的外形上面虽然不同，但是原理都一样。磁性防盗设备在安装的时候应该注意避免损害商品的外观和使用特性，磁条应该安装在非金属商品相对隐蔽的位置；相反磁扣类则应该安装在商品明显的位置，方便收银员顺利取下。

（2）消磁设备和磁扣安装、拆卸设备。粘贴的一次性磁条商品在出售时需要消除磁性，防止顾客经过报警门时报警；安装硬扣的商品也需要在收款买单的时候取下。消除磁性的设备称为消磁器，一般和收银机安装在一起；而拆卸磁扣的设备也大多和收银设备安装在一起，方便操作。

（3）报警设备即安装在顾客出口的声磁报警系统。当带磁性商品与出口声磁门距离在一定范围内会引起声磁门报警，主要为了防范没有消磁商品直接带离商店。

专栏 9-2

化妆品店的防盗

日用品在国外也是颇有代表性的被盗商品。一家化妆品连锁公司是这样进行防盗的。公司防盗一般由本部下达指示方针，实际上由商店根据自己情况，自己制定对策。一家分店以销售季节商品、短袜的初中、高中学生为销售对象，因为商品有两万多种，小商品也比较多，商品的损耗很多。他们在商品的布置安排上花费了很多时间。该店的卖场成 L 型。一半是多样化日用品和特色日用品，另一半是时兴日用品，然后在中央的收款处周围摆放着容易被盗的商品。另外贴着小标贴的只是全部两万种商品中的大约 100 个品种，从长期收集的数据中得知哪些商品容易损耗，把防盗重点集中在一小部分商品上，具体来说就是"小而易拿"，"损耗度高"，"名牌商品，有很大附加值"，"受高中生欢迎"的畅销商品，往往就是易盗商品，这样就增加了工作难度。这个商店，为了掌握数据，除了全体商品的盘点外，还比较某个商品的销售额与货架上的实际数量，比较理论库存量与目测库存量，一旦发现有差异，就对这个商品进行单品盘点。有些顾客不付账就想把商品带回去，蛮不讲理想撕掉它时，小标贴会飞溅出墨水，使之失去商品的价值。在一个一个的商品上贴上了小标贴后，被偷损失在销售额中所占的百分比由 2% 下降到 1.7%。

四、收货设备

收货作为商店第一道关卡，在控制商品品质、降低损耗等方面起着至关重要的作用。主要包括温度检测设备、农药残留检测设备和重量检测设备。

（一）温度检测设备

对于需要通过冷链收货的冷冻、冷藏和热熟食商品，需要进行温度检测。温度检测的通用设备主要包括普通水银温度计和现代电子温度计。温度计的使用前应该使用冰水混合物进行调零和校准；测温过程中应该保证插入需检测商品内部或商品包装之间持续30秒时间以上；冷热商品应该使用不同的温度计；当温度计不使用时应该浸泡在一定比例浓度的消毒液中。

（二）农药残留检测设备

对于大型具有销售生鲜商品的连锁店铺，需要对每天收货的叶菜、根茎类蔬菜和水果进行农药残留检测。农残检测设备根据对被检测物品的表皮、根茎、果肉、叶尖（不同种类蔬果选择不同）进行检测，反映出农药残留的成分。但是具有假阳性反应的姜、葱、蒜等一般检测不出。农药检测以后需要登记记录，并及时公示相关检测结果。

（三）重量检测设备

收货重量计算设备主要是磅秤，用于称重体积和重量相对较大的商品收货。主要有地磅，收货重量在300千克以上，直接安装在地表的磅秤；台磅，收货重量在300千克以下可以移动的磅秤设备。磅秤在平常使用过程中应该定时调校，保重平衡，按照要求清洁，保证收货重量的准确性。

第四节　节能减排、消杀、卫生和消防设备

节能减排、低碳环保作为21世纪全社会的口号和企业社会责任体现，越来越多被连锁经营企业和连锁店铺所关注。同时国家在企业节能减排方面的要求也会越来越严格，社会对企业的监督也会越加严格。节能减排是企业社会责任的体现，同时在长远利益上也会为企业降低成本，赢得社会声誉。连锁店铺的节能减排设备主要包括节能空调系统、节能照明系统和节能冷冻系统。

一、节能空调系统

节能空调系统由采购符合国家节能标识自动温度控制的空调设备和科学合理的温度控制管理两部分组成的温度管理系统。首先在空调选择上，应该按照国家要求采购节能标识在2级以上的空调系统，在长江以南的区域空调选择单冷功能空调；其次，空调应该具备智能调温功能，即能够根据室温不同随时调节输出功率；第三，温度管理上应该严格控制，科学管理。夏季在室温超过32℃需要开启制冷

空调,且不能低于 26℃;冬季当室温低于 16℃ 的时候可以开启制暖空调,且不能高于 20℃。

二、节能照明、冷冻系统

节能照明系统主要包括节能照明设备、感光照明系统和照明管理系统。节能照明设备主要指的是节能灯具和环保线材,在采购照明设备的时候应该严格按照要求采购节能灯具和环保节能线材。感光照明系统主要用于连锁店铺外围照明和广告灯箱的照明系统,能够根据室外光线的变化自动调整亮度,自动开启和关闭节约能源。科学的照明管理系统指的是能够根据店铺的客流和工作需要,及时调整连锁店铺的照明灯光。

节能冷冻系统指的是节能冷冻库和冷藏库以及生鲜冷冻、冷藏陈列设备。具有生鲜生产能力的连锁经营店铺在设立店内冷冻、冷藏设备的时候,应该根据店内实际需求,充分考虑客流和销售数量,选择能够自动调温、节能标识的设备设施。在管理方面,应该做到尽量减少设备门开启,定时检查温度和定期维护。

三、消毒杀菌、杀虫设备

消毒杀菌设备,主要是指消灭杀菌的设备,包括杀菌紫光灯和各种消毒液喷洒设备。紫光灯是指利用紫外线杀菌的原理,在没有工作人员的情况下开启灯光,通过发射紫外线起到杀灭细菌的作用。消毒药水主要指的是各种消毒液,用于清洗各种与食品接触的设备、设施以及与顾客接触频繁的各种设备。同时还包括消毒池、消毒柜和各种消毒桶等各种消毒辅助设备。

杀虫主要指的是杀灭各种蚊虫、老鼠、蟑螂等危害公众健康和食品安全的害虫。相应的杀虫设备包括灭蚊灯、灭蝇灯和各种灭鼠设备。灭蚊灯和灭蝇灯主要利用蚊虫的向光性,当蚊虫靠近的时候被电击而死。除了灭蚊灯和灭蝇灯,为防止害虫进入店铺,还需配备相应的风幕,即在店铺的出入口安装风幕,在店铺营业期间应该开启阻止蚊虫通过出入口进入店铺。灭鼠设备包括各种捕鼠器、老鼠夹和粘鼠板等。灭鼠设备在使用过程中应该定期检查,及时清理,安放在仓库、加工间和货价底部等老鼠出没区域。

四、卫生设备

卫生设备即连锁店卫生清理的各种设备,包括地面和货价清洁设备、垃圾处理设备以及各种纸皮包装的处理设备。地面清洁设备包括地面打蜡、地面清洗和地面清扫设备;垃圾处理设备包括垃圾桶、垃圾房和垃圾转运车等设备;纸皮处理设备指的是各种纸皮压缩打包设备。

在连锁经营店铺的经营管理过程中,为了减少投资和提高清洁卫生工作的专业性,启用第三方的保洁公司。一方面可以减少清洁卫生设备的投资,另一方面能增加保洁工作的专业性,同时也减少店铺经营的额外工作。

五、消防设备

按照国家消防规定,连锁经营企业在建设和装修方面应该严格配置相关消防器材。消防器材包括灭火器、灭火毯、消防栓、防火卷帘门、消防地标、紧急照明、烟雾感应器、消防报警器、自动喷淋头和紧急出口等设备或设施。

灭火器主要包括干粉灭火器和二氧化碳灭火器。灭火器在使用过程中应该首先确认压力是否在指定绿色区域(压力表红色区域表示压力过大、黄色区域表示压力过小),并定期检查;在实战使用过程中拔下插栓,对准火苗根部扫射。在日常管理过程中,应该定期检查灭火器压力,定期更换,并组织相关培训,保证员工都能够准确操作。灭火毯是指用于扑灭险情较小的火种,用毯覆盖使燃烧之物窒息而灭。

消防栓是专门用于安放消防喷枪和消防管带的专门设备,当发生重大险情时,需要通过消防管带和喷枪进行灭火。防火卷帘门是用于分割发生火灾区域,防止火灾险情蔓延的区域分割设备。当有火情发生、消防报警器铃声响起的时候自动落下。消防报警器是专门用于当火情发生时,报警提醒所有员工并连接相关消防设备的一种报警系统。

消防地标是指用于指引顾客逃生,找到最近紧急出口的荧光地标设备;紧急照明系统是指当发生火灾或停电等紧急情况时,自动照明并指示紧急出口的应急照明系统;紧急出口是为顾客遇到紧急情况逃生专用的通道,紧急出口应该做到24小时开放,顾客可以在紧急情况发生的时候推门而出。

烟雾感应器是和消防喷淋头配套使用设备,当室内烟雾达到一定程度的时候,烟雾感应器会发生报警,同时消防喷淋头开始工作,自动喷水灭火。

灭火器、消防栓、防火卷帘门等消防设备应该定期检查,专人负责,在消防通道和消防设备前面不得有杂物堵塞,保证消防设备正常使用,同时保证通道通畅。

本 章 小 结

连锁经营企业合理平衡和选择店铺设备非常重要,要平衡长期利益和眼前利益,还要平衡供应商、顾客、业主和社区的综合关系。店铺设备主要包括以下几个方面:商品陈列和仓储补货设备、商品标识设备和待客设备、防损和收货检验设备、生产、加工设备、空调系统和节能减排设备和消毒杀菌、卫生设备和消防安全设备。设备的管理包括设备采购、设备进场、设备日常维护、设备报废处理。

商品陈列设备包括：正常货架陈列设备、生鲜和冷冻商品陈列设备、熟食和面包等即食食品陈列设备、促销陈列设备和特殊品类商品陈列专柜。仓储作为支持门店销售区的后盾，后仓商品的摆放、运输和补货设备对门店库存运转、工作效率同样具有重大的影响。生产加工类产品具有投资相对较大、周转较慢的特点，连锁经营店铺应该根据自身的投资规模和预期受益，合理投资选购。

商店标识设备主要包括价格扫描设备、价格标签打印设备、促销标签打印设备、海报制作和悬挂设备。待客设备则主要是指商店为接待顾客而装备的各种设备，包括购物车篮、价格辅助查询设备、计量设备、免费巴士、休闲座椅等设备。收货设备主要包括温度检测设备、农药残留检测设备和重量检测设备。

连锁店铺的节能减排设备主要包括节能空调系统、节能照明系统和节能冷冻系统。消毒杀菌设备主要是指消灭杀菌的设备，包括杀菌紫光灯和各种消毒液喷洒设备。卫生设备即连锁店卫生清理的各种设备，包括地面和货价清洁设备、垃圾处理设备以及各种纸皮包装的处理设备。消防器材包括灭火器、灭火毯、消防栓、防火卷帘门、消防地标、紧急照明、烟雾感应器、消防报警器、自动喷淋头和紧急出口等设备或设施。

1. 简述店铺设备的发展规律。
2. 简述店铺设备的分类。
3. 简述商品陈列设备的分类。
4. 简述防损设备的分类。
5. 简述消防设备的分类。

一、防损措施

湖南长沙某大型连锁超市2008年年度盘点损耗金额为300万元，损耗率为1.5%；经过统计该年度在防损方面投入的全部资金约70万元，通过防损设备和人员挽回的金额约20万元。统计发现损耗前几名的部门为服装部门约70万元、化妆品部门55万元、散糖区域33万元。另外发现因为收货部门操作失误导致20多万元的损失。盘点结束以后，该店作了以下几个决定来改进损耗控制：第一，增加防损人员数量，由原来的20人增加到35人；第二，增加防损设备的投入，购买更多的磁扣和防盗标签,增加监控镜头覆盖区域;第三,贵重商品陈列库存大量减少,只保留样品,顾客需要必须找到员工去取货。

讨论题:

1. 针对以上三个决定,你有什么看法?
2. 结合所学知识,还可以采取哪些其他行为?

二、保障员工安全

某超市门店最近发生两起员工安全事故:某日下午,一名肉类员工在帮助顾客砍肉的过程中不小心砍到自己的左手手指;另一名熟食员工在操作烤鸡烤炉的时候,烤炉玻璃破裂被烫伤。经过事后调查发现,前一名员工由于进行作业时没有佩戴金属防切手套导致被砍伤;后一名员工误操作设备,设备空载运行温度过高导致故障。

讨论题:

1. 在连锁店生产设备管理上应该注意哪些问题?
2. 如何更好地保护员工的人身安全?

三、短期利益与长期利益的抉择

某家大型综合超市已经开业超过10年,在当地社区已经形成一定的口碑和形象。但是最近新任的超市店长却被几个问题困扰:报告显示,上个月电费超过40万元、水费超过5万元,费用的增长超过销售额的增长幅度;同时不断接到顾客投诉反映店内温度过高,顾客体验很差。经过了解发现由于空调系统已经老化,导致耗电厉害而制冷效果不好,同时发现鲜食解冻设备也已经严重老化,非常浪费水资源。为了改善这种情况,摆在店长面前的做法有:第一,重新更换空调系统和食品加工设备,但是一次投入会很大,很可能影响年度的利润收入和奖金发放比例;第二,不更改现有系统和设备,做小规模补救,进行维修改善,可能会有部分效果;第三,继续维持,等待总部决定。

讨论题:

高耗能系统换还是不换?作为门店管理层该如何平衡短期和长远利益?

四、火灾揭露卖场消防问题

2010年1月5日9时,吉林市吉林商业大厦发生火灾,经过21小时的扑救,大火于21时被彻底扑灭。此次大火共出动69辆消防车,360名消防官兵。大火烧毁了商场家电、服装、鞋帽、家具等大量物品,造成19人死亡,24人受伤,过火面积达到15 830平方米,火灾过后多名负责人受到法律追究。

事后经过分析,发现起火原因是员工误操作电器设备导致起火,在扑救过程中同时发现现有的消防设备问题:灭火器很多压力不够,消防管带没有水,防火卷帘门不能正常落下,给扑救带来很多不利影响;另一个方面是消防通道严重被货物堵塞,销售楼面存放过多的货物。

讨论题:

1. 作为连锁经营店铺的商家应该如何加强消防设备管理和消防工作的日常管理?

2. 消防设备管理不当会对商家经营活动造成哪些影响?

附录1 超市购物环境
(GB/T 23650—2009)

1 范围

本标准规定了对超市购物的硬件环境、软件环境的基本要求。

本标准适用于超市及相关业态。

2 规范性引用文件

下列文件中的条款通过本标准的引用而成为本标准的条款。凡是注日期的引用文件,其随后所有的修改单(不包括勘误的内容)或修订版均不适用于本标准,然而,鼓励根据本标准达成协议的各方研究是否可使用这些文件的最新版本。凡是不注日期的引用文件,其最新版本适用于本标准。

GB 3096　声环境质量标准

GB 7718　预包装食品标签通则

GB 15630　消防安全标志设置要求

GB/T 18883　室内空气质量标准

GB 50034　建筑照明设计标准

JGJ 48　商店建筑设计规范

JGJ 50　城市道路和建筑物无障碍设计规范

3 术语和定义

下列术语和定义适用于本标准。

3.1

超市 supermarket

开架售货,集中收款,满足社区消费者日常生活需要的零售业态。根据商品结构的不同,可以分为食品超市和综合超市。

(GB/T 18106—2004,定义4.1.4)

3.2

超市购物环境 supermarket shop condition

由硬件环境和软件环境构成,硬件环境如经营空间、经营设施设备、附属场所等,软件环境如空气质量、员工等。

3.3

超市经营设施设备　shop facilities & equipment

与超市经营直接相关的机器、设备、工具,如货架、冷柜、手推车、收银机、照明系统、电梯等。

3.4

超市附属设施设备　affiliated facilities

对超市经营管理起到支持和辅助作用的场所、机器、设备、工具,如停车场、库房、收货区、消防系统、防盗设备、更衣柜、卫生间等。

4　总体要求

4.1　超市应诚信经营,所售商品应符合国家质量和卫生安全的相关规定。
4.2　超市店铺的设计应符合国家消防安全的相关规定。
4.3　超市应有完善的服务制度。
4.4　超市应通风良好,保持适宜的温度和湿度条件。
4.5　超市应保证空调、电梯、冷冻(藏)柜等设备的正常运转,使顾客购物安全、便利。

5　店铺出入口的基本要求

5.1　企业标志应明显、清晰、整洁。
5.2　营业时间应指示清楚。
5.3　设有台阶的入口,坡度应缓和,并设有适用于残疾人的坡道。雨雪天气,出入口应有防滑提示标志。
5.4　顾客入口应与商品进口区分(营业面积小于 200 m^2 的折扣店和便利店除外)。
5.5　出口处应有明显的指示标志。
5.6　应区分出口与入口,便于人员疏散。
5.7　出入口、通道、电梯、卫生间、停车场等处应设无障碍通道,保持畅通。
5.8　应有符合 GB 15630 要求的、明显的应急通道。

6　收银区的基本要求

6.1　收银区应配有电子收款机。
6.2　应根据卖场面积和客流量设置收银台数量,收银台的布局设计应便于顾客结算及疏导。

6.3 收银区宜提供刷卡通道。

7 销售区的基本要求

7.1 地面

7.1.1 地面应平整。必须分出高低层次的,高低部分应平缓过渡。台阶式过渡的,应有醒目提示。

7.1.2 应选择防滑、防压、承重、耐磨、易清洗的地面铺设物。

7.1.3 地面应考虑承重要求,保证货架在陈列商品后的稳定性。

7.1.4 采用固定式货架的,应区分通道、称重台、其他区域使用标志等。

7.2 墙壁

7.2.1 墙面应平整、清洁。

7.2.2 墙壁的电源线应采用暗装或套管明装,有关规定和要求参见《中华人民共和国消防法》。

7.2.3 墙壁进行布景悬挂等装饰的,应考虑墙壁的承重能力。经过特殊改造装修过的位置应有对顾客的提示性标志,如安全提示、儿童提示等。

7.3 天花板

7.3.1 天花板的设计、安装应安全、牢靠。

7.3.2 禁止在天花板上悬吊可能引发安全事故的物品。

7.4 通道、货架

7.4.1 通道应符合卖场整体动线要求,通道设置应符合国家及当地政府有关规定。

7.4.2 通道应垂直、平行、交叉布局,保持各方向畅通。

7.4.3 通道应设有明显的消防疏散标志、购物导向标志、称重台标志及商品分类标志。

7.4.4 货架应由易清洗、有韧性且环保的材料制作,并符合环保、消防和安全标准。

7.4.5 货物码放不应影响自动喷水灭火系统喷头的使用。

7.5 标志

7.5.1 商品标价签应采用符合国家物价部门规定的式样,并标有当地物价主管部门监制字样。

7.5.2 预包装食品标签应符合 GB 7718 的要求。

7.5.3 标志应清晰、明确,张贴平整,使用的标志架应干净平稳。

7.5.4 标志应做到统一,公共标志应符合国家有关规定。

8 生鲜区的基本要求

8.1 加工环境

8.1.1 畜禽产品加工应按照原料和半成品进行工作区域划分,工作台和加工器具应专管专用,避免病菌交叉污染。

8.1.2 店内生鲜区域应配有专门清洗区,工作人员使用的洗手池、器具清洗消毒池、清水池应分别配置使用。鲜食区应定期彻底清洗,保持清洁卫生。

8.1.3 店内生鲜加工区应保持地面墙面整洁,高温和有异味产生的区域应保证足够的通风,地面无积水,下水道口应定期进行消毒除臭处理。

8.1.4 加工区域墙壁应用浅色、不吸潮、不渗漏、无毒材料覆涂,并用瓷砖或其他防腐材料装修墙裙,高度不低于 1.5 m。

8.1.5 应定期对加工间进行整体彻底消毒,并保留相关记录。

8.2 卫生环境

8.2.1 在生鲜商品加工和经营过程中应坚持低温、清洁、覆盖原则,保持冷链不中断,以保证生鲜商品质量。

8.2.2 生鲜区域员工(包括供应商促销人员)应健康状况良好,持有有效健康证明上岗。

8.2.3 从事生鲜商品销售的员工应保持工服整洁,头发、手和指甲清洁,不应留长指甲。

8.2.4 熟食和面点的销售人员应戴干净的口罩和手套,不应佩戴饰品,上岗前应在专用洗手池洗手。

8.2.5 接触直接入口的食品时,手部应进行清洁、消毒,并使用经消毒的专用工具。

8.2.6 清洁工作中所使用的化学清洁用品和清洁工具应定点专项密封保管,避免污染食品、器具、工作台和工作环境。

8.2.7 生鲜区应采取有效的驱蝇、驱虫、灭鼠措施,配备足够的消杀设备(灭蝇设备和紫外线杀菌设备),并保证设备处于正常工作状态。定期进行防鼠和空气熏蒸等消杀工作。

8.3 供应商管理

8.3.1 应选择证照齐全、管理规范的专业经销商或厂家作为生鲜商品供应商。

8.3.2 应核验包装材料供应商的相关证照,确保采购和使用的生鲜食品销售包装材料达到卫生检疫标准。

8.3.3 采购和使用的食品加工辅料和添加剂应符合国家的有关标准。

8.3.4 不应经营保质期标志不清、不明或缺失的产品,以及无合格证的产品。

8.3.5 对温度有要求的商品应确定商品的温度,要求供应商送货车辆记录并存档。

8.4 陈列设备

8.4.1 应按照生鲜品的保鲜温度要求选择陈列设备进行商品陈列。

8.4.2 陈列设备应保持清洁,场地无积水和污渍,定期彻底清洗,并保留相关记录。

8.4.3 贮存生鲜区域的商品和原材辅料应配置必要的低温贮存设备,包括冷藏库(柜)和冷冻库(柜),冷藏库(柜)温度为 $-2℃\sim5℃$,冷冻库(柜)温度低于 $-18℃$。

8.5 加工和卫生设备

8.5.1 加工区域的各类大型加工设备在完成一个批次的加工处理之后,应立即进行清理卫生工作,洗刷机器的外表,清除内部的残渣和污渍。

8.5.2 配备大型生鲜(制冷和加工)设备的,应定期进行维护保养,对设备内部进行彻底清洁。

8.5.3 店铺从事现场食品加工的,应参见《中华人民共和国食品卫生法》和食品生产卫生加工企业的有关规定,取得所在地区卫生行政部门颁发的《卫生许可证》。

8.6 称重、包装

8.6.1 称重设备应使用检定合格、未超过检定周期的计量器具。

8.6.2 包装设备(如打包机、封口机等)应使用有国家安全认证标志的设备。包装材料应使用对人体无害的材料。

8.6.3 食品包装应采用密封型包装袋或包装盒,散装食品售卖的有关规定和要求,参见《散装食品卫生管理规范》。

8.7 蔬果

8.7.1 销售人员应按先进先出原则进行商品陈列。必要时对水果和蔬菜进行保鲜和补水处理,延长蔬果产品的货架周期。

8.7.2 应及时捡出破损和变质商品,及时更换破损的商品包装。

8.7.3 应设有鲜榨果汁和果盘展示冰台的店铺,应保持足够的冰量,管理人员应随时检查冰台质量,及时补充冰块,并进行温度检查记录,以确保果汁和果盘的保鲜温度,加工完成后应及时在商品包装上标明生产日期。

8.8 肉、禽、蛋、奶、豆制品

8.8.1 畜禽类商品均应来源于非疫区,且证照齐全。

8.8.2 分割和加工处理过程中,工具不应重复交叉使用。蛋类商品不应与肉类商品同库贮存。

8.8.3 冷柜中散装陈列的畜禽类肉品和调理制品应经常翻动,以保持商品透气,防止肉品变色和调理制品表面干燥脱水。

8.8.4 冷柜中散装陈列的畜禽类肉品应采用托盘陈列,不应直接在冰块上陈列,避免融化的冰水降低肉品质量。

8.8.5 店内不应现场宰杀活禽。

8.9 水产品

8.9.1 应及时捡出陈列中鲜度保持不良和破损的商品,保持商品鲜度。

8.9.2 水产品销售陈列冰台应有足够的碎冰,随时检查冰墙质量,及时补充碎冰。

8.9.3 经营鲜活水产品,应保持工作区域清洁,并对案板、刀具等加工器具进行定期彻底消毒。

8.10 熟食制品

8.10.1 熟食制作和加工过程应有严格的卫生管理制度,熟食凉菜制作和蛋糕裱花应配备专用加工间。

8.10.2 散装熟食售卖的有关规定和要求参见《散装食品卫生管理规范》,散装熟食陈列应用专用陈列柜或网罩遮盖,以防来自购物环境的污染。

8.10.3 直接入口的散装食品销售应用防尘材料覆盖,设置隔离设施。

9 垃圾处理

9.1 每天产生的垃圾应在专门垃圾处理区域内定点暂放,并及时清理。

9.2 存放垃圾时,应在垃圾桶内套垃圾袋,并加盖密闭,防止招引飞虫和污染其他食品和器具。

9.3 垃圾暂存地周围应保持清洁,定期做好清洁和消毒。

9.4 不能回收利用的商品,应进行破碎处理,严禁将过期或变质生鲜商品再次包装销售。

9.5 食品加工中产生的废油,应由地方政府指定的具有回收资质的企业进行回收,并审核回收商对废料的用途。

10 库房

10.1 库房应做到商品分类贮存,有清晰的标志。

10.2 库存的商品应隔墙离地,食品与非食品分别摆放,并按保质期先进先出、生熟分开的原则存放。

10.3 库房应具有消防、防虫、防鼠设施。

10.4 冷库的货架、地面及各种商品包装箱和容器应保持清洁,不留异味,不应有异常的积水和结冰。应有专人定时检查贮存冷库(柜)温度。库存生鲜品应保留必要的间隔和回风空间。

10.5 库房中应设立专门的残损商品区域,及时清理变质商品和问题商品。

11 环保、节能、安全

11.1 应保持店内空气流通、清新,并符合 GB/T 18883 的规定。

11.2 应保持店内顾客数量,确保客流畅通,购物安全。

11.3 向消费者提供塑料购物袋应符合国家有关规定。

11.4 商品包装容器和销售的包装物应符合国家有关规定。

11.5 店内噪声控制应符合 GB 3096 的要求。

11.6 空调温度应根据当地政府相关部门的要求设定。

11.7 建筑、装饰材料应符合有关环保、节能的要求。

11.8 鼓励建立、实行符合国家相关规定的环保、节能制度和措施。

11.9 应具备相应的安全设备和管理措施,确保消防安全通道的畅通。

11.10 应配备防盗设施,保证店内商品和现金的安全。

11.11 店内应配备闭路监控系统,正常、客观记录卖场营运状况及突发事件。

11.12 店内防火设施应符合国家有关规定。

11.13 对促销活动,应当制定安全应急预案,保证良好的购物秩序,防止因促销活动造成交通拥堵、秩序混乱、疾病传播、人身伤害和财产损失。

12 设施设备

12.1 应配备电力应急设备,在出入口、紧急通道、购物主要通道装置应急灯。

12.2 购物车、冷冻冷藏柜等设备应保持清洁。

12.3 停车场车位应标志清楚,便于车辆进出。

12.4 上下水设施及污水处理设施应与经营管理规模相匹配。

12.5 店内应保持适宜的温度条件、湿度条件和通风条件,符合 JGJ 48 的规定。

12.6 超过 1 000 m^2 的店铺,应设有公共卫生间、广播室和公用电话设施。

12.7 配备适当的照明设施,照明标准应符合 GB 50034 的规定。

12.8 店内设置的无障碍设施应符合 JGJ 50 的规定,服务台、收银台、公用电话等设施处设有低位装置。

12.9 店内应设有顾客服务中心并公布相关投诉电话号码。

附录 2 城市商业网点条例
（征求意见稿）

第一条 为了加强对城市商业网点的管理，优化城市商业网点布局和结构，规范城市商业网点经营者与供应商的交易行为，促进城市商业网点健康有序发展，制定本条例。

第二条 本条例所称商业网点，是指商店、商品交易市场等从事商品零售、批发活动的经营场所。

第三条 城市人民政府商务主管部门依照本条例的规定，负责城市商业网点管理工作。

国务院商务主管部门负责指导、监督全国的城市商业网点管理工作；省、自治区人民政府商务主管部门负责指导、监督本行政区域内的城市商业网点管理工作。

第四条 城市应当依照本条例的规定制定城市商业网点规划。城市商业网点规划应当包括商业网点的发展目标、区域布局、业态结构以及建设规模等内容。

城市商业网点规划由城市人民政府商务主管部门会同城乡规划、发展改革、公安交通、环境保护、国土资源、建设（房地产）等有关部门组织编制，报城市人民政府审批。

第五条 编制城市商业网点规划，应当依据国民经济和社会发展总体规划，与本级土地利用总体规划和城市规划相衔接，与城市的发展布局、功能分区、交通体系、文化景观相协调，统筹考虑城市社会经济和人口发展对不同规模、业态商业网点的需求，鼓励发展社区便民商业网点，充分利用现有建筑物，保护自然与历史文化遗产以及传统商业街、老字号商业网点，符合安全生产和环境保护的要求。

第六条 编制城市商业网点规划，应当符合国务院商务主管部门会同国务院发展改革、国务院城乡规划主管部门制定的编制规范。

城市商业网点规划报城市人民政府批准前，城市人民政府商务主管部门应当将城市商业网点规划及其编制情况报上一级人民政府商务主管部门（省、自治区人民政府所在城市的城市商业网点规划经省级人民政府商务主管部门报国务院商务主管部门）。城市商业网点规划的编制不符合编制规范的，上级人民政府商务主管部门可以责成城市人民政府商务主管部门予以修改。

第七条　城市商业网点规划组织编制机关应当采取论证会、听证会或者其他方式征求专家和公众的意见,并在报送审批的材料中附具意见采纳情况及理由。

城市商业网点规划经城市人民政府批准后,应当及时公布,并由城市人民政府商务主管部门报上一级人民政府商务主管部门备案。

第八条　经依法批准的城市商业网点规划,是指导城市商业网点建设发展的依据。城市商业网点建设以及现有商业网点改变用途、业态,应当符合城市商业网点规划。

第九条　城市人民政府商务主管部门应当做好大型商业网点的调查、统计工作,并定期报上级人民政府商务主管部门,有关单位和个人应当如实提供资料并予以配合。

城市人民政府商务主管部门可以依据城市商业网点规划,制定并发布城市近期商业网点建设分类指导目录。

第十条　新建、扩建大型商业网点,将非商业网点改为大型商业网点,或者改变大型商业网点用途、业态的,建设单位、产权单位或者经营者应当向城市人民政府商务主管部门提出申请,由商务主管部门就是否符合城市商业网点规划提出审查意见。申请人应当向城市人民政府商务主管部门提交拟设立的大型商业网点的基本情况及其对周边现有商业网点、交通、居民生活环境和文化景观影响的评估等材料。

本条例所称大型商业网点,是指单体建筑面积在省、自治区、直辖市规定标准以上的商业网点。省、自治区、直辖市规定的建筑面积标准应当不超过1万平方米。

第十一条　城市人民政府商务主管部门应当自收到申请人提交的符合本条例第十条规定的材料之日起60日内提出审查意见。审查时,应当就拟设立的大型商业网点对周边现有商业网点、交通、居民生活环境的影响,征求公安交通、环境保护等主管部门的意见,并向社会公示,公示时间不得少于10日。必要时,商务主管部门应当组织召开听证会。

拟设立的大型商业网点建筑面积在5万平方米(超市类1万平方米)以上,城市人民政府拟出具符合城市商业网点规划意见的,应当在出具意见前,依照下列规定报上级人民政府商务主管部门:

(一)拟设立的大型商业网点建筑面积在5万平方米以上10万平方米以下的,报省、自治区人民政府商务主管部门;

(二)拟设立的大型商业网点建筑面积在10万平方米(超市类1万平方米)以上的,报国务院商务主管部门。

国务院商务主管部门或者省、自治区人民政府商务主管部门认为拟设立的大型商业网点不符合城市商业网点规划的,应当自收到城市人民政府商务主管部门报送的材料之日起20日内提出异议,并详细说明理由。国务院商务主管部门或者省、自治区人民政府商务主管部门提出异议的,城市人民政府商务主管部门不得出具符合城市商业网点规划的意见。

第十二条 设立大型商业网点,涉及投资项目审批、核准、备案的,按照国家有关规定办理;涉及土地性质、用途改变的,按照有关土地管理、城市规划的法律、行政法规的规定办理相关手续。

第十三条 城市新区开发、旧城区改造,应当按照国家有关规定配套建设居民生活必需的商业网点。城市人民政府应当采取有效措施,鼓励、扶持居民生活必需的商业网点的建设和经营。

第十四条 商业网点经营者与供应商的交易活动应当遵循自愿、公平、诚实信用的原则。

第十五条 商业网点经营者与供应商的交易应当订立书面合同,明确双方的权利和义务。

第十六条 商业网点经营者不得违背供应商的真实意愿,向供应商收取不合理的费用、强迫供应商无偿提供服务或者接受其他不公正交易条件。

第十七条 对违反本条例规定的行为,任何单位和个人有权向城市人民政府商务主管部门举报。城市人民政府商务主管部门接到举报后,应当及时调查、处理,并为举报人保密。

第十八条 城市人民政府商务主管部门应当加强对本条例实施情况的监督检查。城市人民政府商务主管部门进行监督检查时,有权采取下列措施:

(一)要求有关单位和人员提供与监督事项有关的文件、资料,并进行复制;

(二)要求有关单位和人员就监督事项涉及的问题作出解释和说明,并根据需要进入现场进行调查;

(三)责令有关单位和人员停止违反本条例规定的行为。

城市人民政府商务主管部门的工作人员履行前款规定的监督检查职责,应当依法出示执法证件。被监督检查的单位及其有关人员应当予以配合,不得妨碍和阻挠依法进行的监督检查活动。

第十九条 未编制城市商业网点规划或者未按法定程序编制、审批城市商业网点规划,由上级人民政府责令改正,通报批评;对城市人民政府及其有关部门的负责人和其他直接责任人员依法给予处分。

第二十条 未取得城市人民政府商务主管部门出具的符合城市商业网点规划的意见,新建、扩建大型商业网点,将非商业网点改为大型商业网点,或者改变大型商业网点用途、业态的,由城市人民政府商务主管部门责令限期改正,并处50万元以上100万元以下的罚款。

以欺骗或者其他不正当手段取得符合城市商业网点规划意见的,由城市人民政府商务主管部门撤销审查意见,并处50万元以上100万元以下的罚款;构成犯罪的,依法追究刑事责任。

第二十一条 商业网点经营者违反本条例第十六条规定的,由城市人民政府商务主管部门或者工商行政管理部门责令限期改正;情节严重的,处5万元以上20万元以下的罚款,并予以公告;给供应商造成损失的,依法承担赔偿责任。

商业网点经营者违反本条例第十六条规定的行为属于滥用市场支配地位的,依照反垄断法的有关规定处罚。

第二十二条 商务主管部门的工作人员在城市商业网点管理及相关工作中,玩忽职守、滥用职权、徇私舞弊,构成犯罪的,依法追究刑事责任;尚不构成犯罪的,依法给予处分。

第二十三条 本条例施行前已经设立的大型商业网点,其产权单位或者经营者应当自本条例施行之日起3个月内向城市人民政府商务主管部门备案。逾期不办理备案的,处5 000元以上1万元以下的罚款。

参 考 文 献

1. 曹静.连锁店开发与设计[M].第2版.上海:立信会计出版社,2007.
2. 曹静.店铺开发规划[M].北京:高等教育出版社,2008.
3. 万典武,王希来,曹伟.商业布局与商店设计[M].北京:中国出版社,2004.
4. 李晓辉,弓秀云.连锁门店开发与选址[M].北京:中国发展出版社,2010.
5. 周文.连锁超市经营管理师操作实务手册——店铺开发篇[M].长沙:湖南科学技术出版社,2003.
6. 陈建明.商铺投资指南[M].北京:经济管理出版社,2003.
7. 陈建平.现代商场策划与设计[M].北京:世界商业文库,2002.
8. 王鹏.开店必读手册[M].北京:中国商业出版社,2006.
9. 禹来.卖场设计与管理[M].广州:广东经济出版社,2004.
10. 朱春瑞.零售卖场管理[M].北京:中国致公出版社,2005.
11. 张超,陈丙咸,邬伦.地理信息系统[M].北京:高等教育出版社,1995.

教学课件索取单

敬爱的老师：

感谢您使用我们出版社的教材。为了方便教学，本书配有相关教学课件。如果您需要，请您填写下面表格中的相关信息，并以电子邮件的形式发到我社，我们在核对您的信息后，即免费向您提供教学课件。

我社网站上提供电子版的教学课件索取单以及所有课件清单。

我们的联系方式：

地址：上海市中山西路 2230 号 1 号楼　　　　邮编：200235
　　　立信会计出版社　　　　　　　　　　　　电话：(021) 64411073
电子邮件：lixinaph@163.com　　　　　　　　　网站：www.lixinaph.com

教材名称				作者姓名	
姓　　名		性别	身份证号		
学　　校		院系		教 研 室	
学校地址				邮　　编	
职　　务		职称		办公电话	
E-mail		手机		宅　　电	
通信地址				邮　　编	
教材用量		册	委托订购单位		

您对本书的意见和建议是：